十力
文化

十力
文化

十力文化

十力
文化

全新修訂版

圖解×總體經濟學

政策制定的脈絡

慶應義塾大學 菅原 晃－著 傅莞云－譯

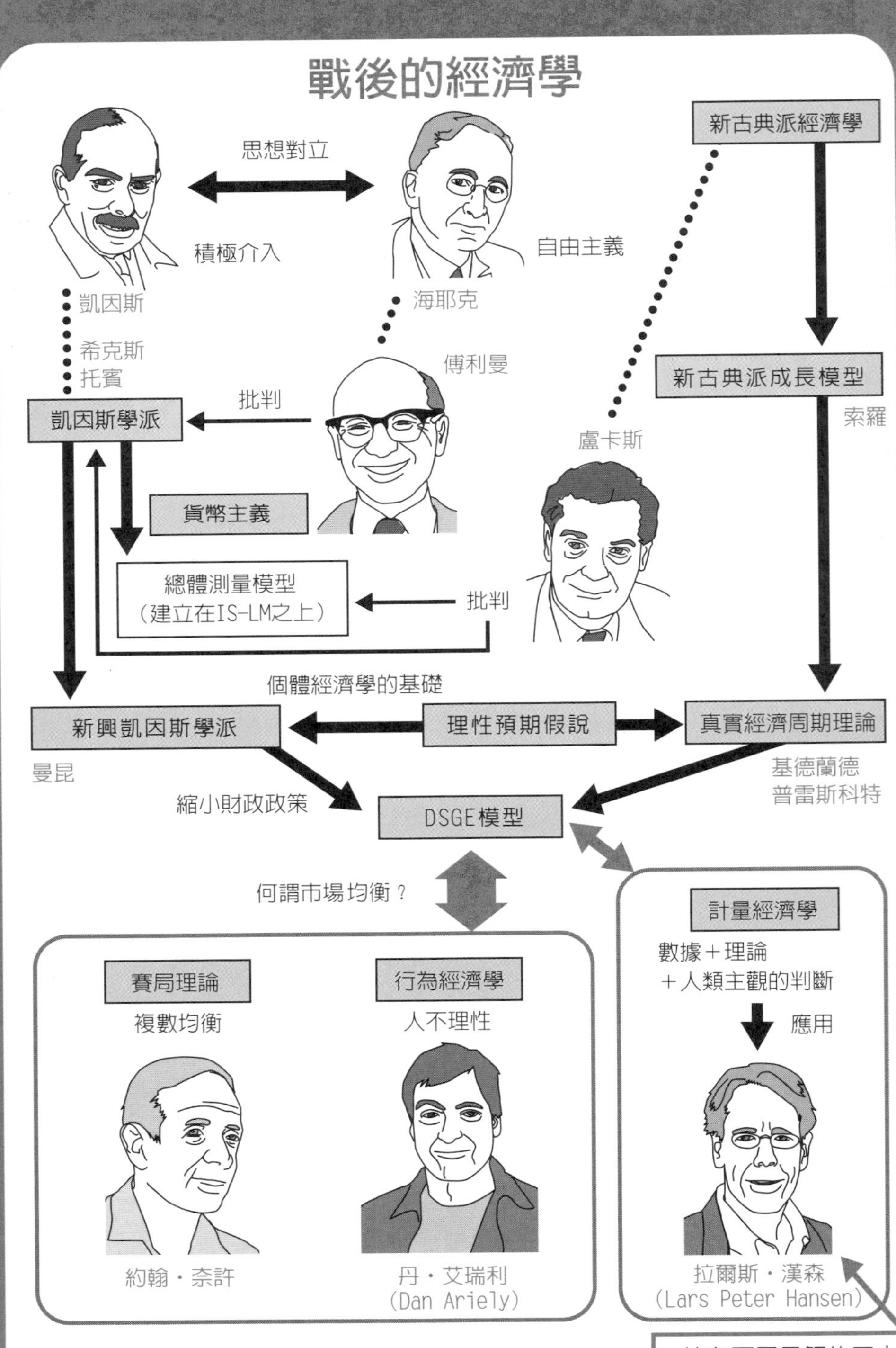
戰後的經濟學
思想對立
積極介入
自由主義
凱因斯
海耶克
希克斯
托賓
傅利曼
新古典派經濟學
新古典派成長模型
索羅
凱因斯學派
批判
盧卡斯
貨幣主義
總體測量模型
（建立在IS-LM之上）
批判
個體經濟學的基礎
新興凱因斯學派
理性預期假說
真實經濟周期理論
曼昆
基德蘭德
普雷斯科特
縮小財政政策
DSGE模型
何謂市場均衡？
計量經濟學
數據＋理論
＋人類主觀的判斷
應用
賽局理論
複數均衡
行為經濟學
人不理性
約翰・奈許
丹・艾瑞利
(Dan Ariely)
拉爾斯・漢森
(Lars Peter Hansen)
擁有不同見解的三人

現在的經濟學

裁量派 VS 重視市場派

美國前總統歐巴馬的經濟顧問委員會（CEA）「關於財政政策的乘數效應報告書」

克莉斯蒂納・羅默
(Christina Romer)

盧卡斯

通貨再膨脹派

柏南奇 前FRB主席

（不積極實施金融量化寬鬆）日銀委員會除了1個人以外，其他都是廢物。

保羅・克魯曼

這是重傷！根本沒有理解經濟學！

槍殺白川日銀總裁（當時）（不積極實施金融量化寬鬆）！

通貨再膨脹論文
「日本陷入的陷阱」
1998年

通貨膨脹不論何時、怎樣的狀況，都是財政上的問題。

約翰・科克倫
(John Cochrane)

葉倫(Yellen)前FRB主席
「公正薪資模型」1990年景氣・重視僱用（失業研究）

伊藤隆敏／伊藤元重
岩田規久男／濱田宏一
若田部昌澄／野口旭
飯田泰之／竹森俊平

反通貨再膨脹概念

齊藤誠／大瀧雅之／
艾倫 美爾澤
(Allan H. Meltzer)

市場也會有不合理的變化。泡沫經濟是有可能發生的。

羅伯特・J・席勒

財政刺激政策沒有任何效果。
由市場決定的價格是合理的。不能說是泡沫經濟。

尤金・法馬
(Eugene Francis Fama)

同時獲得諾貝爾獎（2013年）「對資產價格分析有貢獻」

前言

本書是為了讓平日繁忙，而無法將厚厚的經濟學教科書拿起來研究的人（將時間用在較有利的事情上＝實踐相對優勢），以及經濟學入門者而設計的，因此簡單扼要地說明經濟學。

市面上，主張著「簡單」的經濟學入門教科書不在少數。但大多是為了幫助大學生順利取得學分、考取證照等，是針對已經有經濟學基本知識的人為主要客群而寫的。對於一般人來說（內容、時間皆是）卻是異常的困難。此外，只有某些特定經濟現象的說明，而沒有理論解釋的書也很多。

保羅．克魯曼（Paul R. Krugman）曾經說過「貿易是國與國間的勝負競爭的說法，是經濟學者無視了這200年來奮力思考研究的成果，是一種俗流經濟論（節錄《全球經濟預言──克魯曼觀點》）」，因而將這樣的說法切割。而岩田規久男則認為「在日本，非正規的學習經濟學的俗流經濟學正在盛行。**如同「地心說」的非專業經濟學，比起「日心說」的專業經濟學來得更淺顯易懂，但卻過於荒唐，不可以對人民相信這種胡說八道說法的狀況置之不理」**（節錄《經濟學思考的推薦（経済学的思考のすすめ）》）。

「貿易黑字有盈利，因此赤字是大問題」、「勞動人口減少，導致通貨緊縮」、「貨幣政策導致通貨膨脹」、「日本國債發行額與國民個人金融資產相比，將到達極限」、「中國購買美國國債，支撐著美國」、「資本主義是由『中心』與『周邊（frontier）』所構成的，現在地理性的『周邊』卻已經不復存在，絕跡了」……等俗流經濟學，不論古今中外都不勝枚舉。

本書盡可能淺顯易懂地解說「經濟學的專門知識（理論）」，並試著將其與「經濟的一般知識現象」結合。同時，整合經濟史與理論，並循序漸進地解說從遠自經濟學的誕生，到非傳統的金融政策（安倍經濟學、美國的量化寬鬆）等。

由於是以橫跨200年歷史的經濟學理論為基礎，因此並非10分鐘這樣短時間內就可以理解的書。但是，**只要多閱讀幾次，一定能夠一輩子掌握真正的「經濟學式思考方式」，能夠實際瞭解，站在「日心說」立場的感覺**。

現今，日本的經濟停滯，因此也有人認為「比起經濟上的富裕，應該更重視心靈的富裕」。然而，不要忘記在日本過去的歷史中，曾經發生過因為所得減少了20%（世界恐慌），而引起戰爭的實例。壺井榮的著作《二十四隻眼睛（二十四の瞳）》』即詳細描寫著當時的悲慘情況（後翻拍成同名電影）。

- 約為國小六年級大小的孩童，被迫輟學為國家效勞。
- 當地望族家道中落，族長被賣、子女無法繼續升學而被賣作藝妓或娼妓，其後行蹤不明。
- 因太貧窮，生病無法就醫而去世。
- 飢腸轆轆地試圖摘樹上的柿子而爬樹，卻不慎摔死。

「提高厚生」，其中厚生為日文，意思是「welfare＝福祉」，即福利的意思。貧窮國家的福利是無法與先進國家的福利比較的。一個國家的經濟成長能夠充實福利發展（健康、壽命、公共衛生）。

馬歇爾（第158頁）曾說過：「cool head, but warm heart」（冷靜的頭腦，溫暖的心），他認為這是所有志在成為經濟學家的人都必須具備的，因而如此教導學生。經濟學並不只是思考如何有效利用資源、如何將福利最大化，或如何儲蓄的學問而已。

本書，期望能夠幫助讀者看透經濟學，並且讓讀者充分理解其多樣性的開端。

菅原晃

※基於本書的基本原則，而特別單純化理論（貨幣數量說等），或略過說明理論的爭論、發展等部分，還請讀者見諒。

目次

Chapter

1 GDP 與貿易

Chapter

2 國債與日本經濟的動向

Chapter 1

GDP與貿易

儲蓄使貿易呈順差，GDP不可思議的結構

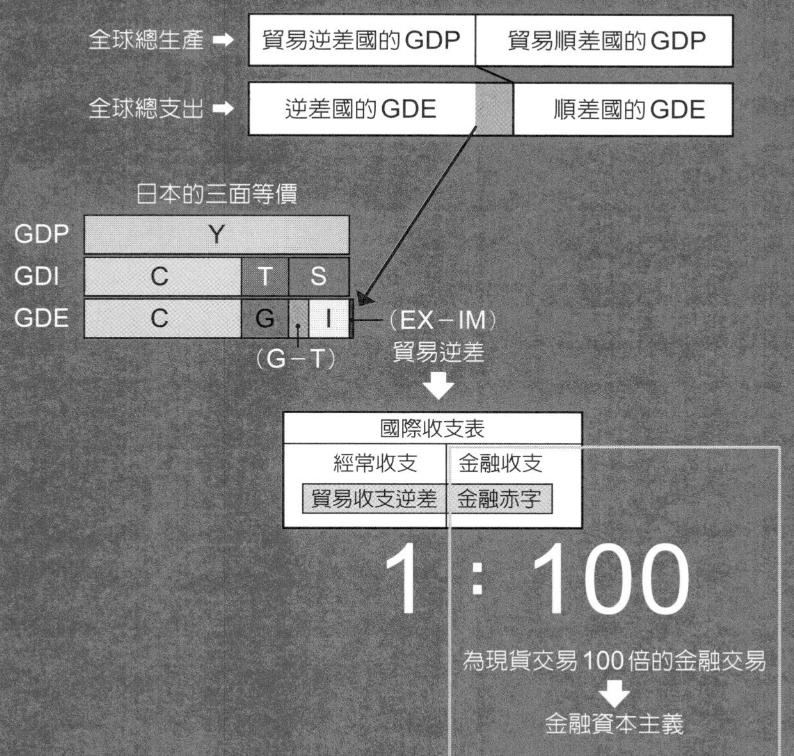

「GDP」是什麼？

GDP即可代表整體經濟。「GDP・平均每人GDP・增減」，以較極端的言論來說，全體國民所必要的經濟指標，只需GDP就夠了。

GDP（Gross Domestic Product 國內生產毛額），是所有顯示經濟活動的數值中，最為重要的指標，其**代表著在一定期間內，國內所生產的商品、服務的附加價值（利潤）總額**。簡單來說，即是薪資所得的總額，代表著該國的富裕程度。經濟成長率則是本年度的GDP比前年度成長多少的比率。

以SNA（System of National Account 國民經濟會計制度）的統計方法為依據，由於是全球通用的方法，使得國際間的比較更為容易。總體經濟學，也與這精密的計算指標一同發展至今。

現今，GDP成為一個常見的用語。每一季發表數據時，各大報章雜誌以及電視新聞上便會出現與GDP相關的頭條報導。而且，GDP的概念也編入在高中公民科教課書內，足見其重要性。

GDP可將看不見的整體經濟「具象化」。相較於GDP較低的國家，GDP越高，國民的素質較高、社會環境較安全、醫療發展也較進步，而國民平均壽命也隨著以上因素而得以延長。假設GDP的成長率為零，就代表當某人的所得增加時，另外會有人的所得減少，也就是持續著「零和賽局（Zero-sum Game）」[1]的狀況。

2012年全球的GDP成長率，大約為3.4%。第二次大戰後，冷戰局勢告終、全球經濟呈現一體化的1989年，當時全球GDP約為20.5兆美元，而2011年約為70兆美元，成長了3.4倍。一天生活費不到1美元的最貧困階層，自29%（1990年）減少為18%（2004年）。由此可見，**GDP的提升可以提高社會福利（welfare＝福祉）的發展**。

「GDP」是什麼？

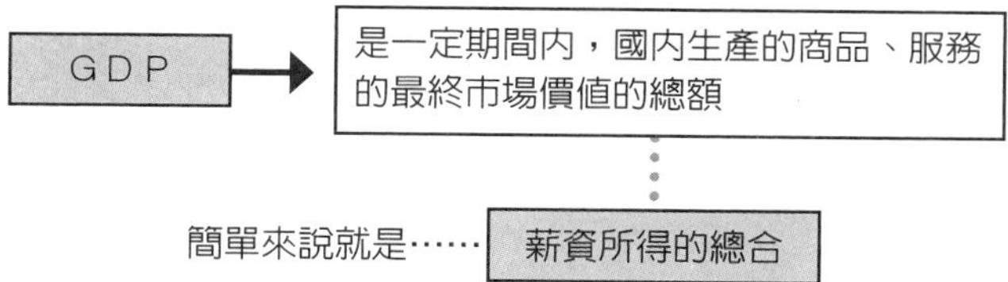

GDP
是一定期間內，國內生產的商品、服務的最終市場價值的總額
簡單來說就是……
薪資所得的總合

日本的名目GDP（2012年）

（單位：10億日圓　※小數點後四捨五入，故有些微誤差
日本內閣府「國民經濟計算」）

名目GDP的優勢國

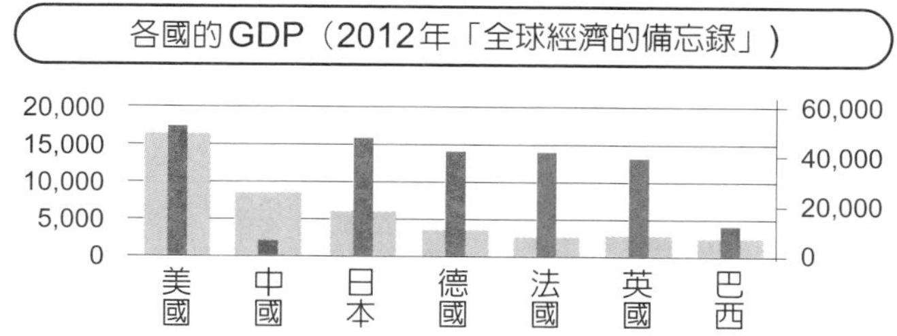

■名目GDP（左．10億美元）　■平均每人名目GDP（右．美元）

也有發生過這樣的逸聞軼事……

二次大戰結束後，占領統治日本的聯合國軍總司令部（GHQ），強迫日本官員「交出GDP資料」，而日本卻無法交出……當時最高司令官麥克阿瑟問吉田茂首相：「為什麼沒有經濟資料呢？」吉田茂首相回說：「日本原本就沒有關於國內經濟的資料。若是有的話，也不至於發動戰爭，更不會戰敗了。」聽說當時麥克阿瑟聽了此話後便點頭以示理解。（小室直樹，《日本人のための原理》，東洋經濟新報社）

小室直樹
（1932～2010）
經濟學、法學、法律社會學者

GDP的計算方式

日本內閣府將GDP列入國民經濟計算體系中。在每三個月的GDP速報，與每年一次公開發表的國民經濟計算確報中可以看到。

GDP（Gross Domestic Product國內生產毛額），指的並不是銷售額，而是附加價值（利潤）或是商品、服務的最終市場價值的總額。

假設，某個國家是只以農業、紡織業與服飾製造業立國。並如右頁圖所示，農業的生產為100萬日圓，紡織業為150萬日圓，而服飾製造業為200萬日圓，那麼「總生產」則為450萬日圓。然而，GDP為利潤的總額。因此，以紡織業為例，購入100萬日圓原料製成布匹（中間生產物），實際上的利潤為150 － 100＝50（萬日圓）。承上，服飾製造業的利潤則為200 － 150＝50（萬日圓）。農業的100萬＋紡織業50萬＋服飾製造業50萬，合計為200萬日圓，可得知此國家GDP為200萬日圓。

GDP為「市場上交易的價格（利潤）」，因此委託家事服務行業，也可計算入GDP內。但是一般家庭主婦的家事勞動、或是義工則不納入計算。另外，GDP屬於新的附加價值（利潤），因此中古車或是中古公寓的買賣款項也不包含在內（業者的手續費可以計算在內）。

至1993年為止，作為經濟活動的代表指標是GNP（Gross National Product 國民生產毛額），即為現在的GNI（Gross National Income國民所得毛額）。**而GDP再加上從國外賺取的所得淨額（Net Factor Income from Aboard，NFIA）後可得出GNI**。國際收支平衡表（第30頁）中的第一次所得收支，相當為所得淨額。（若是嚴格看，則會有少許誤差）。

出生於蒙古的相撲力士橫綱白鵬關的薪資，就歸在日本的GDP內。因此，GDP最適合作為現代人口遷移頻繁的國際化時代的經濟指標。

GDP計算的方式為何？

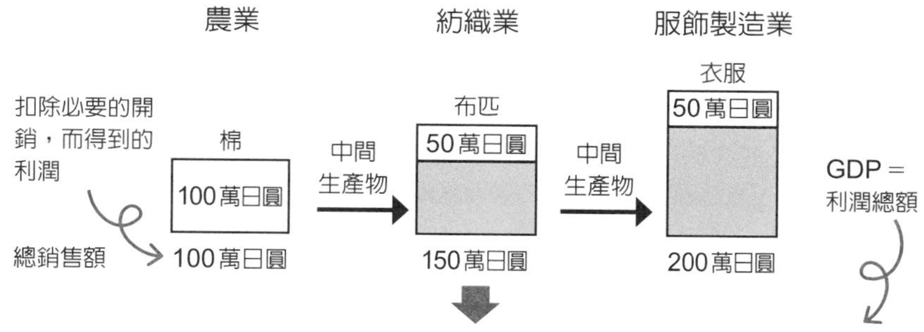

100萬日圓＋（150萬日圓－100萬日圓）＋（200萬日圓－150萬日圓）＝200萬日圓

可納入GDP計算的項目（附屬計算）

①農家自家的開銷	自用的食材、原料、肥料、燃料費等皆涵蓋在內。
②住宅服務	不論自用或租用住宅都負擔房屋提供服務的價值（即租金），因此涵蓋在GDP內。 考慮各國房產自有率、租屋率的不同，可作為各國比較的正確指標。
③公務員	警察、消防機構等服務雖然不透過市場交易，但視為政府機關的生產。
④金融機構	利息所得，雖然並沒有生產活動，但可歸納為利潤。

GDP與GNP（GNI）的差異是什麼？

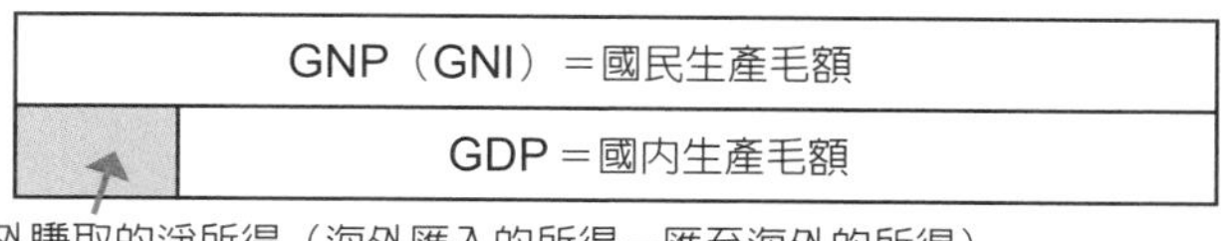

自國外賺取的淨所得（海外匯入的所得－匯至海外的所得）

例如……

中國分公司的收入	他國所持有日本股票的配股配息
美國債券的利息所得	他國所持有日本國債的收益比率所得
在杜拜工作的貿易公司員工所得	在東京外商銀行工作的德國人之所得

日本GDP與GNP（GNI）的動向？ 名目值（單位10億日圓　內閣府）

	2010年	2011年	2012年
GNI（GNP）	495,358.7	485,985.9	488,821.9
GDP	482,384.4	471,310.8	473,777.1

GDP與通貨緊縮

日本政府於2001年3月的每月例行經濟報告中宣告通貨緊縮，認定「日本經濟是在穩定的通貨緊縮中」，又稱為「失落的20年」[2]。

假設某國前年的GDP為500兆日圓。翌年，不論是麵包、車子或是飲食店的生產額皆增加，GDP成長至550兆日圓，即表示當年度有10%的成長率。

然而，若物價也同時上漲10%的話呢？包含麵包、車子、外食所負擔的費用皆會上漲10%，那麼即使GDP好像有所成長，但能消費的數量以及次數卻沒有改變。

因此，加上物價影響的GDP為「**實質GDP**」，「**名目GDP**」則為單純的數值而已。即使名目GDP從500兆日圓成長至550兆日圓，受到物價同時上漲10%的影響，實質GDP的成長為零。生活並不能說是變得比較富裕。

近幾年，日本呈現「**通貨緊縮**」（物價下跌）的狀況，**名目GDP低於實質GDP**。當一國處於經濟成長期，特別是高度經濟成長期時，實質GDP應當要小於名目GDP。

「名目GDP無法上升＝薪資所得的數值面額無法上漲」。另一方面，「實質GDP上升＝名目薪資數值，能讓實際生活更豐裕」。若是**因通貨緊縮導致物價下跌**，同樣1萬日圓能消費的商品、服務的量增加，因此可以看成**實質所得是上漲的**。

日本在所謂「失落的20年」這段期間中，1997年的名目GDP最高。另一方面，實質GDP則是在2013年達到創新高的紀錄。但是，日本國民是否真實際感受到生活水準提高呢？

名目GDP與實質GDP的不同

20X1年➡500噸（生產量）×1.0兆日圓（時價）＝500兆日圓

↓

20X2年➡500噸（生產量）×1.1兆日圓（時價）＝550兆日圓

⬇

名目GDP＝500兆日圓→550兆日圓……名目成長率10%
實質GDP＝500噸 ×1兆日圓＝500兆日圓……實質成長率0%

加上20X2年的生產量計算

20X1年的時價計算（含物價波動）

也就是說，50億日圓的差額，也只是物價上漲的部分而已

GDP平減指數[3]（GDP deflator）是什麼？

GDP平減指數（GDP deflator）➡ 從名目GDP中算出實質GDP所使用的指數

⬇

$$\text{GDP平減指數（GDP deflator）}=\frac{\text{名目GDP}}{\text{實質GDP}}\times 100$$

名目GDP與實質GDP（單位：兆日圓　日本內閣府）

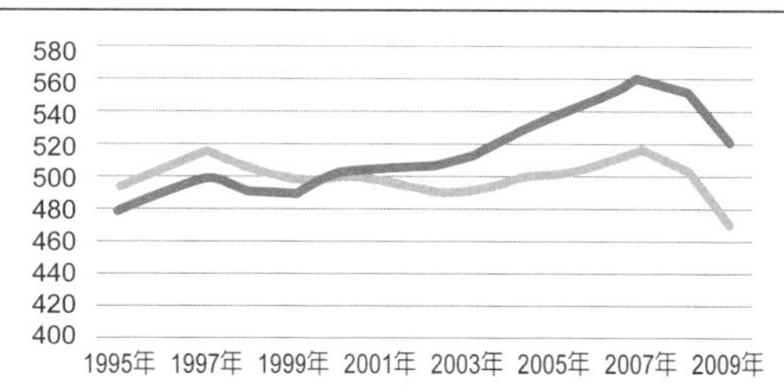

近年來，日本因通貨緊縮，名目GDP低於實質GDP。左圖設定2000年為零並以此為基準，雖然從那年開始兩線交叉，但實際上名目與實質GDP逆轉的狀況始於1995年。

GDP平減指數（＝GDP deflator）、消費者物價指數（前年比% 日本總務省）

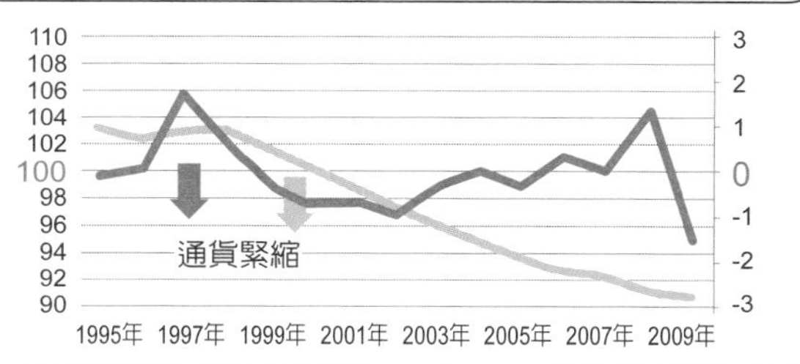

當GDP平減指數低於100時，就會發生通貨緊縮。當消費者物價指數（第78頁）低於0時，即通貨緊縮。此外，本表設定2000年為零並以此為基準，但實際上除了1998年，1997年之後的每一年數據皆是呈負值。

生產＝分配＝支出

GDP的三面等價(1)

從三面等價原理可得出，我們支出的金額輾轉會成為其他人的所得。景氣是會因為「氣＝感覺可以稍微多支出一點」下，而產生極大的變動。

「GDP（國內生產毛額）增加」為「所得（薪資）增加」＝「消費金額增加」，這樣的關係即是「GDP的三面等價原則」。**GDP，不論從①生產、②分配、還是③支出面來看皆相同**。因為①生產＝②分配＝③支出。

假設拉麵店一個月的業績是100萬日圓。麵與配料食材等的材料費（中間生產物）占30萬日圓，那麼拉麵店的①生產就是70萬日圓。

另一方面，拉麵店的店租、工讀生的聘僱費、貸款的利息、稅金以及其他的開銷，剩餘的這些留在店內運用金額稱為②分配，這也是70萬日圓。

另外，拉麵店一個月的收入為顧客所消費的金額，這是從③支出面來看的金額。在這家拉麵店消費的顧客總共支出了100萬日圓，其中30萬日圓為材料費，那麼支付給拉麵店的金額則為70萬日圓。

如此GDP＝70萬日圓，不論是從①生產、②分配、還是③支出面來看，皆相同。

GDP（國內生產毛額）＝GDI（國內所得毛額）＝GDE（國內支出毛額）。如同「GDP的三面等價原則」的成立，「GNP的三面等價原則」也是成立的。

因此，可以從「GDP的三面等價」原則，得到「GDP（國內生產毛額）」＝「我們的所得GDI（薪資）」這樣的結論。**所以「GDP增加」等於「我們的所得增加」**。

以經營拉麵店為例，瞭解GDP的三面等價原則為何？

〈從生產面〉

〔業績〕100萬日圓－〔材料費（中間生產物）〕30萬日圓＝70萬日圓

〈附加價值〉

〈從分配面〉

〔附加價值〕70萬日圓－〔房租、人事費、稅金等（分配）〕……〔剩餘的〕

＝70萬日圓

〈從支出面〉

〔顧客〕100萬日圓－〔材料費等（中間生產物）〕30萬日圓＝70萬日圓

全部皆為70萬日圓

生產＝分配＝支出

GDP（國內生產毛額）＝GDI（國內所得毛額）＝GDE（國內支出毛額）

「總生產、總所得、總支出」的一覽表

〈國內〉

①總生產	GDP（國內生產毛額）	Gross Domestic Product
②總所得	GDI（國內所得毛額）	Gross Domestic Income
③總支出	GDE（國內支出毛額）	Gross Domestic Expenditure

〈國民〉

①總生產	GNP（國民生產毛額）	Gross National Product
②總所得	GNI（國民所得毛額）	Gross National Income
③總支出	GNE（國民支出毛額）	Gross National Expenditure

「國內～」與「國民～」的差別？

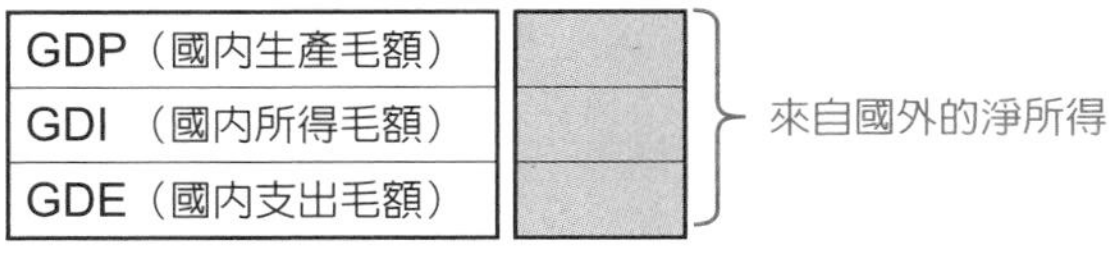

來自國外的淨所得

GNP（國民生產毛額）
GNI（國民所得毛額）
GNE（國民支出毛額）

GDP的三面等價(2)

俗流經濟學與正統經濟學的分歧，即是對三面等價原則的內容，在理解程度上的差異；也就是「知道」與「融會貫通進而運用自如」兩者間的天差地別。

那麼，讓我們以三面等價原則闡明經濟的本質吧！這也是瞭解經濟學的入門篇，請參照下圖。

生產．分配．支出的算式

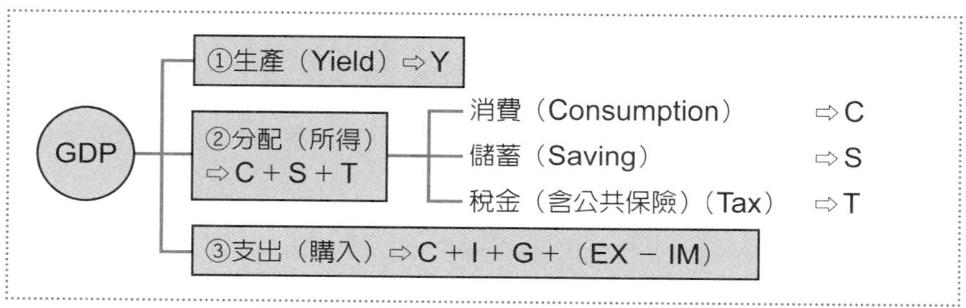

首先，**①生產以**Y表示。這取自「生產」的英文「Yield」的第一個字母。

其次為**②分配**。當我們領到薪資後，會如何運用這筆錢呢？其實只有三種使用類別，分別是「**消費**、**儲蓄**、**稅金**（含各種公共保險）」。假設一位高中生領了1萬日圓的打工薪資，用其中的5000日圓購買衣服，並課8%消費稅(日本2019年10月調漲至10%)，也就是400日圓，剩下4600日圓為存款。

雖然是非常簡單的例子，卻可以一概論之，即使改成一家之主的爸爸領了薪資，也是為了「家庭生活開銷、支付稅金、或是儲蓄」而已。

在這裡「儲蓄」是指所有未使用的錢，不管是皮夾裡剩餘的零錢、銀行內的存款、亦或是借給他人的錢，總之「所有尚未使用的錢」都包含在內。

即使擴及至公司營運也是一樣，錢的流向同樣也是「購買製造商品所需要的原料（餐飲類別的服務業還包含購買食材和員工制服），支付法人稅、消費稅等的稅金或保險費，與剩餘的錢」這三種而已。

分配（所得）的部分，不論是社會團體，亦或是個人，又或者像是日本宮崎縣的地方自治體制，分配的流向有著一樣的結果，一律都是「使用掉、存起來、納稅」，即是「消費、儲蓄、稅金」。

取「消費」英文Consumption的第一個字母C表示，而儲蓄（Saving）取S表示，稅金（含公共保險）以Tax的T表示，於是②**分配則可以用「C＋S＋T」公式**表示。

接著是關於③**支出（購入）**。這裡必須要先補充一點，以國家整體經濟來看的供給與需求，稱為「**總供給、總需求**」。

國內銷售的總金額與購入的總金額相同，而總生產為總供給（賣方），總支出則為總需求（買方）。

導出支出的算式步驟

首先，總供給（賣方）只有「在國內生產的商品、服務」以及「在國外生產的商品、服務」兩種。若以日本為例，一般喝的茶是日本國內產的，而咖啡則是自國外進口。那麼這其中「日本國內生產的商品、服務」是GDP＝Y。此外，**「在國外生產的商品、服務」則為「進口」**（Import），以IM表示。

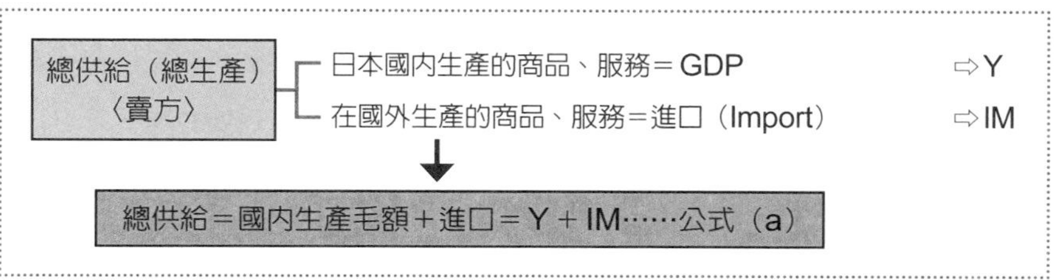

接著是總需求（買方），日本國內的買方有家計（個人）、企業、政府，這三者來做「消費」、「投資」。

家計主要以「消費」為主（住宅的購買、投資等）。企業主要是「投資」，如工廠、機械、店鋪、車子等「設備投資」，以及防止缺貨的「庫存投資」等。政府則執行橋樑、道路、港灣等建設的「投資」，其他還包含購入商品、服務的「消費」。

消費取其英文Consumption的第一個字母C表示，投資取Investment的I代替，而政府以Government的G表示。於是，總需求（買方）的公式則為「C＋I＋G」。

另外，再加上居住於國外的人，也會消費「日本國內生產的商品、服務」，亦即居住於國外的人（外國人）也會購買日本國內生產的車子、家電用品等，這部分則為「出口」**（Export），以EX表示**。總需求（買方）的算式則以「C＋I＋G」再加上「EX」。

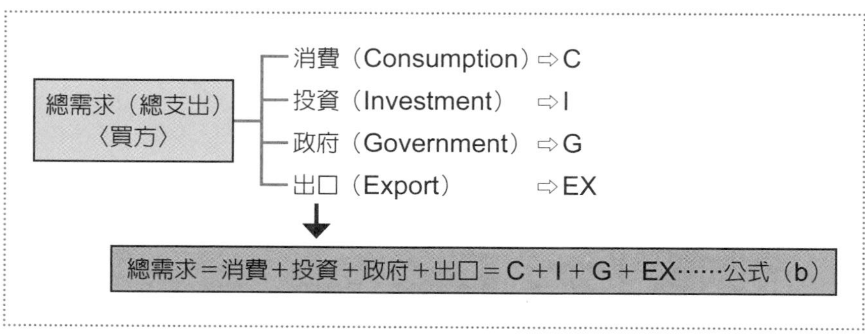

從上述中，可以瞭解總供給＝總需求的意義，因此公式（a）＝公式（b）成立。所以

Y＋IM＝C＋I＋G＋EX

將IM移到等號右邊時，

Y＝C＋I＋G＋（EX－IM）

總生產＝消費＋投資＋政府＋（出口－進口）

成立。

總供給＝總需求⇨公式（a）＝公式（b）⇨Y＋IM＝C＋I＋G＋EX

↓

Y＝C＋I＋G＋（EX－IM）
總生產＝消費＋投資＋政府＋（出口－進口）

日本國內生產毛額的支出，是扣除由國外進口至國內的部分。這就是國內支出毛額。

儲蓄－投資的平衡式（Saving-Investment Balance）是什麼？

①生產＝Y

②分配＝C＋S＋T

③支出＝C＋I＋G＋（EX－IM）

上述為三面等價的所有公式，從中可得出以下公式：

①Y＝②C＋S＋T＝③C＋I＋G＋（EX－IM）

↓

C＋S＋T＝C＋I＋G＋（EX－IM）

等號兩邊的C互相抵消，並將I與T分別移至等號另一邊……

（S - I）＝（G－T）＋（EX－IM）

只要能充分瞭解這公式，你也可以是「經濟學」通

儲蓄　投資

等號兩邊的C互相抵消，並將I與T分別移至等號另一邊而得到的公式，是在總體經濟學中非常重要的儲蓄－投資平衡。是否能夠充分理解這個公式，則是一般流傳的俗流經濟論與正統總體經濟學之間的最大的分歧點。

儲蓄－投資平衡：（S－I）＝（G－T）＋（EX－IM）

GDP的三面等價(3)

當我們看三面等價圖時，並非將「貿易順差、逆差」或「財政赤字、黑字」當作各別發生的現象，而是能夠理解同一件事情的細節。

讓我們來分析三面等價圖吧！

以下的「三面等價圖」，同時顯示了兩件事：①**錢（資本）**的流向與②**商品、服務（實物）**的流向。

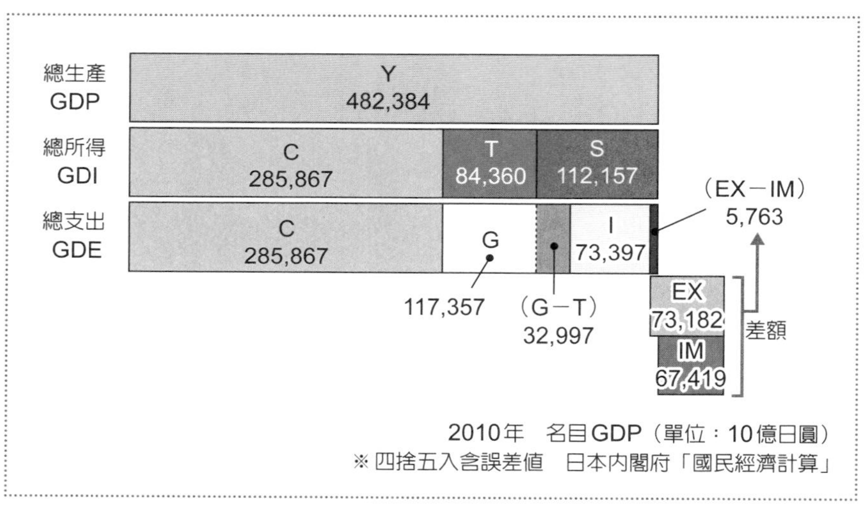

2010年　名目GDP（單位：10億日圓）
※四捨五入含誤差值　日本內閣府「國民經濟計算」

國民生產毛額Y為所生產的商品、服務＝錢的附加價值。上述圖表的數字，同時表示著商品、服務的流動，以及金錢的流動。

在經濟學中，凡事必須多方分析。若是沒有這個原理原則，就會變成俗流經濟論。本書以經濟學的多方分析原則為基準，維持從複數（兩個）以上的角度、觀點來分析眾多狀況。

接著，就讓我們多方分析上述所提到的三面等價原則，以及儲蓄－投資平衡式吧！

用兩個以上的角度分析

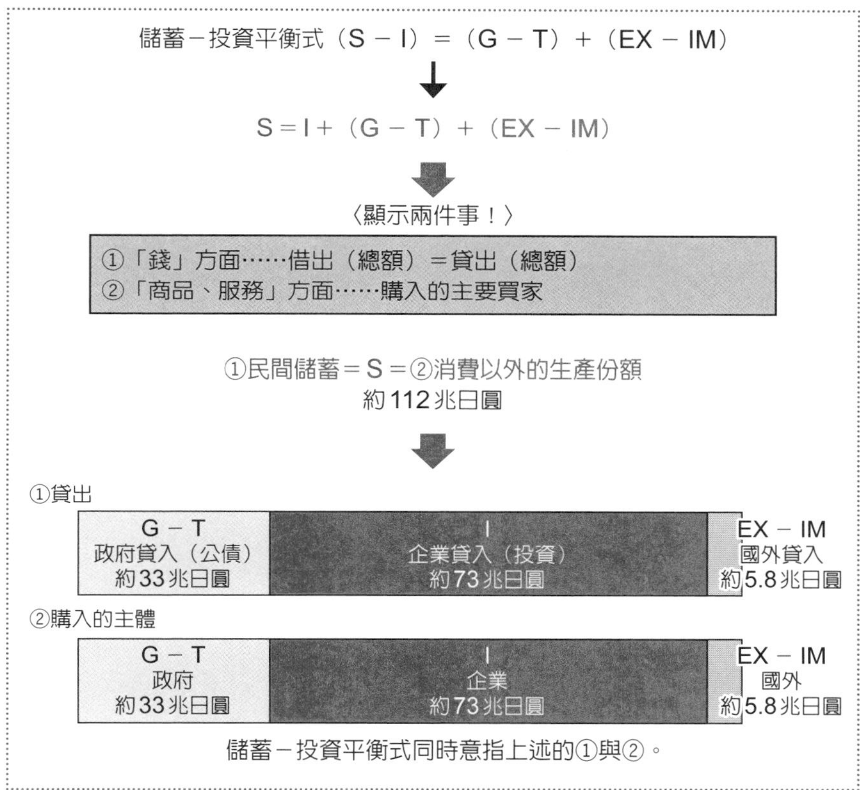

①貸出（總額）＝借入（總額）

儲蓄－投資平衡式中，等號左邊的S為儲蓄，表示借出的金額。S是國內每一位國民（每一間民間企業）儲存下來的金額總額。因此，等同於民間的人貸出錢。

位於等號右邊的I、（G－T）、（EX－IM）則是借入S儲蓄這個金額的人。I為民間、（G－T）為政府、（EX－IM）則代表國外的人，這三者為借入金額的人。

I主要為企業進行的投資。其中一個方法是向銀行借出資金，或是發行股票或公司債讓民眾購買。如此籌備出來的錢，再投資設備與廣告等，進而生產出商品或服務。

其他也有屬於個人借貸的狀況（如房屋貸款），也包含在本項目中。由此可知，I即表示為民間借錢的狀況。

（G－T）為政府。G是指政府（國家、地方）使用的錢，T則是代表稅金。使用掉的金額比稅金收入多時為「財政赤字」。當政府的歲入大於歲出時，就必須要借款，於是發行「公債（國債、地方債）」來借錢。

（EX－IM）則為國外的人。國外的人與國內相同，也可分為個人、政府、企業等借入錢的單位，特別是政府與企業為對象。外國政府借錢時，依然是以發行國債為方法；國外企業借錢時，與國內相同，也是向銀行借錢，另外也有發行股票、公司債券的方法，亦表示著日本購買他國國債、國外公司股票和公司債，在海外銀行存放現金，或是直接投資（在國外建造工廠等）時的金額。由國外的角度來看，則表示著日本借出錢。

②生產剩餘份額＝購入的人（主體）

接著，是誰購買商品或服務呢？生產出的商品、服務會由某人購買；某人購入（支出）了與儲蓄相同的份額，而這個份額則由企業的投資、政府的投資與消費、或他國來購入。公債的發行，是政府代替民間所執行的投資、消費行為。貿易順差意指在國內未被購買的商品、服務由他國消費（購買）。

那麼，從以上①貸出（總額）＝借入（總額），②生產剩餘份額＝購入的人（主要）可得到以下的結論。

首先，是關於貿易順差。

對於貿易順差是否有誤解？

貿易順差時資金流出國外

EX － IM ⇨貿易順差＝海外投資淨額（出借給他國的金額）

（EX － IM）雖說是貿易順差，但同時表示本國的資金流到海外。

貿易順差＝國外投資淨額（出借給他國的金額）

「貿易順差跑到哪裡去了」的答案是成為「海外的資產」。這件事並不一定代表本國的生活比較富裕。其實「貿易順差為盈，逆差為虧」這個論點是屬於俗流經濟論的代表事例。

對於公債是否有誤解？

G － T ⇨公債＝政府的負債……國民的財產

國家的欠款增加即是國民財產增加！

接著是關於公債（G － T）即是「政府的負債」，從貸出方來看，這歸屬於「國民的財產」。

公債＝政府的負債＝國民的財產

雖然，我們經常在各大報章雜誌上看到「國家的負債達到全球最壞的狀況」等報導，同時也顯示了「國民的財產達到史上最高水準」的狀態。「將國家的負債以一個家庭的家計來比喻的話……」這也是在會計原則上不成立的俗流經濟論。

上述關於**貿易的「順差為盈餘」、財政赤字為「國家負債最糟」是流傳在日本國內最大的俗流經濟論**，有著不同凡響的影響力。由於對「總體經濟學（多個面向）」不慎理解而造成的誤解，有時會誤導日本的經濟發展方向。

那麼就以「總體經濟學（多個面向）」來驗證看看這些誤解吧！**即使只是瞭解這個誤解，也有學習經濟學的價值。**

貿易順差＝海外資產淨額

貿易順差就是海外資產淨額（海外投資總額－接受投資總額）；貿易逆差則是接受由海外投資淨額。貿易順差額增加＝海外資產淨額增加。

以結論來說，**貿易順差是一國將消費控制在所得（總生產）以下，並積極投資海外投資（購買股票、債券、土地或建築物等）的結果**。貿易順差的部分，表示一國有多努力地（？）增加海外資產。

貿易逆差，則是指一國超過所得（總生產）以上的消費量。這是如何發生的呢？其實是由於來自海外對國內的積極投資（股票、債券、土地或建築物、銀行存款儲蓄）所造成。

貿易逆差，代表著諸如NISSAN或卡西歐、花王等這些日本國內於海外的企業（這些企業以股份持有率來說，已經可以算是外國企業），將會增加（參考第29頁）。

根據GDP的三面等價原則，全球的總生產（GDP）＝全球的總支出（GDE）。**貿易順差，即為一國生產的一部分賣至國外，而貿易逆差則是國內購入來自海外的生產**。

全球的總生產＝總支出，以驚人的速度不斷地增長（冷戰結束後20年間，便成長了約3.5倍）。伴隨著全球的出口量＝進口量也向上成長活躍。

（EX－IM）雖為貿易順差，同時也代表著日本的資金借給國外（國外投資額），從國外的立場來看，即代表在海外所持有日本的債權（日本所持有的海外股票、債券、土地或建築物、銀行存款儲蓄）。（海外投資額－來自海外的投資額＝貿易順差）

從儲蓄－投資平衡式（三面等價圖）的結論可知，**貿易順差（商品、服務出超）同時也是意味著海外投資額（錢）淨增加的部分**。兩者必定同時發生，且金額相同。

順差國與逆差國的貿易（金融收支）內容是什麼？

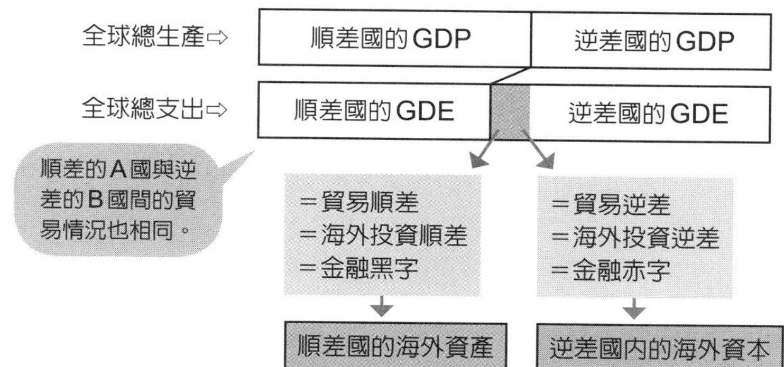

全球GDP與出口額的變遷

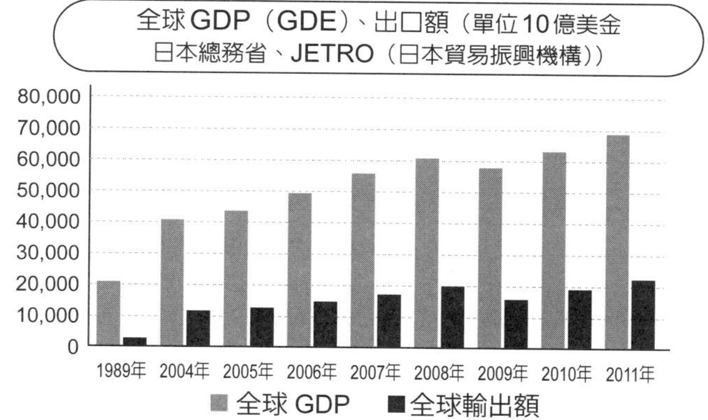

日本的名目GDP

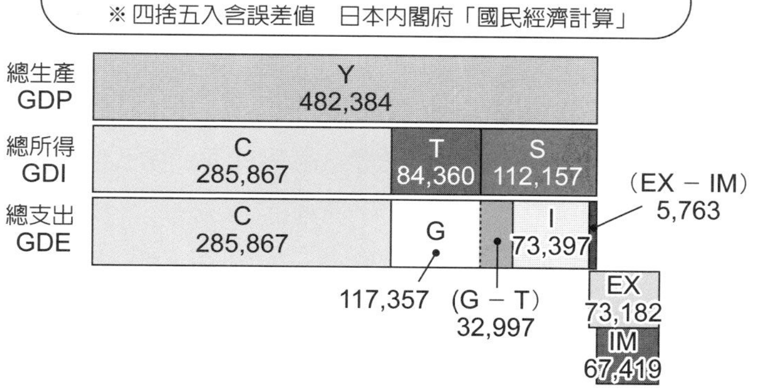

對外資產淨額（Net External Assets）

貿易順（逆）差＝海外投資。不論是外資企業或是國內企業，所產生出的GDP即成為「國內的總生產（薪資所得）」。

貿易順差（商品、服務出超），同時意指海外投資額（錢），這是指**當國內越是持續「貿易順差」時，即代表著海外的「對外資產」增加**。而實際上正是這麼一回事。（構成了一部分對外資產的增加份額）

從對外資產（國內持有海外的股票、債券、土地或建築物、銀行存款儲蓄等）中扣除對外負債（海外持有國內的股票、債券、土地或建築物、銀行存款儲蓄等）則為對外資產淨額。日本在2012年底的對外資產淨額為296兆日圓，成為全球排名第一的對外債權國，其中持有包含了美國國債、位於中國的日本百貨公司、東南亞的工廠、海外儲蓄存款等等。

另一方面，**對外負債並非負債**。因為貿易逆差額＝金融赤字額，所以是指全球向**該國的國債、公司債、股票投資、以及銀行存入存款**。美國是著名的債務國，卻並不代表美國向國外「借款」而造成極大的問題。

舉例來說，外國投資者巨額投資日本的股市（約每日成交量的六成），將造成日本股市的「金融收支赤字」增加。以持股比例來看，幾乎可稱之為外國企業，在東京證券交易所的東證一部上市企業中，已經超過100間以上。

雖然說類似NISSAN或中外製藥等的公司，已經可以算是外國資本，並不會**對我們的日常生活有影響**。所謂美國的對外債務是指由於全球各國爭先恐後對美國進行投資，「美國的OO公司、泰國企業、日本企業、中國企業」的狀況，以及金融公司的資金日漸增加。

何謂對外資產淨額？

對外資產淨額 ＝ **對外資產** 海外的股票、債券、土地或建築物、銀行存款儲蓄等 － **對外負債** 海外企業等持有國內的股票、債券、土地或建築海、銀行存款儲蓄等

日本的對外資產、對外負債、對外資產淨額的變遷

對外資產、對外負債（海外所持有日本國內的資產）、對外資產淨額（單位兆日圓 日本財務省）

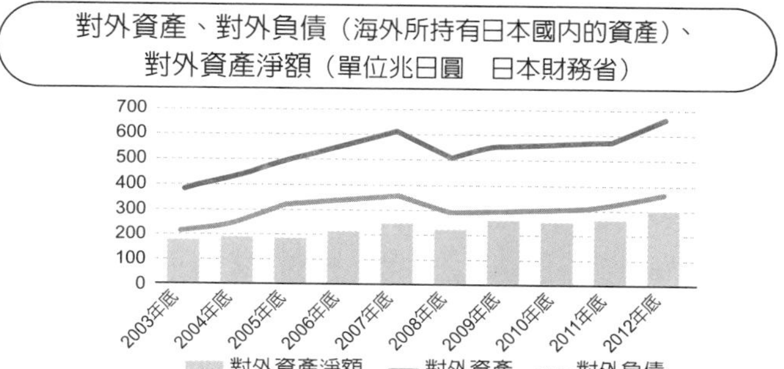

各國的對外資產淨額

對外資產淨額（單位兆日圓 2011～12年底 日本財務省）

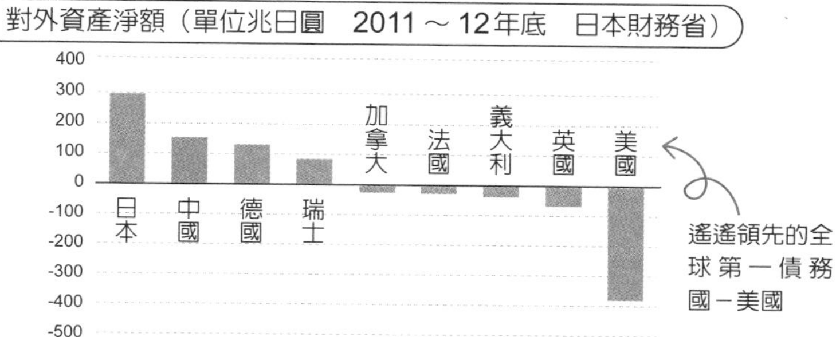

值得注意的比率：外國人對日本企業的股票持有率……

外國人的股票持有率（% stockweather（日本經濟情報網站） 2014.3.7）

ICHIGO Inc	77.2	花王	50.7
中外製藥	75.4	山田電機	49.3
NISSAN	73.1	三井不動產	49.1
Laox Co.,Ltd	65.6	Leopalace 21	48.5
歐力士（ORIX）	62.9	SUZUKI	47.9
大泉製作所	60.5	任天堂	47.1
大東建託	55.7	東洋水產	45.9

國際收支平衡表怎麼看

記載國際間的商品、服務（實物）與錢（資本）交易往來的「國際收支平衡表」中，廣義的經常收支（實物）與金融收支（資本）會是相同金額的。

國際收支平衡表是採複式簿計方式，記載商品、服務（實物）與錢（資本）的交易往來細節。因此，**經常收支順差（逆差）額＝金融收支順差（逆差）額**。

日本過去的經常收支的累積＝對外資產（形成的一部分），1年間約有14兆日圓的所得收支順差（股票的配股配息、債券的利息）的生產，這記載在⑴經常收支帳項目的②第一次所得收支。如同在第12頁中所說明過的，屬於來自海外的所得淨額（GNP與GDP的差額）。這個順差額在經常收支帳中金額最多，而此金額也顯示了「日本逐步轉型成以『投資立國』」。

同時，GDP的「EX － IM＝貿易收支」則記載於⑴經常收支帳中的①貿易、服務收支。

⑴經常收支帳

①貿易、服務收支

「商品、服務」的進出口。GDP的EX － IM屬於此項目。

②第一次所得收支

股票的配股配息、債券的利息、過去來自海外資產的收入。

③第二次所得收支

來自政府或民間的食品或醫藥品等的無償援助及其他。

⑵資本轉移等收支帳

本國政府對他國的資本形成（道路或港灣等）的援助及其他。

⑶金融帳

直接投資、股票、債券、金融商品、進出口貨款、外幣準備以及其他等。

何謂國際收支平衡表？

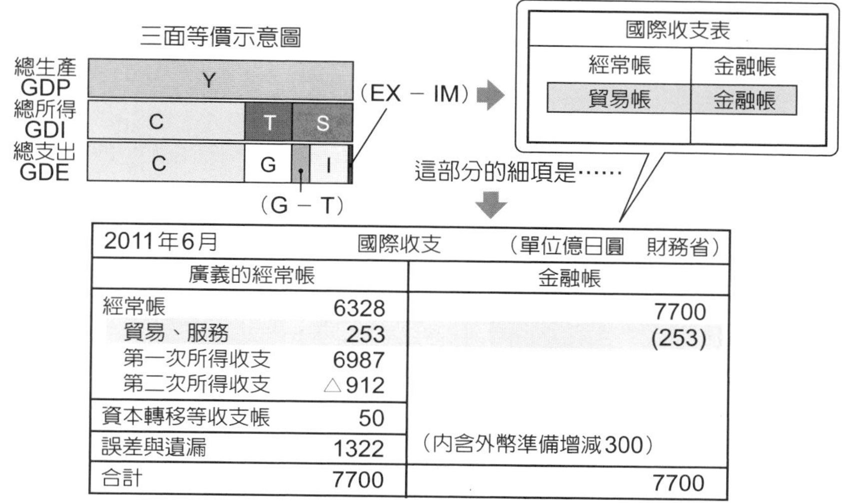

2011年6月		國際收支　（單位億日圓　財務省）
廣義的經常帳		金融帳
經常帳	6328	7700
貿易、服務	253	(253)
第一次所得收支	6987	
第二次所得收支	△912	
資本轉移等收支帳	50	
誤差與遺漏	1322	（內含外幣準備增減300）
合計	7700	7700

金融交易在國際收支平衡表中互相抵銷

小客車的出口（100萬日圓）、搭國外的船旅行（50萬日圓）、購入國外公司的股票（M&A 20萬日圓）等會以下列方式記錄下來。

購入國外公司的股票這類的金融交易，因為錢（資本）有國內持有還是海外持有的差異，其主體（人或公司等）所持有的整體資產總額並不會因此而改變。在金融收支的項目內以（＋）與（△）同時記載，互相抵消。

經常帳		金融帳	
貿易、服務收支	＋100 △50		＋100 △50
		證券投資＋20	
			目前存款　△20
計	＋50	計	＋50

貿易順差、逆差 4

全球經濟的主角

現今，是金錢（資本）交易＞現貨交易的時代。和金融交易相比，「貿易只不過是狗尾巴[4]（柏南奇前FRB議長的比喻）」的時代。

那麼，已經瞭解了貿易順差、逆差是等於金融黑字、赤字（國外投資）。然而，如前頁的說明，純粹的金融交易（例：日圓⇔海外的股票、債券）在國際收支平衡表中會互相抵消，因此不會呈現出來。事實上，最終沒有被記載在國際收支平衡表中的這個**金融交易才正是現今全球經濟的主角**。

2010年，全球的貿易額（現貨交易）平均一天約為412億美元；同年的外匯交易平均一天約為4兆美元，為現貨交易的95倍。現今，金融交易就好比狗的頭和身體，占了極大部分，而商品、服務（現貨交易）只不過就是狗的尾巴或是嘴巴這種程度而已。

貿易順（逆）差、經常順（逆）差是由金融交易決定，因為金融收支呈現順（逆）差，所以經常收支也呈現順（逆）差。日本的貿易收支之所以呈現順差，是因為將日本全體的支出控制在GDP所得以下，及向海外儲蓄供給＝進行國外投資的結果。

美國呈現逆差，是由於超過GDP所得以上的支出，並接受來自海外的投資。「為了調整經常收支，金融（作者註：舊資本）收支一定要調整，為此儲蓄－投資平衡也必須跟著調整」（野口旭《學習全球經濟（グローバル経済を学ぶ）》）。這是中長期分析的吸收論（Absorption Approach：國內的所得支出差額→貿易順差、逆差）、**儲蓄－投資平衡（儲蓄投資差額）論**觀點。不是「用日本或中國所賺取的順差去填補（finance）美國的金融不足」。藉由金錢所構成的資本交易不僅由商品、服務（現貨交易）所決定，更是由外匯市場來決定。

全球經濟的主角是金融交易！

〈全球〉　　（2010年）

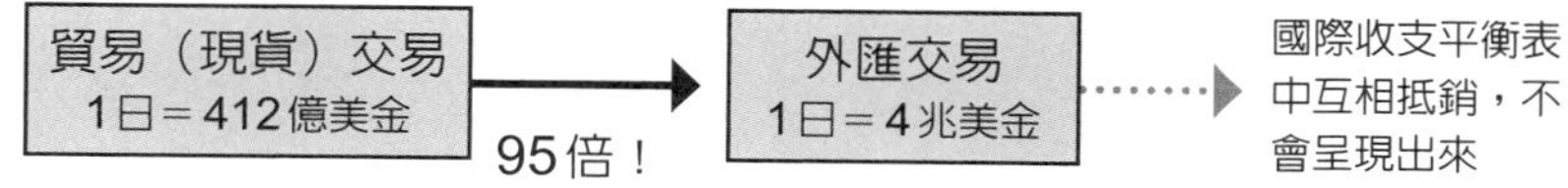

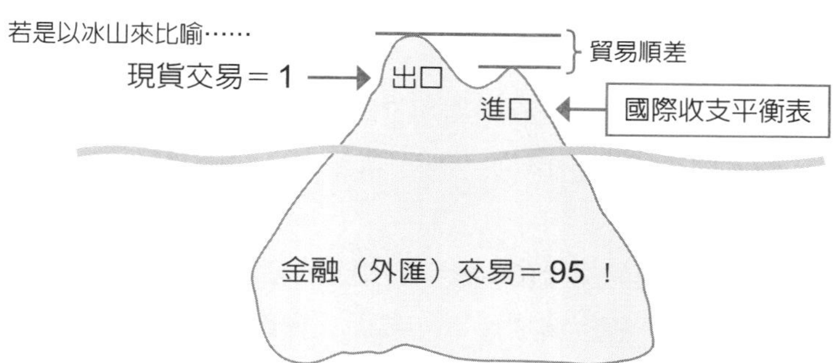

〈日本市場〉（2010年4月）

貿易交易＝1⇨外匯交易　美金＝240倍　日圓＝140倍

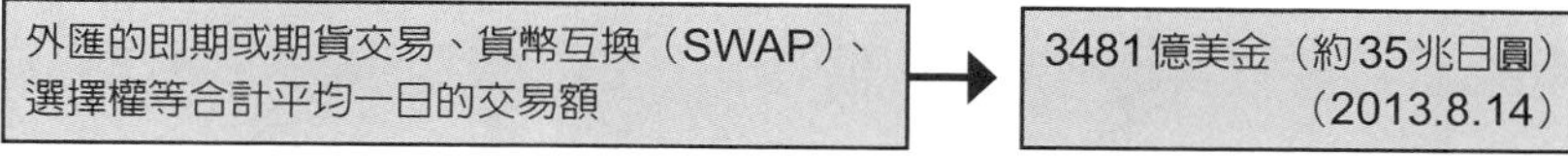

外匯的即期或期貨交易、貨幣互換（SWAP）、選擇權等合計平均一日的交易額
3481億美金（約35兆日圓）（2013.8.14）

〈英國市場〉

平均一日的交易（2013年4月）

日圓⇔美金	9780億美元
歐元⇔美金	1兆2890億美元

※日圓⇔美元 約占外匯兌換總交易的18%

伊藤元重（1951～）
經濟學者

「由於日本許多產業皆有極高的競爭力，能在國際貿易中占一席之地，因此日本的貿易收支、經常收支呈現順差」……應該可以瞭解這是個多麼愚蠢的言論了吧。

（伊藤元重編著《對貿易順差的誤解－日本經濟出了什麼問題》東洋經濟新報社）

日本不是貿易立國

日本從來都不是「以出口貿易立國」。雖然說日本出口額是絕對的龐大，但相較之下，日本仍是內需很大的經濟大國。

日本現在被稱為「以貿易賺取利潤而立國」，但是日本**一直以來都不是以貿易立國的國家**。因為日本並不是每年憑藉出口擴大而使貿易順差增加的經濟大國。

日本高度成長期，曾經達到GNP平均每年成長10%的經濟成長。在國際間也是屬於極高的經濟成長率。然而「貿易順差」相較GNP的成長率，卻只有些微的成長而已（0.2～1.5%）。更何況在1961、63年為「貿易逆差」。日本當時的所得（GNP、GNI）在「貿易逆差」的同年也持續擴大增長。

近10年來也是一樣。日本的外需（貿易順差）占GDP比例最大值是發生在2004年的1.95%。同年的外需（貿易順差）金額為9兆8590億日圓，GDP為503兆7253億日圓。在雷曼兄弟事件發生後，全球經濟不景氣的2009年時，是0.36%（外需1兆7267億日圓，GDP為469兆4120億日圓）。上述外需對GDP的比例，相當於體重60公斤的人，體內216公克～1170公克的重量。2009～2010年雖為貿易順差，但GDP卻是10年間的最低水準。

與全球各國相比也是一樣的。日本的出口額與GDP比率，比英國還要低。**日本能達成經濟成長，是依靠國內市場的擴大：內需**，而外需就只是狗尾巴（與GDP比約占1%上下）的程度。「總生產額」減去「總消費額」即是「EX－IM」＝貿易順差，即資金流向海外。日本的「貿易順差」是由於日本人將支出控制在所得以下，向海外的儲蓄供給：海外投資的結果。這才是日本貿易順差的真正原因。

日本不是貿易立國！

〈高度成長期，貿易順差占GNP的1.5%以下〉

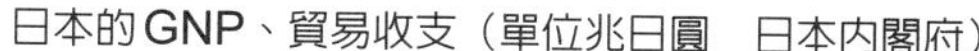

日本的GNP、貿易收支（單位兆日圓　日本內閣府）

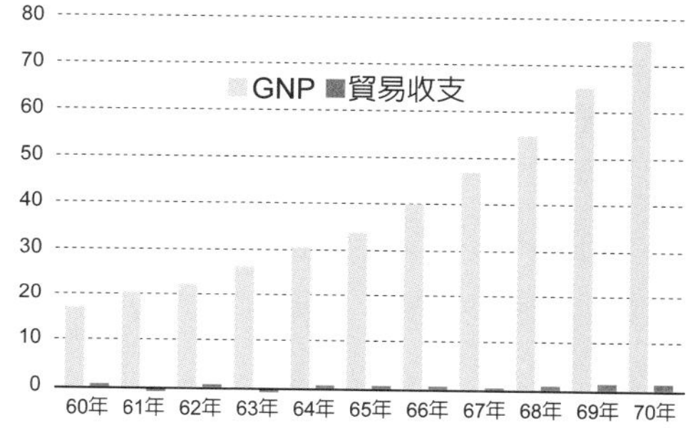

1961、1963年間卻是逆差！

〈自2000年後，對GDP比為1.95%最高〉

日本的內需與外需　（單位兆日圓　內閣府）

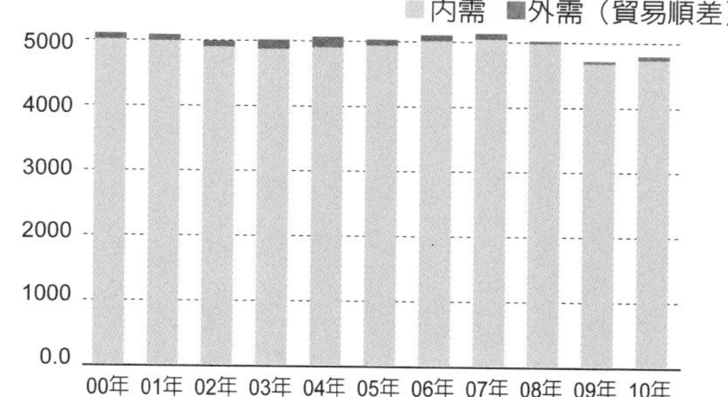

2009年之後，雖呈現順差，GDP卻是最低的。

〈與其他各國相比較，日本的出口依存度較低〉

出口／GDP比　2012年（「全球經濟的備忘錄」JETRO）

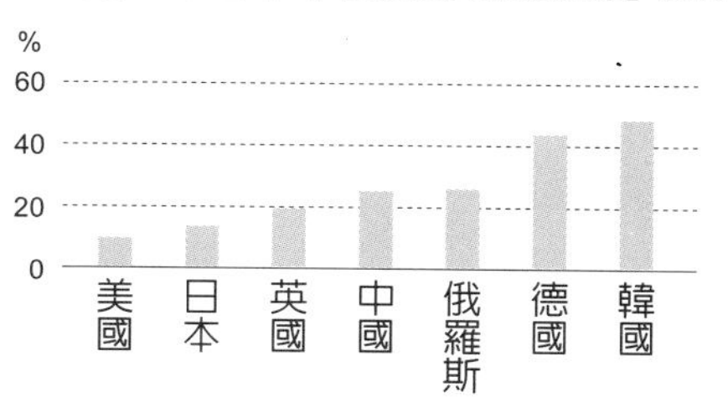

日本並不是因為貿易順差而成為經濟大國。貿易順差的形成，是由於日本人積極向海外投資所造成的結果。

日本成為經濟大國的原因是，這個！

國內市場的擴大＝內需

經濟大國

貿易順差是因經濟不景氣而增加

「因為經濟不景氣所以貿易順差增加，而不是貿易順差越大就會越富裕」（中谷嚴《痛快！經濟學》）

有「經濟景氣佳所以貿易順差」這樣一個論點，或是說有「日本呈現驚人的貿易順差（反覆投資賺取外幣），但是為什麼國內景氣仍舊不好呢」這樣的疑問。

根據景氣不同，三面等價圖中的儲蓄S、投資I、公債（G－T）、貿易順差（EX－IM）將會如以下敘述般變動。

I（投資），可以說是對景氣變動影響最大、最主要的因素。景氣好時，企業因為「商品、服務銷售佳（下個月、甚至明年看來銷售狀況應該不錯）」，因此增加投資。這刺激著日本整體的消費，更加促進「商品、服務」銷售的狀態。然而，若是需求（購買意願）停滯不前；換句話說，供給十分充裕的狀況下，設備就會剩餘。只要需求橫向停滯不前（不成長），設備投資則在原則上變成零，甚至急速地減少。設備投資的減少，將會波及到日本整體的消費減少，進而造成經濟不景氣。實際上，日本的民間設備投資I與GDP的動向是相同的。

利用儲蓄－投資平衡式來解釋的話，即是：**景氣好時，民間設備投資I越顯活躍，等號左邊就會縮減**（左邊減少）。也就是，同時等號右邊也會變少，而財政赤字（G－T）和貿易順差（EX－IM）皆會減少。會成為「**景氣好時，貿易順差就會縮減**」這樣的狀態。

反之，景氣不好時，民間投資I減少，等號左邊數值增加，同時右邊的（國債＋貿易順差）也會增加。換句話說，呈現「不景氣時，貿易順差增加」的狀況。

投資與景氣變動

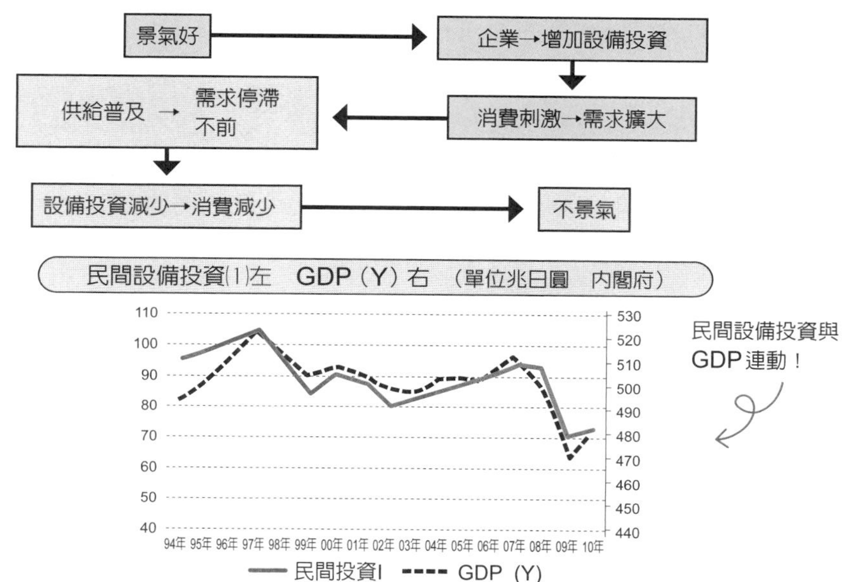

不景氣時，貿易順差增加！

儲蓄－投資平衡式（S－I）＝（G－T）＋（EX－IM）

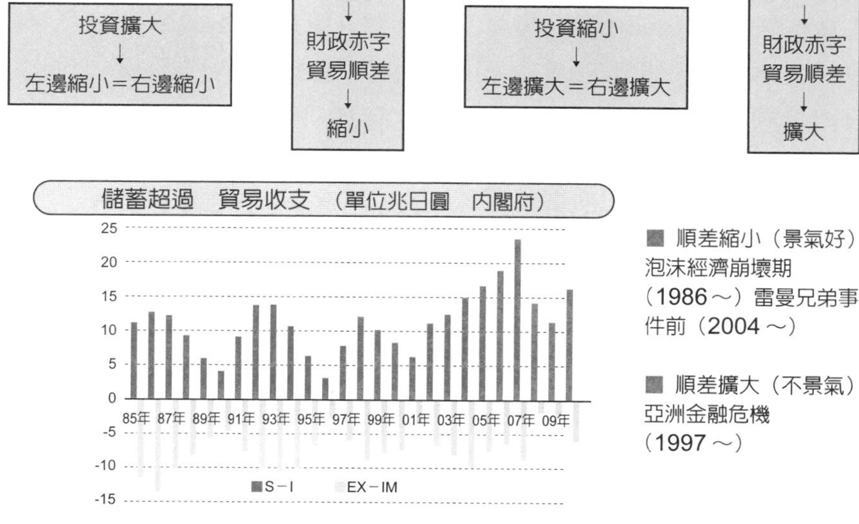

貿易逆差國——日本

日本，在結構上是貿易逆差國。少子高齡化（婦女生育人口減少、退休人口增加），基本上比起生產，消費反而更多的狀態。

截至目前為止的論點，皆是對於「貿易順差」時代下的日本所做的講解。衆所皆知，**日本已經是「貿易逆差」的國家**〔貿易逆差＋財政赤字＝雙逆差國〕。貿易逆差的主因，是由於進口急增（停用核能發電後，導致國內能源費的增加，也是其中之一）。2013年的貿易逆差是往年的最高值。

日本國內的儲蓄S無法負擔投資I的整體金額，因而自海外招募投資資金。然而，上述是對於貿易順差和逆差的分析（GDP），經常收支整體是呈現順差，以GNP來考量的話，日本呈現財政「赤字」與經常「順差」的狀態。但是，預計遲早會變成經常逆差。(2020年以前)

日本的金融收支赤字（貿易逆差）指的是全球→日本的國債、公司債、股票投資增加和儲蓄增加。即是對外資產淨額（第29頁圖）的「海外持有日本國內資產增加＞日本的對外資產增加」。單就表面上來說，對外資產淨額是減少的，但是由於日本也持續對海外投資，因此並不代表日本的對外資產淨額減少（可比為狗的頭和身體的海外投資，為對外資產淨額650兆日圓和負債530兆日圓的資金泉源）。

不可能因為「海外投資（貿易順差），則經濟成長，接受投資（貿易逆差），則經濟衰退」等，GDP在2009年（貿易順差）＜2013年（貿易逆差）。「日本的總消費＝GDP＋貿易逆差」。總消費量比總生產量Y（GDP）多（占總人口1/4的65歲以上高齡者，基本上是不生產只消費的人口）。因此**貿易順差、逆差與經濟成長無關**。

什麼是貿易逆差？

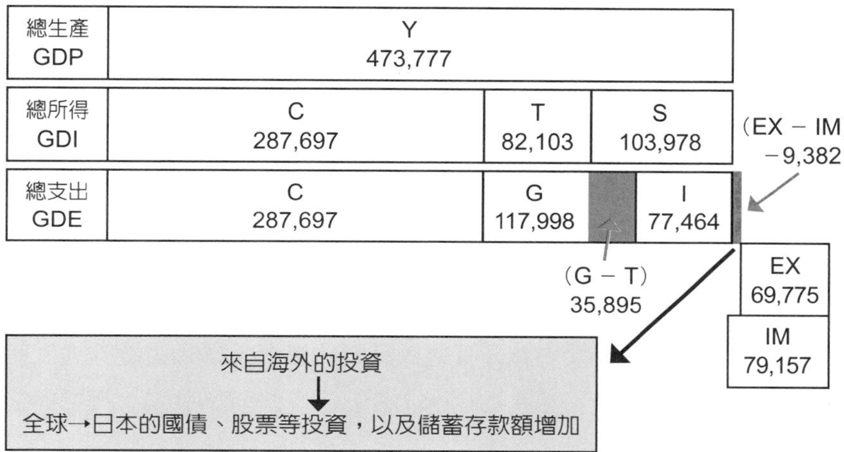

經濟成長與貿易順差、逆差，毫無關係！

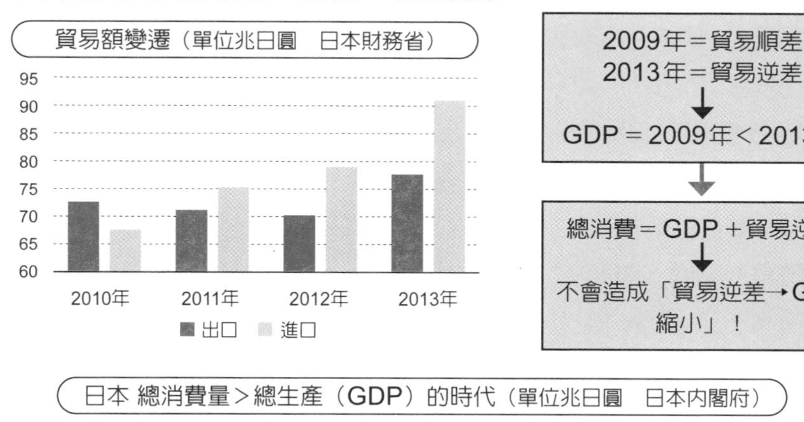

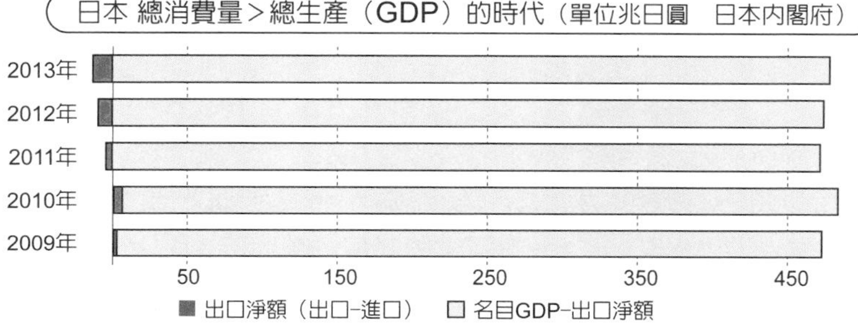

日幣的升值、貶值

現在是資本交易95：現貨交易1的時代。有利日本海外投資發展的是，「日圓升值」。「日圓貶值，出口量增加」＝「日圓升值，海外投資增加」，是無法達成兩全其美的。

如同第32頁所說明的，純粹的資本交易額是不會顯示在國際收支平衡表（現貨交易額），但卻是現貨交易額的95倍。當然，外匯交易市場的變動，由資本交易金額決定，而不是現貨交易市場的變動來決定。現在已成為外匯與貿易（現貨交易）無關的時代了。

「日幣升值時，出口額銳減（其他如歐元、美元、韓元貶值的國家的出口額增加）」、「日幣貶值時，出口額增加（其他國家減少）」等這樣的因果或相關關係，當然是不存在的（即使有影響也是極微小的）。

外匯市場的代表指標，為下列三種：

⑴**名目值**　每天在報章雜誌上所報導的1美元＝OO日圓。數值上升實則代表日幣貶值。

⑵**有效匯率（Effective Exchange Rate）**[5]　並不只是1美元＝OO日圓，包含其他貨幣、通貨膨脹率等也列入考慮而計算出的數值。數值上升則日幣升值。

⑶**購買力平價（PPP）**　一價定律（Law of One Price）[6]。在日本，漢堡一個100日圓，假設在美國賣1美元，那麼就是1美元＝100日圓。以外匯市場，長期來說即是依循著購買力平價而變動。

⑴名目值與⑶購買力平價中，是日幣升值傾向；⑵有效匯率中，是日幣貶值傾向。而出口，在戰後開始即一直呈現上升狀態，長期來看與外匯市場（⑴⑵⑶）是沒有關係的。

日本的出口額，隨著全球市場規模的擴大（全球GDP近20年約成長3.4倍，參考第10頁），以及全球進出口量的擴大而增減。

外匯市場與出口量無關

日本的出口與外匯的變動無關，一直都是呈上升趨勢！

即使日幣升值，出口額也增加了！

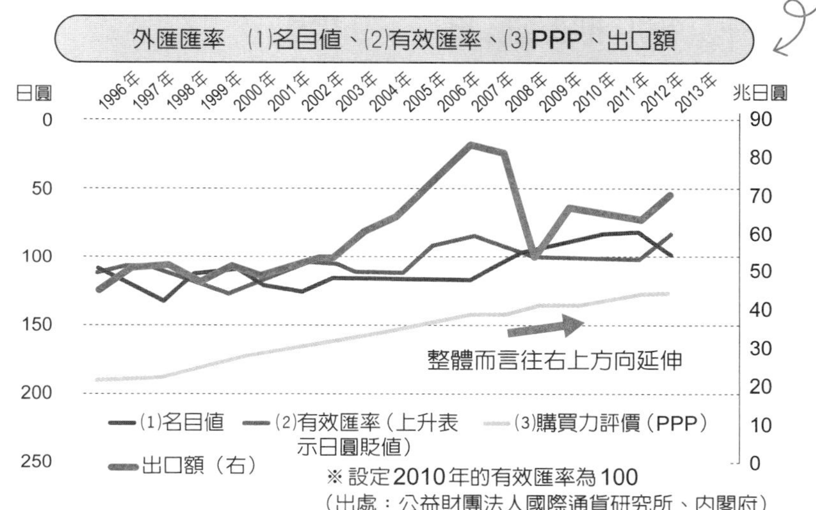

※設定2010年的有效匯率為100

（出處：公益財團法人國際通貨研究所、內閣府）

日本的出口量取決於全球的GDP和出口量

日本的出口量與全球GDP、出口量的壓倒性關係一目了然！

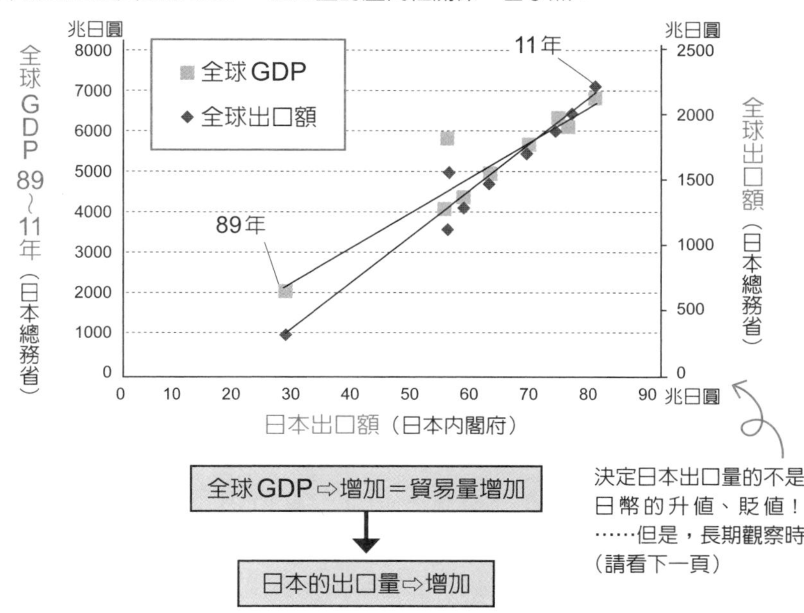

決定日本出口量的不是日幣的升值、貶值！……但是，長期觀察時（請看下一頁）

日幣的升值與貶值哪個比較有利？

出口的四成、進口的兩成是以日幣為計價基準（用日幣支付）。所謂利用操作外匯率促進出口量，使附近國家貧窮化的政策，實際上是不成立的。

以長期來說，外匯市場與貿易並無關係；而短期來說，進出口額會有變動。

日本的出口商品，不是原料產業（鐵礦石、碳、石油等），而是品牌、製成品（自小客車等）類。這些成品在當地所販售的價格影響了匯兌，雖然說並不是立即的影響。因此，如同安倍經濟學使日幣短期地下跌，即使出口的數量並無變化，但由於出口額因日幣下跌產生的差額，使得出口額看似有上漲。

日本的進口商品是材料原料。與製成品不同，每天的價格都會有所變動，當日幣下跌時，會立即影響進口額。

另外，作為日本股價指標的日經平均225大企業，因日幣下跌而得到不少好處的企業不在少數，而日本的股價也反應日幣貶值而上漲。在安倍經濟學實施期間，日幣下跌24%，而日本股價卻上漲了65%（2012年底→2013年底）。日經平均股價，並不代表全產業的平均分布的數值。

更甚者，日本並非為「製造物品」的國家。在現今的GDP中，約有75%是第三產業，而製造業只不過占18%。商業與服務業等屬於當時現場的生產＝現場的消費，因此扣除一部分後（保險、運輸、通信等等），無法成為出口產業。

現在日本的狀況是，由於日幣下跌而得利的企業，僅僅為製造業的一小部分（服務業原本就已經進口入超）。（日本出口額的90%集中在東証一部企業中），原本就已經為貿易逆差國的日本，**整體而言還是比較偏向日幣升值**（第40頁購買力平價即顯示了上述內容）。

日幣貶值的話……

出口　＝以精品和製成品為中心⇨出口的數量無變化，表面上出口額增加

進口　＝以原料為中心⇨進口額上升

日經平均股價　＝因日幣貶值而受益的企業比例增加⇨上漲

日幣貶值還是升值有利？

第三產業（GDP的75%）　⇨非出口產業⇨日幣貶值沒有受惠

出口額的90%為大企業中的10%：東証一部企業　⇨因日幣受惠

2012年　進出口額　商品、服務的比例（單位兆日圓　日本內閣府）

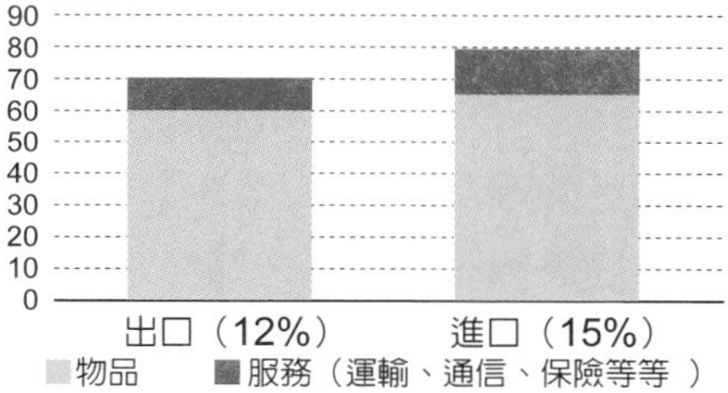

占服務業（第三產業）的進出口比例非常些微

2012年　各產業別的GDP變遷（%　日本內閣府）

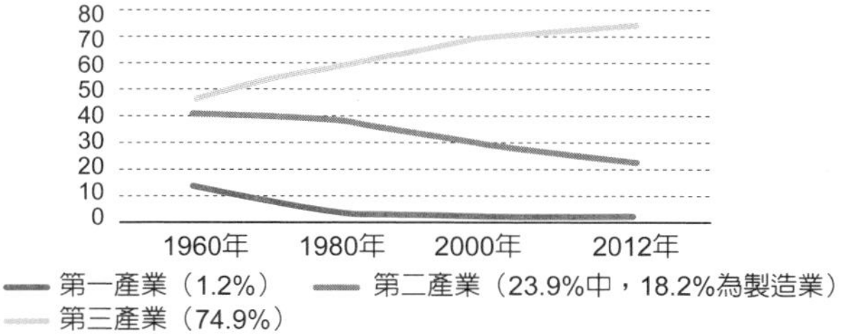

第三產業有上升傾向，而製造業有下降的傾向

因匯率而出現利益差的企業比例（%　MIZUHO綜合研究所）

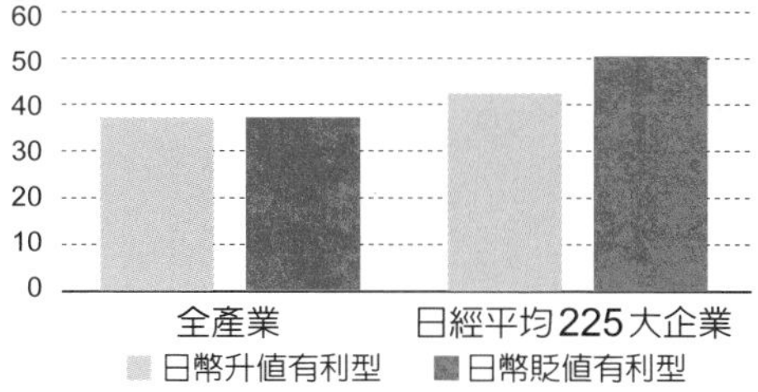

在全產業中，因日幣升值或貶值有利的公司幾乎沒有影響。

若是以全體觀點來看，日幣升值比較有利！

產業空洞化

GDP不成長，於是在某一個人的收入增加，而另一個人的收入即減少的時代中，有了「產業空洞化」論（零和賽局）的抬頭。1980年代的美國也發生過同樣的狀況。

日本企業正加速對海外的投資。包括汽車產業，或是如UNIQLO和NITORI等以輸入為主的產業，日本如7-11或餐飲商業也同樣加速對海外的投資。

現在，常聽到「產業空洞化」言論。「日本企業進入他國市場（投資）時，投資多寡也同時剝奪了日本國內的僱用」，典型的零和賽局的想法，但在現實上是不可能發生的。

實際上，日本企業不論是國內投資和海外投資，都有所成長。**由於全球GDP（總額）唯有擴大一途，因此「哪一方增加，另一方則會減少」這樣的Zero-sum Game（零和賽局）在這裡是不成立的**。不用說大企業，中小企業越是發展海外的投資，對國內的僱用越是增加。

另外還有一說：**貿易逆差（EX − IM）是由於「海外對日本的投資額>日本對海外的投資額」，因此日本的僱用率被海外剝奪了，這也是不可能的**。

從國外招攬投資IM至國內的戰略：FTA[7]、EPA[8]（第232頁）的交易方式正在增加。例如日本對墨西哥是以NAFTA[9]、對英國則是透過歐盟（EU）[10]，或利用東協自由貿易區（AFTA）[11]在泰國發展汽車工廠，因為在該區域內生產的話，則可以零關稅。

墨西哥的人均GDP，在締結NAFTA（1994年）後，約成長了2倍（2013年）。泰國在締結AFTA（1992年）後，則成長了3倍（2013年）。自由貿易協定，除了著眼區域內的廢除關稅外，同時並有招攬區域外的投資IM，以及增加GDP的效果。

國内投資、海外投資都增加

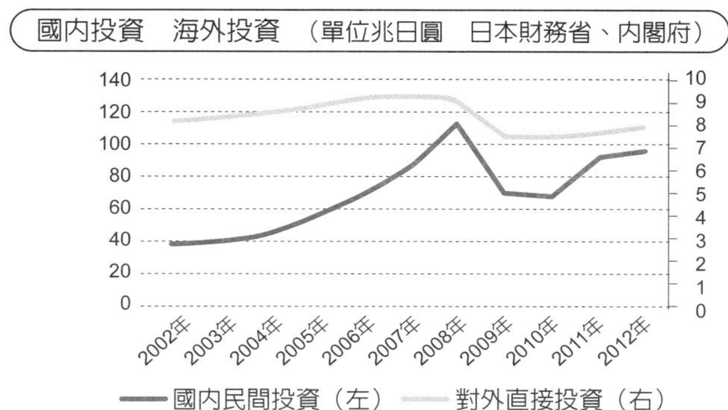

雖然總是聽說企業海外投資活躍，但同時國内投資也有所增加！

國内的僱用並沒有被剝奪！

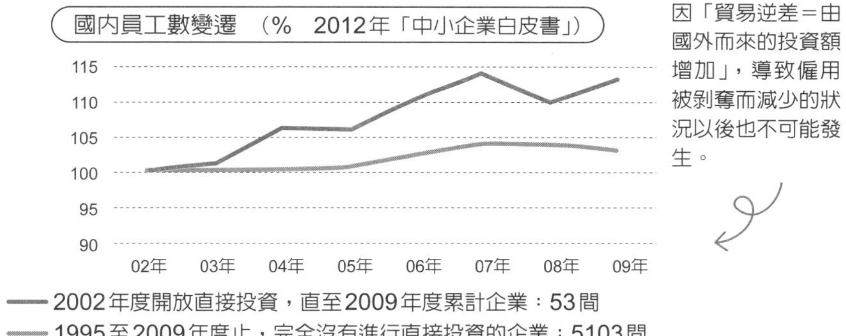

因「貿易逆差＝由國外而來的投資額增加」，導致僱用被剝奪而減少的狀況以後也不可能發生。

招攬海外資金至國内的自由貿易協定

〈墨西哥的例子〉

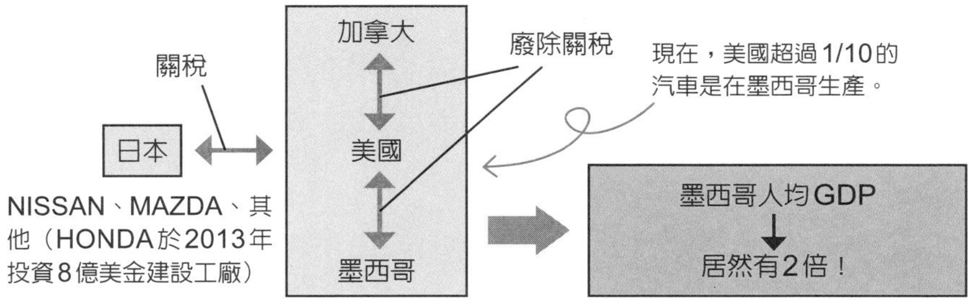

貿易順差、逆差 11

全球的經常收支

2013年，全球的出口額平均1日約為515億美金（WTO）。另一方面，同年4月的外匯市場交易額，平均1日為5兆3000億美金（BIS）[12]，約為前項的103倍。

全球整體的投資（經常順差），與投資接受（經常逆差）兩者皆擴大成長中。在雷曼兄弟事件後（參考第236頁）的確下降了許多，但是國際貨幣基金組織（IMF）預測，2015年可以回復到2008年當時的水準。經常順差（逆差）額於2006年時，與全球GDP的比值約為2.5%（是沒有呈現在國際收支表上的資本交易的95倍）。

「國内儲蓄S＞國内投資I」的儲蓄過剩國（中國、德國、日本等）相繼增加海外投資，成為經常順差國。而「國内儲蓄S＜國内投資I」的儲蓄不足國則接受投資，成為經常逆差國。美國占全球的經常逆差約八成，代表全球各國皆紛紛向美國投資。

美國和英國皆為金融大國，持有投資的技術（Know-How，參考第234頁）。全球皆將資金存放給美國的金融業，而美國則利用這些資金透過國際金融、資本市場，向全球再投資。美國，可以說是扮演全球的金融仲介的角色。如同「家計的銀行」一樣，是「全球的銀行」。

經常收支逆差、順差（金融收支赤字、黑字），終究也只是追求經濟主體（個人或企業）的附加價值（利潤）的投資行為的結果而已。對金融機構（投資者）來說，存款的顧客，不論是本國亦或是外國人都沒有差別。

美國接受全球而來的投資（資本逆差＝美國的海外資本增加），因而得到莫大的利益（GDP的21%為金融業，2010年）。不論哪一個國家，**經常逆差是產生利益的資金泉源**。

全球的經常收支（相當於全球總生產的2～3%）

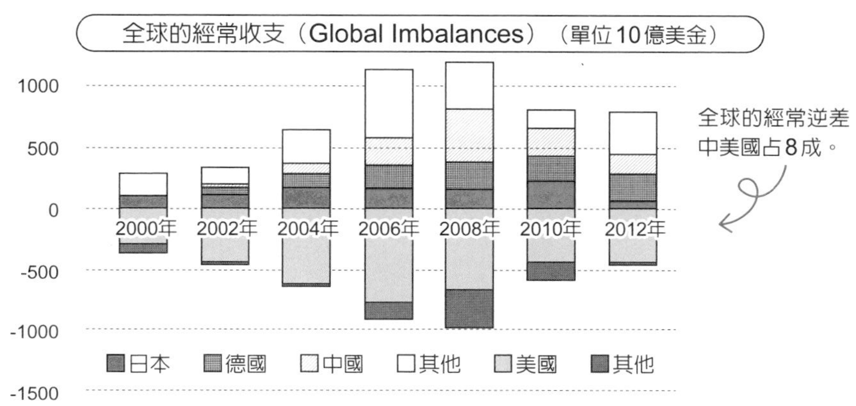

（出處：Nissay Asset Management Co., Ltd.「金融市場NOW」2013.12.6）

美國是「全球的銀行」

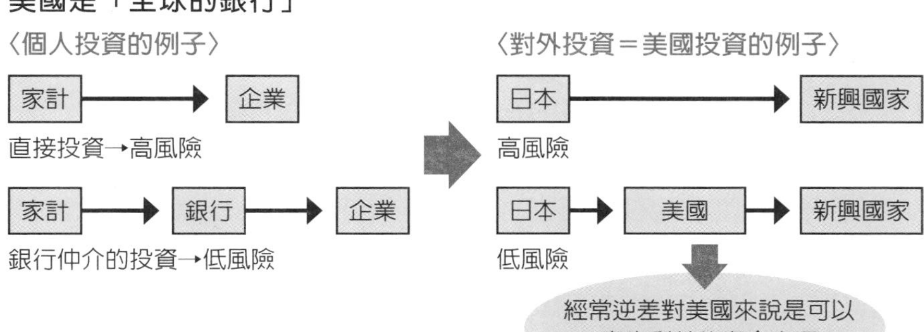

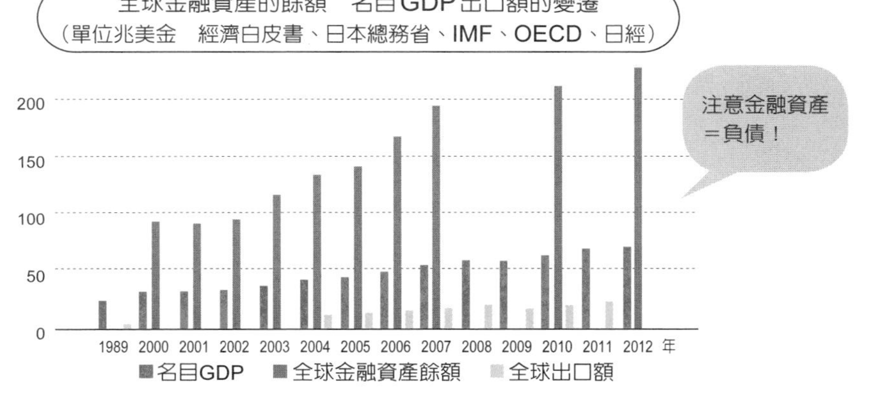

國際金融的三元悖論

亞洲金融危機已經波及到俄羅斯和其他新興國家。其後，施行浮動外匯市場制，實現了亞洲各國的快速成長。

IM＋Y＝C＋I＋G＋EX

上列的三面等價原則是國內支出毛額恆等式，然而隨著時代的變遷，對IM與EX的看法及認知也漸漸改變。對於貿易順差、逆差的許多誤解（貿易順差為盈利，逆差為虧損等等），也是因為沒有理解這樣的時代改變而造成的。

國際金融有所謂的「三元悖論」原則（Mundellian Trilemma），意指無法同時達到以下三項目標。

⑴**固定匯率**　⑵**資本自由進出**　⑶**獨立自主的貨幣政策**。

戰後的IMF＝GATT[13]體制（1美元＝360日幣的時代）中，在上述三項原則中放棄了⑵資本自由進出（股票和債券交易＝海外投資）。⑴固定匯率的目的，是為了封鎖匯兌的風險；而⑶獨立自主的貨幣政策則是充分就業的實現（調整景氣）。

要同時達成這三項原則是不可能的。

假設某國「不景氣」，於是發動「貨幣政策」以緩和金融。於是利率下降，貨幣貶值。資本（錢）轉流入高利息的國家與貨幣升值的國家（資本移動）。當資本移動時，固定匯率即不成立，在這種狀況下，成為⑴固定匯率×、⑵資本自由進出○、⑶獨立自主的貨幣政策○的狀況。這就是現在的日幣與美金的現況。

另一方面，歐洲則是取⑴固定匯率、⑵資本自由進出這兩項，而放棄各國各別的⑶獨立自主的貨幣政策。當希臘金融危機時，若是當時希臘是獨立的貨幣單位德拉克馬的話，即可以透過讓本國貨幣貶值（通貨膨脹）來因應金融危機。

「三元悖論」是什麼？

(1)固定匯率　(2)資本自由進出　(3)獨立自主的貨幣政策。

〈例如，在IMF＝GATT的體制下……〉

(2)資本自由進出⇨ ×

IMF

(1)固定匯率制⇨〇　(3)獨立自主的貨幣政策⇨〇

〈全球的經濟圈〉

經濟圈／目標	日本、美國、歐洲（非歐盟國家）、英國等等	歐盟國家	中國
(1)固定匯率	×	〇	〇
(2)資本自由進出	〇	〇	×
(3)獨立自主的貨幣政策	〇	×	〇

無視「三元悖論」的結果……

〈1997年　亞洲金融危機〉

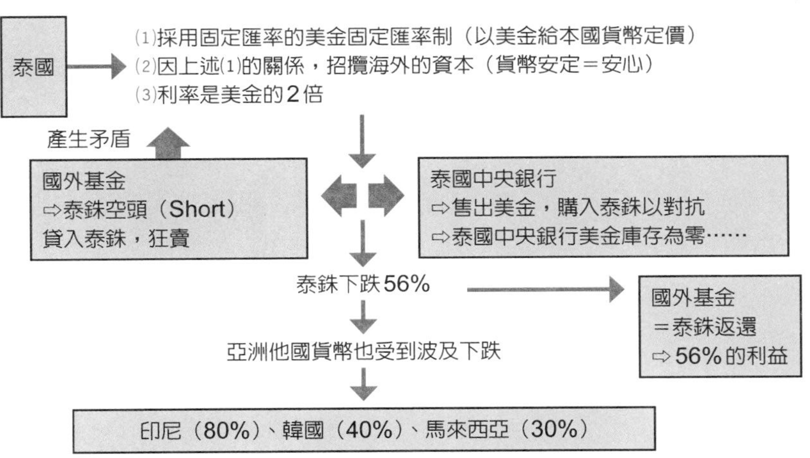

EX與IM的意思 2

現貨交易為主的時代

在年輕時努力學習，累積形成的觀念或想法，即使隨著年紀增長到50～60歲也很難改變。「順差即善」這樣的觀念，便是其一。

成為固定匯率制時，如同第48頁所說明的一樣，就必須放棄資本的自由進出。在1美元＝360日幣時代的日本，要獲得外幣（靠出口賺取）是非常困難的。當時景氣由成長狀態轉趨明顯的惡化，被稱為「國際收支的天井[14]」，也就是當時的景氣一度夭折，經濟開始陷入低迷。如字面上的意思，這是個「藉由出口（EX）來獲取外國貨幣」的時代。將貿易順差解釋為「因賺取外幣所以獲利」，在這層意義上是正確的。然而，在自美元危機（dollar shock）（第192頁）發生後，於1970年代結束了固定匯率制。

隨後，就轉變為**浮動匯率的時代，投資自由化而且能自由地獲取國外貨幣**。然而「藉由出口（EX）來獲取外國貨幣」這個固有的觀念，卻不是那麼簡單可以改變的。雖然**完全誤解「順差即盈利，逆差即虧損」**，但在那之後也持續深埋在人們的心中。1970～90年代，因為這個誤解，也導致了日美貿易間頻繁發生「貿易順差國日本剝奪了逆差國美國的國內就業」;「貿易順差的日本，單方面賺取盈利，導致美國的逆差（虧損）擴大」的摩擦。

由於美國為修正美元升值（本國的出口擴大，他國的出口減少），在廣場協議中同意將美元貶值。其後迫使日本也採取了「出口自主限制並設定數值目標」。當時美日經濟學學者，就儲蓄－投資平衡論（逆差順差為單純的資本移動）進行反駁，然而寡不敵眾（一般大眾、選舉區有失業問題的政治家），並未得到美國方面的理解。「EX＝商品、服務的出口」為一般的解釋，所以當然「進口會剝奪僱用機會」。

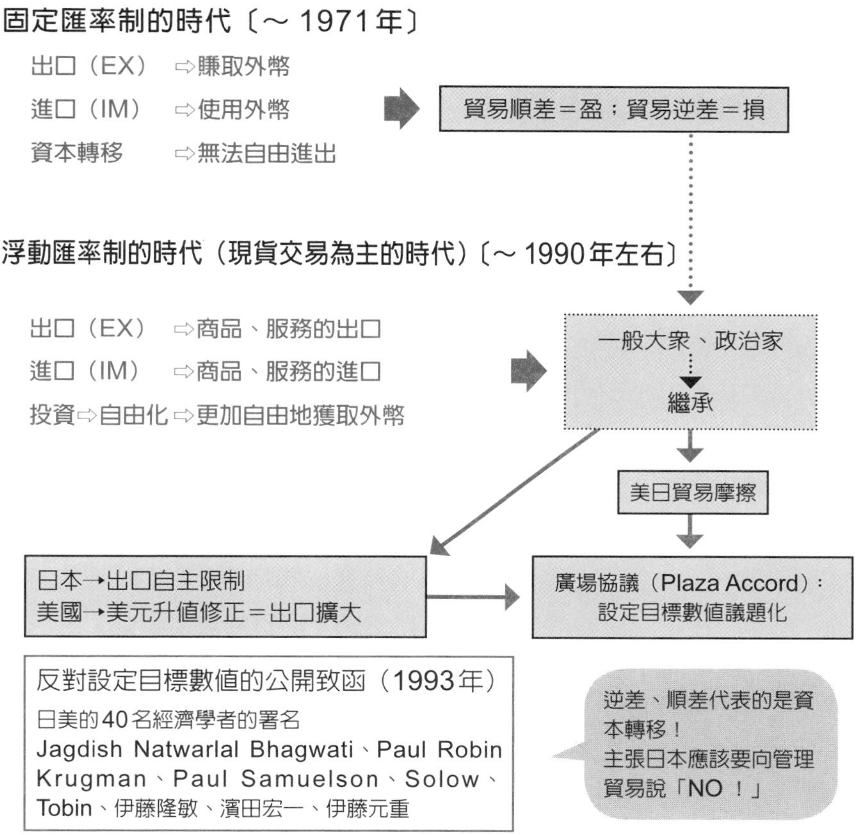

固定匯率制的時代〔～ 1971 年〕

出口（EX）　⇨賺取外幣
進口（IM）　⇨使用外幣
資本轉移　⇨無法自由進出

➡ 貿易順差＝盈；貿易逆差＝損

浮動匯率制的時代（現貨交易為主的時代）〔～ 1990 年左右〕

出口（EX）　⇨商品、服務的出口
進口（IM）　⇨商品、服務的進口
投資⇨自由化⇨更加自由地獲取外幣

➡ 一般大眾、政治家 → 繼承

美日貿易摩擦

日本→出口自主限制
美國→美元升值修正＝出口擴大

廣場協議（Plaza Accord）：設定目標數值議題化

反對設定目標數值的公開致函（1993 年）
日美的 40 名經濟學者的署名
Jagdish Natwarlal Bhagwati、Paul Robin Krugman、Paul Samuelson、Solow、Tobin、伊藤隆敏、濱田宏一、伊藤元重

逆差、順差代表的是資本轉移！
主張日本應該要向管理貿易說「NO！」

固定匯率制時代的事件

〈國際收支的天井（昭和 30 年代）〉

景氣佳→進口也增加→變成美元升值、日幣貶值→為了固定匯率制，將 1 美元＝360 日幣控制在約 ±1% 的變動範圍內，日本當局購買日圓並販售美金→外幣枯竭→導致無法進口，景氣因此轉趨惡化。

〈外幣攜出限制〉

自 1964 年起，每人每年僅一次可以攜帶 500 美元的外幣出境，國外旅行自由化。1966 年起，撤銷次數限定，只要每次 500 美元以內，則可自由攜帶外幣出境，用於國外旅遊。

EX與IM的意思3

資本交易為主的時代

美國和英國皆已經走在金融資本主義時代的尖端。若是被經常順差或貿易順差的實物交易所吸引，我們將會錯看全球經濟的本質。

1990年代，商品、服務（現貨交易）成為如狗尾巴般的少部分，轉為以金錢（資本）為主的交易方式，展現**金融資本主義**時代的到來。英國和美國在1990年代以後，並不再受限於經常收支（現貨交易），導致對外資產與負債急速擴大（超過6倍）。

先來解釋這裡所提到的「負債」吧。我們存放在銀行的錢是資產，對銀行來說就是負債，兩者額度相等。「円」（日圓）鈔票，對日本銀行而言為負債，日本銀行保管同樣額度的資產（國債等）。這裡**所謂的負債，不是一般普遍認知的「借款」，是投資、融資的資金泉源**。銀行若是沒有這些負債，就無法進行融資。

美國和英國的對外負債也不是「借款」，是經由該國對海外投資的資金來源。等同於GDP幾倍金額的錢（資本），投入全球各國中。

在此狀況下，EX的意義將有180度的改變。**原本的「EX＝商品、服務」的觀念已經成為化石觀念，現在是「EX＝金錢（海外投資額）」的時代**。將EX錯看待成「商品、服務」而被歸納於「經常收支項目（現物交易）」，其實主角卻是「金融收支項目（Financial Account）」，**真正的主角卻是不會顯示在國際收支平衡表中，現貨交易95倍的資本交易**就如同狗的頭、身體般，美國、英國的海外資產、負債以驚人的速度日益增加。

為了使跨國資本交易更順暢，特別從1990年代起，日本接連不斷地提前將全球共通的資本原則導入國內，將上市企業的會計基準附合國際標準化，即是其中之一。

金融資本主義的時代（1990年代～至今）

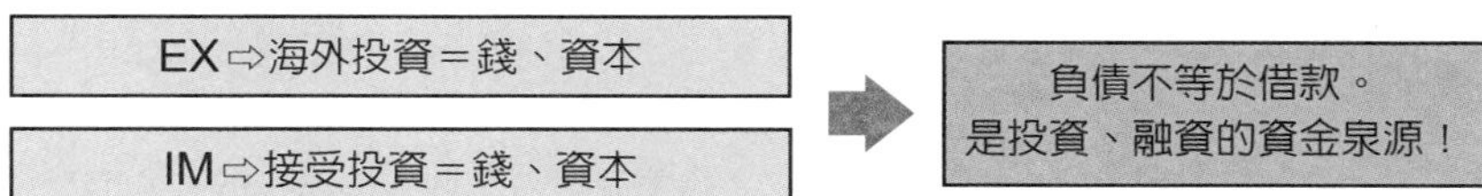

〈表示「錢的流向」公式〉

國際收支表中不標示的資本交易額，為現貨交易95倍的資本交易

真正的主角，並非是商品、服務，而是資本交易

英國和美國的金融資產成長令人驚訝！

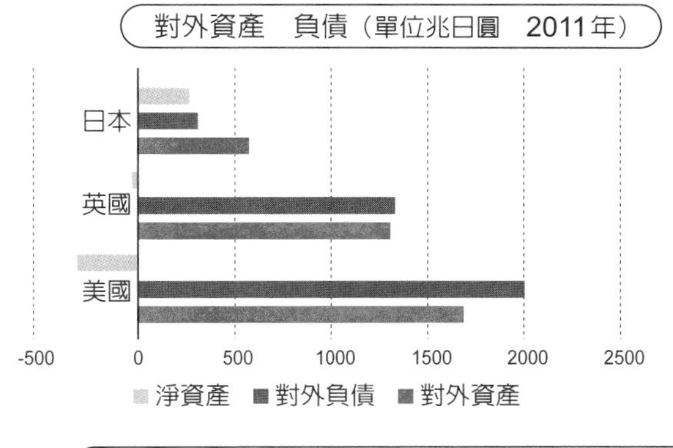

遙遙領先日本（全球第3名）的英國與美國的金融資產、負債。

即使經歷金融大爆炸（Big Bang）[15]和雷曼兄弟事件後……

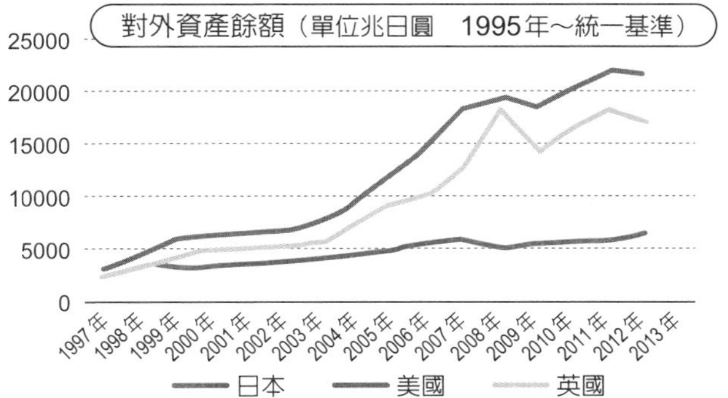

英國和美國的成長率驚人，在進入21世紀後，更是急速上升！

（出處：以ともに財務省、U.S. Bureau of Economic Analysis、UK Economic Accounts等資料為基礎編輯）

EX與IM的意思 4

募集海外投資的重要性

日本的股價中，有六成的買賣價格會因海外投資者的動向而有所變動。日本是否能成為具有魅力的投資對象國家，成為左右日本景氣的重要關鍵。

由於現在是金錢資本＞現貨交易，因此非常重視如何招攬海外投資IM的時代，更不用說直接投資了，現在全球可以說是處於一個資金爭奪戰中。國際交易結構從基本開始起了變化（體制變遷）。

如同之前所談論到的，國際收支的逆差、順差與公司的赤字（損）黑字（盈），亦或是家庭記帳的赤字、黑字的意義完全不同。例如，JVC公司（JVC Kenwood Corp.）的最終盈虧呈現赤字70億日圓狀態（2014年會計年度[16]），Pioneer公司為黑字5億日圓（同前期）。企業的順差（BLACK）、逆差（RED），僅僅代表公司的盈虧，盈利為優，虧損為劣。

然而，在國際收支表中的貿易順差為A TRADE SURPLUS；貿易逆差為A TRADE DEFICIT，因此代表著「剩餘與不足」。「商品、服務、錢有剩餘是為優，不足是為劣」，這樣的說法是不能成立的。貿易（經常）順差、逆差與金融順差、逆差，並不代表著盈利或虧損。認為一國的富裕取決於貿易差額（順差即優）的觀念稱為重商主義（第142頁），在200年前早已遭到否決。進而在20世紀時，也否定了重視商品、服務的現貨交易觀念。

貿易，也就是交換＝TRADE。我們日常生活消費即是其中之一（與上班前，在便利商店購買咖啡相同）。商品和服務的買賣，這就是貿易＝TRADE。從上述可以瞭解，**交換並非盈虧的目的**。

導入對應資本交易時代的規則

1993年～	GNP→GDP	國民→國内 國内投資與國外投資明確化
1993年～ （2014年～ 1990年～	國際收支平衡表 企業會計國際化	引進IMF國際收支規則5版 6版「金融收支」導入） 股價本益比（PER）股東權益報酬率（ROE） 股價淨值比（PBR）等的普及
2000年～	會計標準國際化 （IFRS等）	現在超過100個國家導入， 日本超過40家公司導入完成

公司與貿易的順差、逆差在意義上的差異

公司	
損益表	
順差（黑字）	逆差（赤字）
盈	虧
優	劣
the black	the red
Pioneer公司 ＋5億日圓 （2014年會計年度）	JVC公司 △70億日圓 （同左）

貿易	
國際收支平衡表	
順差	逆差
出超	入超
海外投資 淨額增加	海外→國内投資 淨額增加
a trade surplus	a trade deficit
交換的剩餘	交換的不足

相加為「0」

Our company is in the black
「本公司這一期有盈餘」

如何招攬自海外而來的投資為勝負的關鍵……

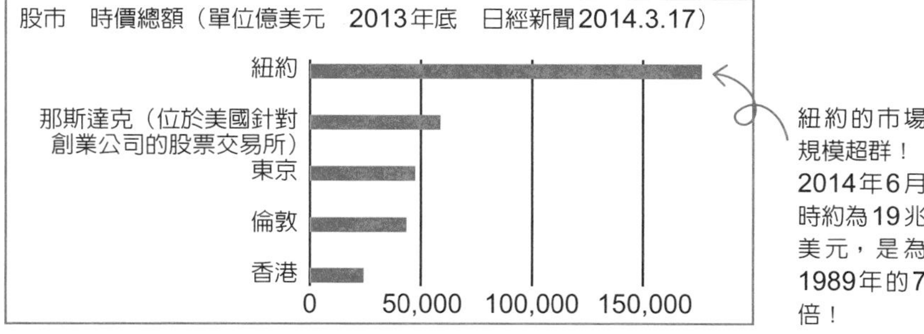

東證買賣的海外投資者占六成，其中六～七成是所謂的HFT（High Frequency Trade-高頻交易），即是根據演算法，以1/1000秒為單位進行高頻度交易的系統。日本於2010年引進同系統。2011年中開始，無法採取反應的中小型證券公司開始相繼破產。到2012年10月為止，日證協會會員數自285間公司減少至273間。

EX與IM的意思5

逆差、順差是沒有意義的

將貿易順差（逆差）變成問題的原因，是在於順（逆）用語背後，包含了優劣的價值觀。我們必須小心，避免其干擾。

不論是貿易（經常）順差，或是貿易（經常）逆差，亦或是金融收支的逆差、順差，其實都沒有差別。不是因為順差所以GDP得以成長，也不是因為逆差導致經濟不景氣。

沒有哪個先進國家是以經常收支或貿易收支為政策的目標。貿易逆差或經常順差充其量不過就是生產活動（GDP）、消費活動、投資活動進行下的結果，認為「順差或逆差是問題」也就本末倒置了。

美國自1992年起，長年持續經常逆差。「身為關鍵貨幣國，可以印製美金償還，因此毫無問題，所以美國是特別的」似乎是蠻合理的。然而，並非關鍵貨幣國的英國、澳洲、紐西蘭等國，同樣也是持續了30年以上的經常逆差。而澳洲與紐西蘭國內每人平均GDP卻是已超過日本了。

2000～2012年間，美國和英國的GDP實質成長率，分別只有兩次低於日本。日本包含「失落的20年」，雖然貿易（經常）順差持續了30年以上，但其經濟成果卻不如美國、英國來得高。

將逆差、順差視為問題，就如同將外賣的飯糰便當中是放昆布（黑色）或梅子（紅色）當作是件問題一樣，沒有任何意義。

重要的是便當（GDP）的大小、平均每人GDP的大小，以及包著餡料占95%的米飯（金錢資金）的動向才對。

貿易（經常）逆差、順差，只不過是生產活動的結果而已！

〈美國、澳洲皆呈現貿易逆差……〉

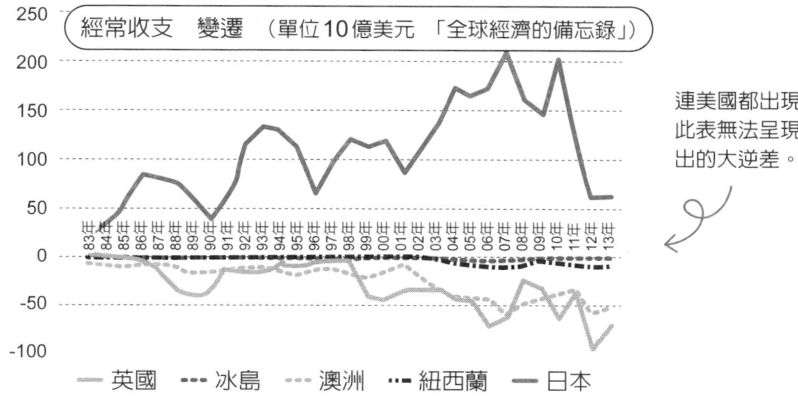

連美國都出現此表無法呈現出的大逆差。

〈從美國或澳洲每人平均GDP來看的話……〉

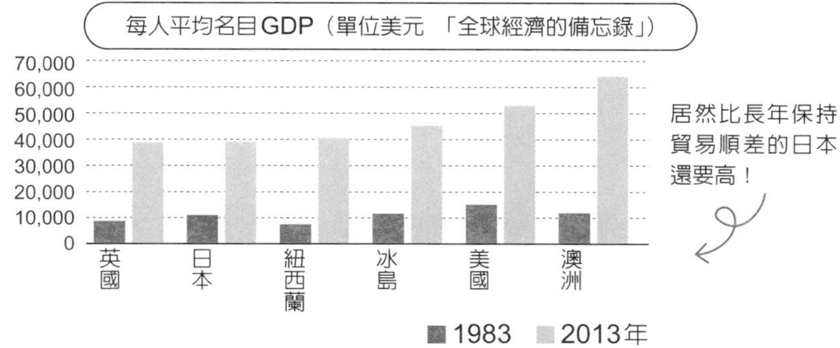

居然比長年保持貿易順差的日本還要高！

將逆差、順差問題化是毫無意義的，可是……

在經濟學中，特別是國際經濟的領域，最常看到「經濟學者的常識」與「一般人的常識」的分歧。

……在這個充滿誤解的領域內，近期成為話題的是日本的貿易收支呈現逆差狀態。

……這個淪為貿易（經常）逆差國論，也因經濟學者與一般人的常識而有分歧，以我的觀點來看，這個分歧的程度已經到了非常嚴重的狀態。

小峰隆夫（1947～）
經濟學家

出處：「『淪為貿易逆差國』論的誤解　關於國際收支的議論　基礎篇」〔(日經Business ONLIFE，2011年6月8日＝http://business.nikkeibp.co.jp/article/money/20110606/220468/)〕

與貿易相關的誤解 1

進口能源的費用增加是虧損？

經濟與我們生活密切相關，所以日常生活（Micro）的觀點，常以總體（Macro）的角度來說明，這就是形成俗流經濟論的原因。

日本自2011年以後變成了貿易逆差國。

2011年311地震後，日本停止核能發電而導致的能源費增加，是造成進口額擴大的一部分原因。這個金額的細項如下：

2011年度的實績＋2.3兆日圓，2012年度的估算＋3.1兆日圓，2013年度的估算＋3.8兆日圓（第三回電力需求檢證小委員會）。

因為這個遽增的金額，於是出現「對於能源成本來說是大損失」、「由於停止核能發電所追加的燃料費，重創日本經濟」、「無用又惡質的追加巨額成本的外流」、「外流的金額由於核能發電再開而逆流回國內，可以當財源再利用」等論點；換句話說，就是「正在損失」。但是，這並不是不清楚「EX ／ IM是代表商品、服務」，而是不知道「EX為本國對海外投資額，IM為海外對日本的投資額」所產生的俗流經濟論（請參考右頁的貿易逆差、順差示意圖）。

關於日本的金融（貿易）逆差額，是一毛都沒有使用自己國家的錢。這個金融（貿易）逆差額是「各國積極投資日本的金額」。**並非「停止了長期使用的核能發電，即造成國內財力的流出」，而是「海外負擔了貿易逆差額」**。

因此貿易逆差其實代表的是「超過日本的國內總生產（GDP）的日本總消費」。「國家財富的流出」等其實一毛都沒有。「出口即賺取外匯，進口即使用外匯」已經是化石般的論調了。

「因為進口能源而產生極大的損失」是錯誤的看法！

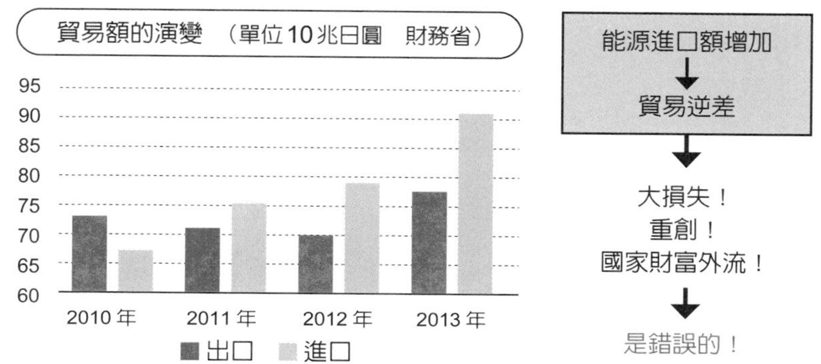

貿易逆差（逆差）＝來自海外對日本投資

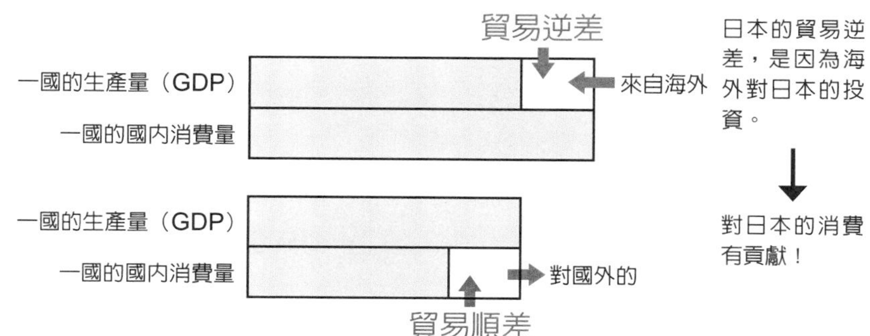

日本可是一毛都沒有支出！

〈例如……〉

月	出口（金融順差）額	進口（金融逆差）額
1月	＋10日圓	△20日圓
⋮	⋮	⋮
12月	＋10日圓	△20日圓
1年總和	＋120日圓	△240日圓

1年的總和　貿易逆差△120日圓＝金融逆差△120日圓

日本可是連一毛都沒有負擔貿易逆差的支出部分。

與貿易相關的誤解 2

減少進口則GDP增加？

貿易（交換）的目的在於進口（消費）；而出口（生產）是為了進口。交換行為越是活躍，GDP（所得總額、支出總額）也會增加。

日本變成貿易逆差時，常有「減少進口量，GDP就可以增加」的言論。

「出口造成GDP增加；反之，進口時由於是對海外的支付行為，因此計算為GDP減少。其差額最終將對GDP造成影響，大幅壓低GDP」。

這是「總供給＝總需求」，將國際收支平衡表中的貿易服務收支（出口－進口）與「國內生產毛額（GDP）」混淆的俗流經濟論（參考第16頁，GDP的三面等價原則和右頁⑴）。

進口是購買海外所生產的商品、服務量，而出口則是海外購買在日本所生產的商品、服務量。因此是**「進口＝海外生產」、「出口＝海外消費」**（參考右頁⑵）。

GDP為「國內生產的份額」，因此為了計算GDP，必須扣除海外生產的份額（參考右頁⑶）。

從⑶可以看出GDP是「出口減去進口」，因此產生「減少進口則GDP會增加」這樣的誤解。然而，在這裡追求的是日本國內總流通量（總供給）中的「在國內生產的GDP」，並非國際收支平衡表中的「出口－進口」。將GDP的計算扣除進口額，並非是從「出口中扣除」而是從「總需求中扣除」。另外如同右頁⑷，即使EX － IM大幅增加，但重要的Y若是沒有增加，那也不會有生活變得比較富裕的實際感受。

⑶' 與⑷的恆定式、定義式是代表「由支出活動計算出GDP」的方程式，並非表示因果關係。

GDP是這樣算出來的

(1)總供給＝總需求

總供給「GDP（國內生產毛額）＋進口」＝總消費「消費＋投資＋政府＋出口」

↓

(2)GDP（國內生產毛額）＋海外生產＝消費＋投資＋政府＋海外消費

↓

(3)GDP＝消費＋投資＋政府＋（海外消費EX －海外生產IM）

(3)' GDP＝C＋I＋G＋（EX － IM）

(4)伊邪那美景氣（日本2002年2月～2007年10月的經濟緩緩復甦時期）

（單位10億日圓　內閣府）

	總供給		＝	總需求			
	IM	Y（GDP）		C	G	I	EX
2002年	49,471	499,147		289,038	112,105	91,308	56,168
2007年	82,363	512,975		294,122	117,387	92,793	91,037

因為右邊＝左邊，所以當然會形成此結果

進口IM減少＝右邊減少，進口IM增加＝右邊的某個數值也會增加
左邊的進口IM數值增加＝右邊的某個數值也會增加

↓

不會變成「減少進口＝GDP增加」！！

(4)期間，相對於IM66%、EX62%的增加（5年間），Y不過是2.7%（年平均0.54%）。

出口額增加＝全球進口額的增加

〈觀察出口額增加＝進口額增加的相關性（相關系數0.87）後……〉

日本出口額、進口額（單位兆日圓　1994～2013年　內閣府）

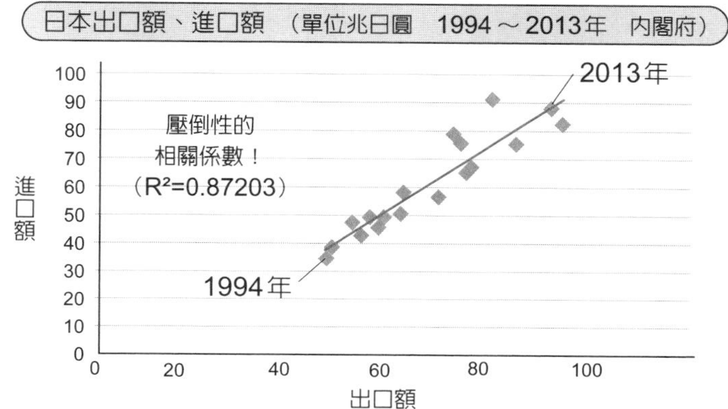

「全球的出口額＝全球的進口額」。日本若是只有出口持續成長，另一方面一定是某個國家只有進口成長。現實面上來說，日本與全球同時呈現「出口增加＝進口增加」是不可能的。

Column 1

•

稅收制度1

日本提高消費稅，其背後有著每年大規模增加1～1.5兆日圓的社會保障費這個後盾。先來研究一下稅吧！

1. 在增稅前，首先實行歲出預算的削減。國家與地方議員（24.866人 2013年底）削減30%（酬勞或定額）時，削減了702億日圓。全公務員（291.9萬人 2012年度）減少20%，共約削減5.4億日圓。不論哪一次削減都只有施行當年有所成效，並不持久。而且每年都持續施行歲出削減也不是辦法。

國稅　2014年度當初的預算（50兆10億日圓）

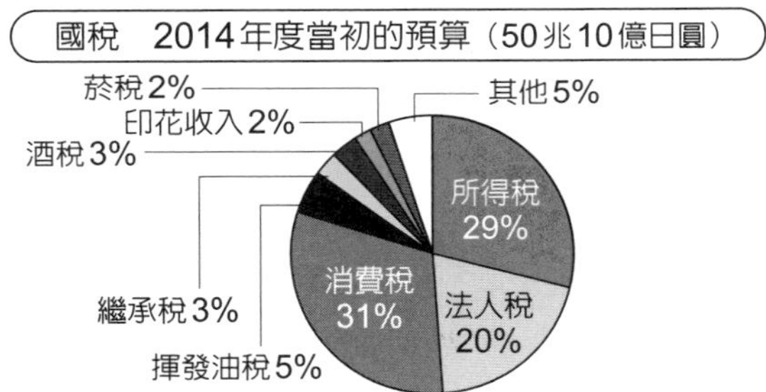

2. 2014年度稅收（預算）的比例圖中，所得稅、法人稅（公司稅）、消費稅這三種稅收如同三大支柱般支撐著日本，其他的稅收卻不到五分之一。
   (1)繼承稅，於2013年1月改訂基礎扣除額，預定可增收2200億日圓，然而卻只占課稅對象者的6%。
   (2)所得稅，9.8%的人薪資所得超過1000萬日圓，卻負擔了76%。自次年度雖然將最高稅率提高至45%，稅收也僅增加了600億日圓左右。
   (3)法人稅，其中七成的虧損企業並沒有繳付（2012年）。虧損企業九成約157萬間公司，為資本額1000萬日圓以下的家族企業。依照現行稅制規定「法人稅率＞所得稅率」，因此若將公司利益改列為家族所得，即可合法節稅。成為大公司才需要負擔的稅收。

Chapter 2 國債與日本經濟的動向

你的儲蓄是某個人的借款，用數個觀點來斬斷俗論！

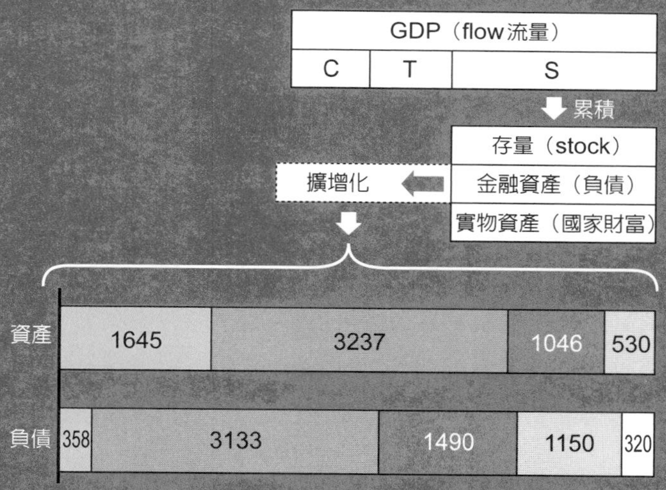

金融資產、負債6350兆日圓　細項（單位兆日圓　日銀　2013年12月時的速報）

■家計 ■金融 □企業及其他 ■政府 ■對外資產淨額

1. 所謂「金融資產＝負債」，是指僅存在於帳簿上的「債權證書＝借用證書」
2. 「金融資產（債券、年金、保險、銀行融資等）是流量所得（GDP）而來的優先償還權」
3. 「金融負債」是「債務者的信用」，屬於無形資產（因此不履行債務→債權消滅）
4. 雖然有「國債借款（借用證書），所以也有全球第一的對外資產、政府資產（債權證書）」這樣的議論本身就是毫意義的。

國債
1

何謂「借款」？

有所謂「國家的借款超過了1000兆日圓」、「日本要破產了」的論點。這借款是什麼呢？讓我們來揭開它的真面目吧！

「借款」所代表的內容依情況的不同，其意義也不同。

如右頁⑴表示「國民的金融資產、負債（約6450兆日圓）」的時候，政府的借款（負債）為1150兆日圓（右圖）。這個政府即是指「中央政府、地方公共團體、社會保障基金（參照第66頁）**借款則是包括國債、其他的國債債券、公家金融機構的借款**。

⑵表示「國債等（985兆日圓）的持有者細項」時，政府的借款含有**國庫短期證券（外幣購入的資金）、國債、財融債**（財政融資特別會計國債）。

⑶2014年底公債餘額約為780兆日圓（國民每人平均約615萬日圓，一般4人家庭的負債就為2459萬日圓；日本財務省的宣導）的時候，即表示中央政府（國家）的國債。這個狀況的國債包含了①**建設國債（260兆日圓）**、②**特例（赤字）國債（506兆日圓）**、③**震災復興債（11兆日圓）**。

①建設國債涵蓋道路、河川、水壩、港口、機場等建設費用。這些基礎建設的好處是可以利及三代，因此有著60年的償還期。②特例（赤字）國債是指人事費等一般經費。在日本財政法上並不許可發行，每次必須為其制定特例法條，因此稱為特例國債。

因一般所指「國債（借款）」時，並不分①②（③）等的區別，因此在本書中合稱為「國債」。而在三面等價原則圖的S儲蓄→（G－T）公債時，則是指①。每年的流量S→（G－T）的累積，即為存量（STOCK）額「借款」為1150兆日圓。

三種借款的細項

(1)國民的金融資產、負債⇨約6450兆日圓

金融資產、負債6450兆日圓的細項
（單位兆日圓　日銀2013年12月速報）

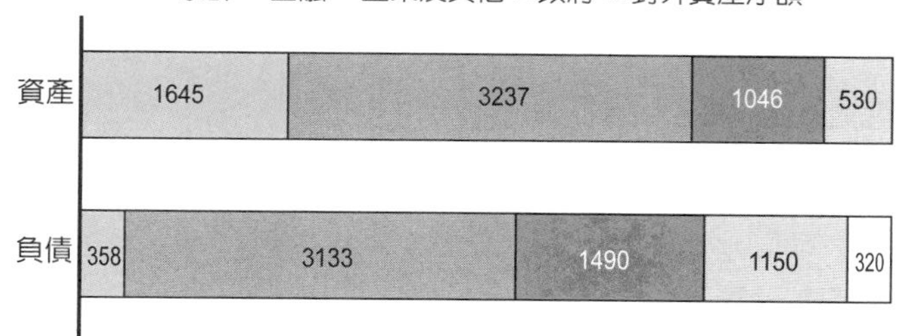

政府的負債約為1150兆日圓！

外國的債務＝日本的債權，因此從日本的立場來看，屬於「對外資產淨額」。

(2)因持有國債等而造成的負債⇨約985兆日圓

國債等985兆日圓的持有者（日銀速報）

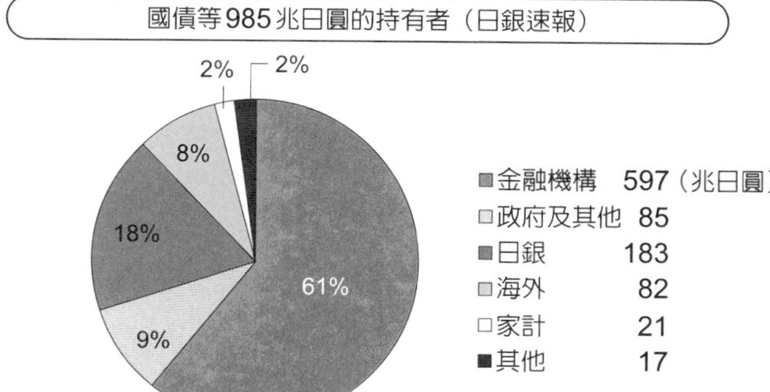

金融機構所持有的國債等，比597兆日圓還要多，政府占85兆日圓。

(3)2014年底公債餘額⇨約780兆日圓

2014年底公債餘額的細項（財務省）

■建設公債　□特例（赤字）國債　■震災復興債

260　509　11

建設國債有60年的償還期。

國債 2

政府的負債＝人民的財產(1)

有借款，就必定有借出的人。而借錢給政府的人，是國民（每位國民和每間民間企業）。

當政府歲出超過歲入預算時，就不得不借款，也就是發行「國債」來借錢。而借出錢的是由S（民間儲蓄）而來，也就是說儲蓄的人＝身為國民的我們與每一間民間企業，向政府購買債權（公債）。對於政府來說是負債，**對於國民來說是財產**。

日本整體的金融負債、資產約為6540兆日圓。常常聽到「家計的金融資產為1600兆日圓」，其中指的是家計部門。另一方面，政府的負債（國債、地方債和其他借入款項）為1150兆日圓。

企業的負債是指「公司債、股票、貸款」。而家計資產增加如「投資股票或購入公司債」，相對來說企業的負債增加。因此「金融資產＝金融負債」、「某人借了款，即有借出款項的人」，政府的借款越是增加，即代表國民資產的增加。因為政府的借款，便是向日本的「家計、企業」借出來的。

順帶一提，日本政府的「資產530兆日圓」中，也包含被視為資產計算的政府所持有之國債、國庫短期證券等，共約100兆日圓。（參考第124頁）。

預繳的保險年金費，由政府的「社會保障基金」部門加以運用。也因此，**「政府的負債＝政府的資產」**就好像謊言一般！

※而關於這部分的金融資產、負債指的是什麼呢？請參考第114～119頁。

在2014年預算中，政府的負債為何？

2014年度　占國家預算（95兆8823億日圓）中的公債收入（單位億日圓　財務省）

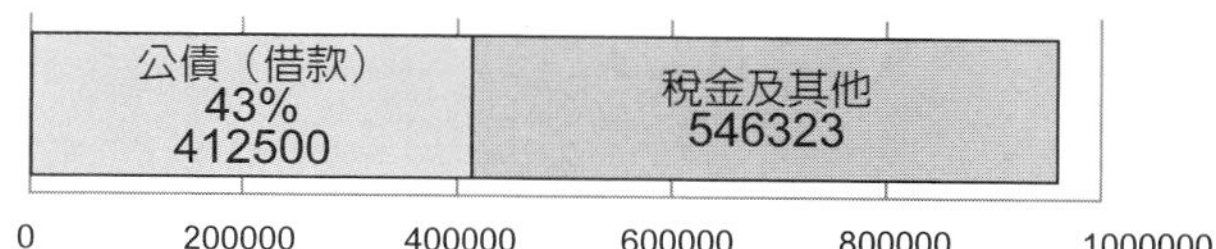

即使對政府算是負債，對人民卻是資產！

用三面等價圖分析資產及負債……

2012年　名目GDP（單位10億日圓　※四捨五入含誤差　内閣府「國民經濟計算」）

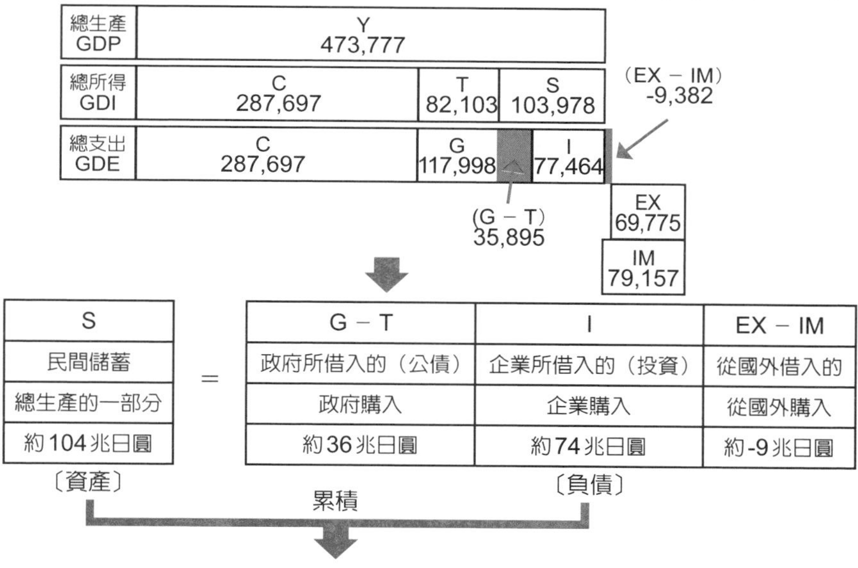

S	=	G − T	I	EX − IM
民間儲蓄		政府所借入的（公債）	企業所借入的（投資）	從國外借入的
總生產的一部分		政府購入	企業購入	從國外購入
約104兆日圓		約36兆日圓	約74兆日圓	約-9兆日圓

金融資產、負債6450兆日圓的細項（單位兆日圓　日銀　2013年12月速報

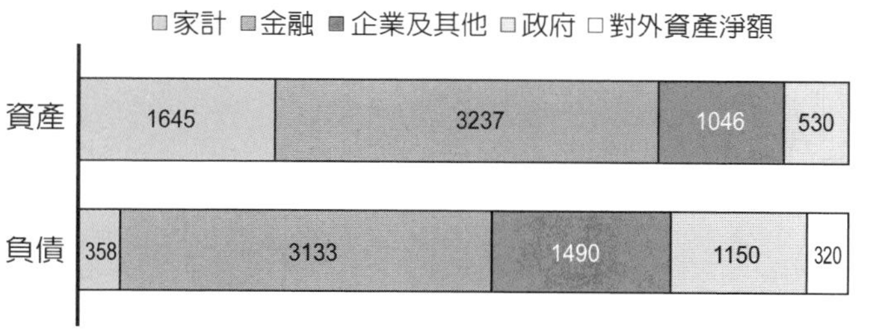

年年累積金融資產及負債已到達6450兆日圓！

國債 3

政府的負債＝人民的財產(2)

嚴格來說，國債並非為「國家」的借款，而是「政府」的借款。政府的借款是由人民借出，因此政府的借款＝人民的財產。

在日本購買國債的一般民眾仍然占少數（相當於右頁下方圓餅圖的2%），實際是由國民存放金錢的銀行、人壽保險公司、郵局存款銀行等購入國債。我們的存款儲蓄金、保險（1645兆日圓）即被利用來購買政府的國債（過去國債購入費用以存量stock的方式計算），因此等於**個人（企業）間接購入國債**。

這部分的國債被稱為「國家的借款」。然而，正確來說應該是「政府的借款」，借出資金的則是該國國民。日本財務省將這樣的狀況以月收40萬日圓的家計舉例，「國民每人平均約借出615萬日圓，4人家庭即借出2459萬日圓」（以下內容，節錄自財務省官網）。

這是無視所有會計原則的表現（不將企業資產1046兆日圓的土地、建築、店面、汽車等視為「國民每人平均○○日圓的資產」來計算），正確來說應該是「國民每人平均約565.8萬日圓的財產（不含8%的海外資產）」。所謂「（國債發行餘額是）相當於17年份的年收入」，即「擁有17年份年收入的債權（財產）」的意思。而「對未來的世代子孫留下很大的負擔」，同等「給將來世代子孫留下很大的財產」的意思。

另外，「國債發行，就是讓自己子孫輩背負借款」也有這樣的說法。那是因為向現在的國民借款，而還款的則是未來子孫的意思。**但是，不論是收到返還借款（本金），或是收到利息的，終究還是我們子孫的那一輩，是未來的世代**。

日本國民僅有此數量的資產！

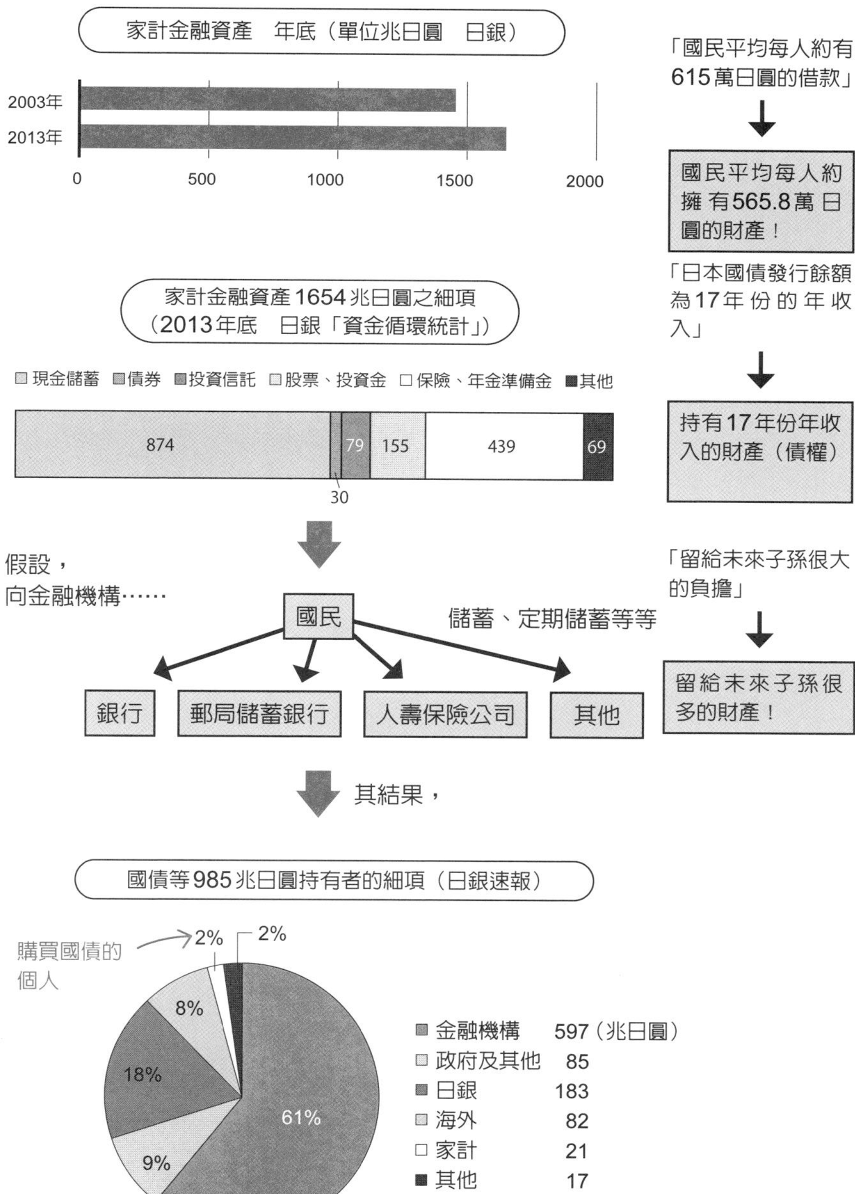

家計金融資產　年底（單位兆日圓　日銀）
2003年
2013年
0
500
1000
1500
2000
「國民平均每人約有615萬日圓的借款」
國民平均每人約擁有565.8萬日圓的財產！
「日本國債發行餘額為17年份的年收入」
持有17年份年收入的財產（債權）
「留給未來子孫很大的負擔」
留給未來子孫很多的財產！
家計金融資產1654兆日圓之細項
（2013年底　日銀「資金循環統計」）
現金儲蓄　債券　投資信託　股票、投資金　保險、年金準備金　其他
874
79
155
439
69
30
假設，
向金融機構……
國民
儲蓄、定期儲蓄等等
銀行
郵局儲蓄銀行
人壽保險公司
其他
其結果，
國債等985兆日圓持有者的細項（日銀速報）
購買國債的個人
2%
2%
8%
18%
61%
9%
金融機構　597（兆日圓）
政府及其他　85
日銀　183
海外　82
家計　21
其他　17

國債 4

政府的負債＝人民的財產(3)

國民向企業出資（購買股票、公司債等），企業用這些資金進行生產活動。國家則使用國債整備國內的基礎建設（道路或下水道等）。

關於政府債務餘額占GDP的比率，雖說「日本急速惡化，目前呈現最低的水準」（財務省網站），但若是從資產面來看，則同時意味「呈現全球最高的水準」。

試著把日本的財政等同企業的資產負債表來看，企業資金調度的方法之一為向銀行借錢；另外還有發行股票、公司債讓大家購買，再將此方式取得到的資金用在工廠、機械、店鋪、車子、廣告等投資上，進而生產出商品與服務。我們的儲蓄S，即以企業的借款、投資金的方式供其使用。

右頁圖為顯示企業的資產與負債的**資產負債表**（Balance Sheet）。在本資產負債表中，②的部分包含資本，即是股票；①的部分，則是從銀行、其他公司，以及國民那借來的負債。企業所謂的借款，約占資產的60%。而且，沒有人會認為這是「借款經營」，因為出資（投資股票）、借出資金（公司債、借用金）的是我們這些國民（也包含有盈餘的公司），這些借出的金錢、出資（股票），則會以存款、公司債的利息、股票的配股配息等形式成為我們的收入。

購入國債，與向企業提供借款、投資金（股票）的本質相同。國家（政府、地方自治體）也可視為日本最大的企業。公司債對企業來說是借款，對國民來說即為財產；同理，「國債，對政府來說為借款，對國民來說為財產」。

如何看日本債務的餘額？

財務省「最低的水準」

↓

以資產角度看——「全球最高水準」

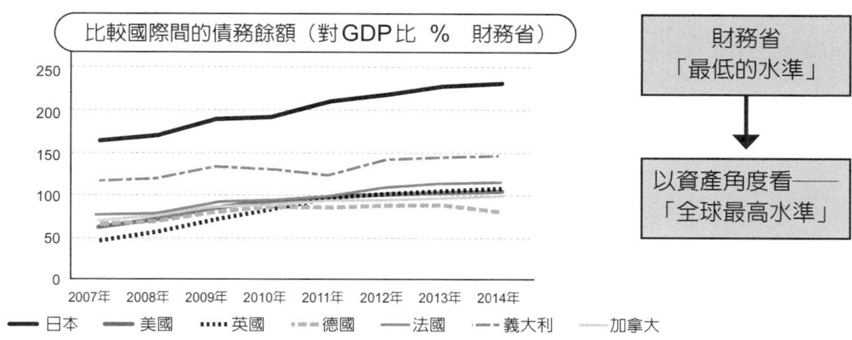

向企業出資或購入國債都是一樣的！

〈向企業出資……〉

・企業的資產負債表（balance sheet）

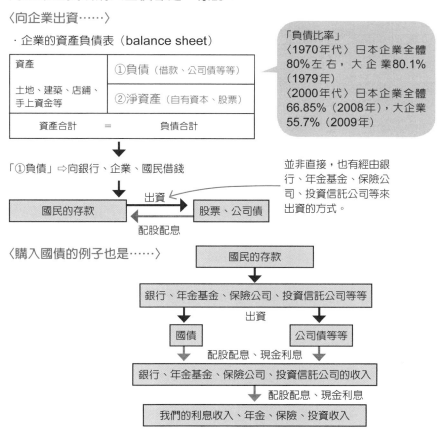

資產	①負債（借款、公司債等等）
土地、建築、店鋪、手上資金等	②淨資產（自有資本、股票）
資產合計 =	負債合計

「負債比率」
〈1970年代〉日本企業全體80%左右，大企業80.1%（1979年）
〈2000年代〉日本企業全體66.85%（2008年），大企業55.7%（2009年）

↓

「①負債」⇨向銀行、企業、國民借錢

↓

國民的存款 —出資→ 股票、公司債

股票、公司債 —配股配息→ 國民的存款

並非直接，也有經由銀行、年金基金、保險公司、投資信託公司等來出資的方式。

〈購入國債的例子也是……〉

國民的存款

↓

銀行、年金基金、保險公司、投資信託公司等等

↓ 出資 ↓

國債　　公司債等等

↓ 配股配息、現金利息 ↓

銀行、年金基金、保險公司、投資信託公司的收入

↓ 配股配息、現金利息

我們的利息收入、年金、保險、投資收入

國債
5

國債是長期利息的指標

國債的價格與利息成反比關係。若是信用良好，就可以用較低的利息借取資金。而日本的利息水準是非常低的。

「國債暴跌，長期利息上升，導致惡性通貨膨脹，造成連利息也無法支付的狀況……」這是與當國債價格暴跌（長期利息高漲）有關的論調。接下來，讓我們來瞧瞧國債與利息的關係吧！

國債通常為長期利息（10年）的指標，之所以如此，乃因國債比起其他的債券信用價值更高、利率最為低；其他的債券與國債相比，利率較高。超過發行面額以上之金額，稱為「溢價（premium）」或「價格差、利潤差（spread）」。房屋貸款利息、企業的長期貸款利息皆受到國債利息的影響，因此當國債利息利率上漲時，這些利率也會跟著上漲。

當國債新發行後，每天會在證券市場買賣（第74頁）。當每一次交易發生後，便會發生「**國債價格上漲＝利息下跌、國債價格下跌＝利息上漲**」的現象。

假設現在發行面額100萬日圓、年利率10%的國債。1年期滿後將會返還利息和本金100萬，共為110萬日圓的這個金融商品（債券），要用「多少錢買呢」？想要購買這個商品的人很多，因此價格上漲（例如105萬日圓），以105萬日圓購買將得到5萬日圓的利息，實質利息為5÷105＝4.76%（國債價格上漲＝利率下降）。反之，若想買的人不多，則價格下跌（例：90萬日圓），實質利息為20÷90＝22%（國債價格下跌＝利率上漲）。**日本的國債價格，為全球最貴的（低利率）國債**。

國債為長期利息（10年）的指標

國債、長期利息→信用價值最高、利率低 → 民間、長期利息的指標

10年期國債利息：長期利息　瑞穗銀行貸款利息（% 每年6月10日左右　日銀及其他）

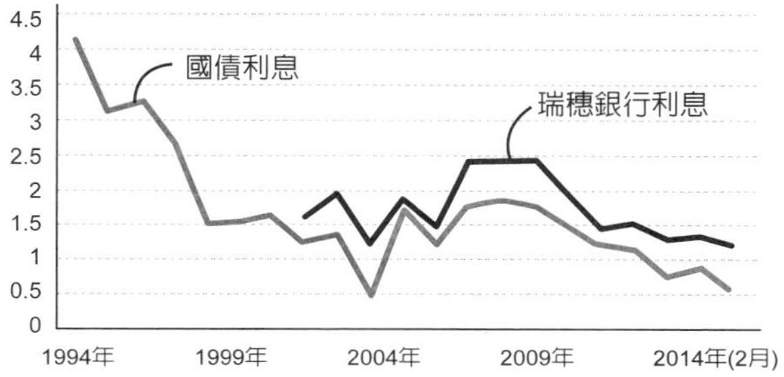

4.5
4
3.5
3
2.5
2
1.5
1
0.5
0

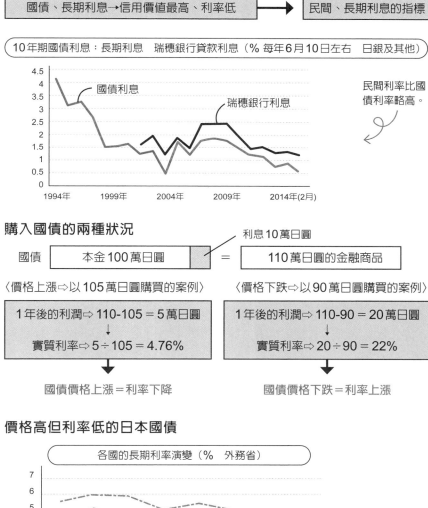

1994年　1999年　2004年　2009年　2014年(2月)

國債利息

瑞穗銀行利息

民間利率比國債利率略高。

購入國債的兩種狀況

國債　本金100萬日圓　利息10萬日圓　＝　110萬日圓的金融商品

〈價格上漲⇨以105萬日圓購買的案例〉

1年後的利潤⇨ 110-105＝5萬日圓
↓
實質利率⇨ 5÷105＝4.76%

國債價格上漲＝利率下降

〈價格下跌⇨以90萬日圓購買的案例〉

1年後的利潤⇨ 110-90＝20萬日圓
↓
實質利率⇨ 20÷90＝22%

國債價格下跌＝利率上漲

價格高但利率低的日本國債

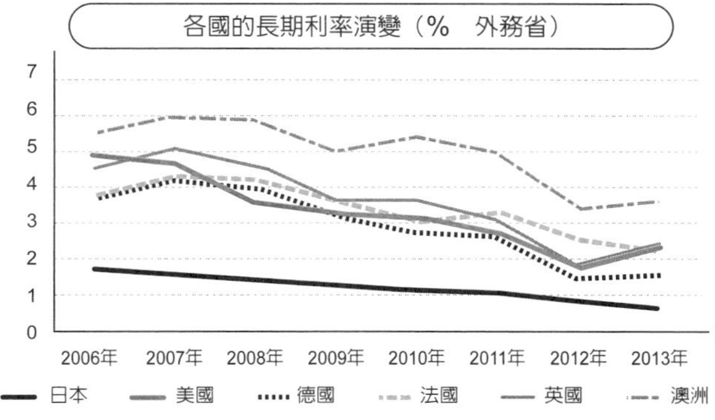

國債
6

國債發行

政府所發行的國債，包含借換國債總共約170兆日圓。目前正循序漸進地消化，各方市場評價「沒有問題」。

日本的國債是以拍賣競標方式交易。1年約發行100次國債，每一次發行金額約數千億～2兆日圓。

日本財務省會向23家有參與競標許可，被稱為初級市場交易商（Primary Dealer）的銀行、大型證券公司作拍賣通知。舉例來說，財務省發表「10年期的國債、利率1.0%、發行2兆日圓」等的聲明。交易商集會考量利率與市場動向，決定投標價格（可以出手購買的價格），以投標價高者得標。

交易商購買的國債，其後會轉售給各投資機構（銀行、保險公司、證券公司等金融機構）。

日本國債分為⑴新發行國債、⑵借換國債、⑶財投債（用於財政融資資金的運用財源）等三種，日本每年發行約170兆日圓的國債。這其中一般會計年度收入預算約40兆日圓的公債金為⑴新發行國債。⑵借換國債的發行額，在2013年上升至112兆日圓（⑶財投債則約為11兆日圓），為國債發行額中占最大的項目。

而對於10年期滿的60億日圓的國債，10年後將會先償還本金。但是償還的額度為10億日圓，相當於面額的1/6，剩餘5/6的50億日圓則以「借換國債」的形式再度發行，**採用償還期為60年的「60年償還規則」**。道路、港灣、機場等基礎建設，在60年內能讓子孫三代使用，其福祉也將延至未來世代。

國債交易的架構

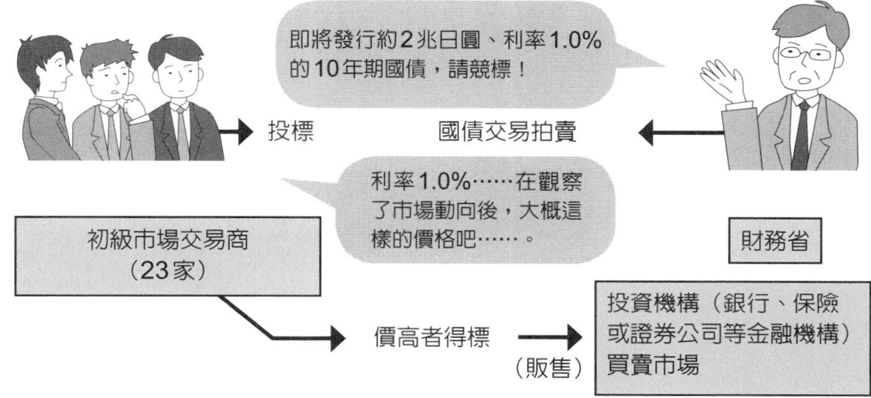

實際上的國債發行額比新發行國債金額還要更高

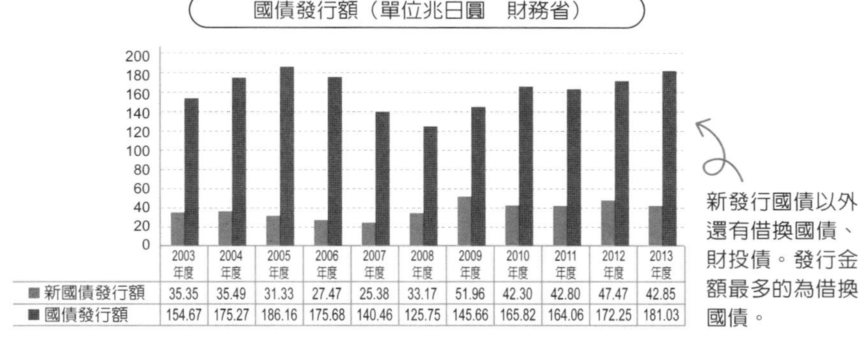

	2003年度	2004年度	2005年度	2006年度	2007年度	2008年度	2009年度	2010年度	2011年度	2012年度	2013年度
■新國債發行額	35.35	35.49	31.33	27.47	25.38	33.17	51.96	42.30	42.80	47.47	42.85
■國債發行額	154.67	175.27	186.16	175.68	140.46	125.75	145.66	165.82	164.06	172.25	181.03

「60年償還規則」是什麼？

〈10年期滿後，60億日圓國債的狀況〉

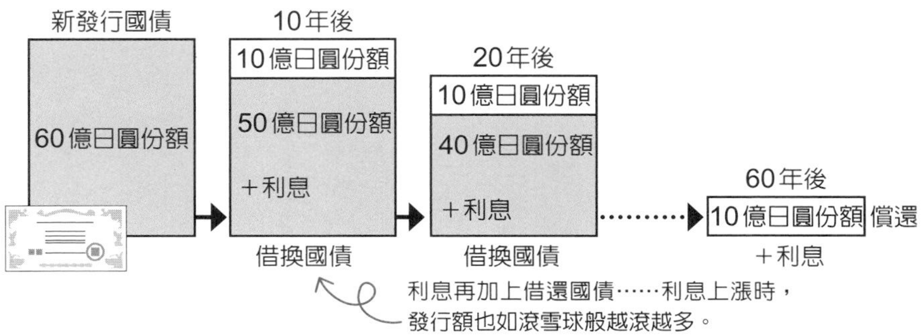

泡沫經濟化後的不景氣

日本國內的經濟情況(1)不景氣（GDP無法成長）、(2)通貨緊縮、(3)企業資金調度方法的變化等等，支撐著國債銷售順利與否。

如此這般，即使日本每年皆發行170兆日圓的國債，其國債價格卻年年升高、利息年年變低。而在這個背景下發生了三件事，(1)經濟泡沫崩壞後的不景氣（GDP減少或微增）、(2)通貨緊縮，以及(3)企業資金調度方法的變化等等，這都使得企業減少投資I，銀行失去借出款項的對象，存錢者所存放的錢，不得不向國債流動的理由。

首先，在(1)泡沫經濟崩壞後，各企業面臨設備（財）、員工（人）、債務（錢）等三種過剩問題，屬不良債權。企業削減投資I，以償還債務為優先。「失落的20年」的**1990～2000年代間的投資顯著減少**。投資減少直接連結到GDP的減少（參考第37頁的圖表）。

泡沫經濟崩壞後的10年內，日本企業都在處理這些不良債權。面對著延遲還款、以及資金借出對象破產的狀況，許多金融機構提用將備抵呆帳準備金以對應支付。其中若是呆帳的數量太多，則以赤字決算的方式，提用資本金。然而，以**金融機構來說，國際清算銀行（BIS）規定資產（融資額）與資本的比例必須保持一定標準以上，資本金的減少將直接關係到融資額的減少**。在泡沫經濟崩壞後，銀行的融資提高＝「拒絕融資．強制回收帳款」的發生，也是由於上述規定制度所引起。

這時，**對金融機構實行了國家資金的投入（增強資本）**。全日本合計共超過40兆日圓。在雷曼兄弟事件時由美國聯邦儲備委員會（FRB）
17 所提供的資金，也是基於相同的理由（第236頁）。

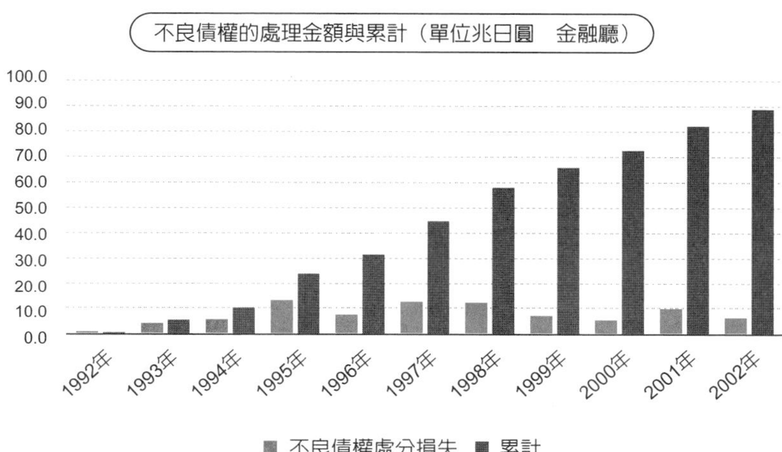

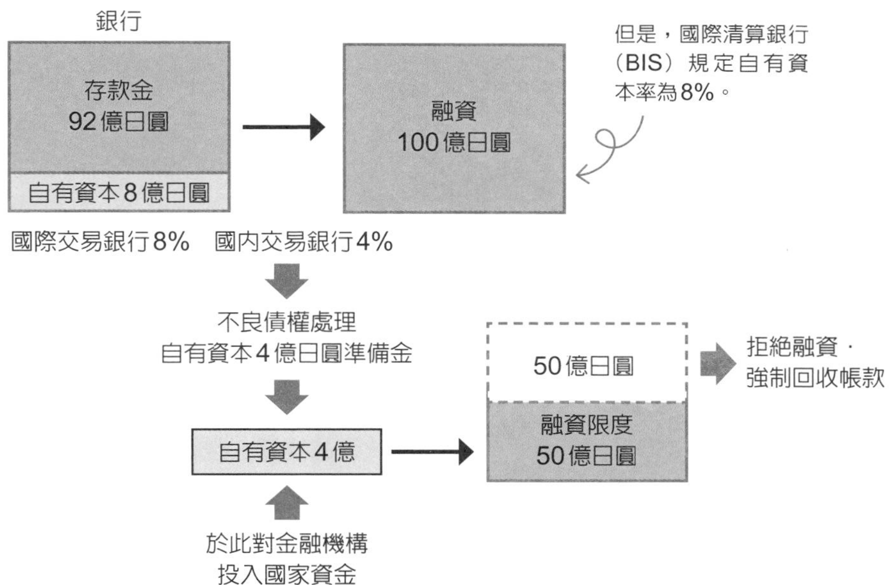

例：理索納控股公司（Resona Holdings, Inc.），於2003年會計期間的自有資本比例為3.78%，日本將1兆9600億日圓（累積約3兆日圓）的國家資金投入其中。

通貨緊縮

費雪方程式（第220頁），表示「實質利率＝名目利率－預期（預想）通貨膨脹率」。通貨緊縮會使實質利率升高。

在第76頁也有說到的⑵通貨緊縮，會使得企業的行動由「債務增加、投資增加」變成「償還債務（確保手中流動資金）、減少投資」。對於企業來說只是採取合理的行動，自然會形成這樣的結果。1997年底開始，民間企業部門名目的債務資產淨餘額，在3年內約減少了一成左右（約50兆日圓）。

通貨緊縮定義為「2年以上持續的物價下跌（國際貨幣基金組織IMF、內閣府）」。以指標來說，使用的是**消費者物價指數**（CPI）以及**GDP平減指數**（GDP deflator）（由名目GDP與實值GDP間的差所導出）。日本的CPI值於1999年以後、平均物價指數則自1990年代中期以後，均呈現「緩和的通貨緊縮狀態（2001年日本經濟財政白皮書）」。

在通貨緊縮物價下跌2%時，即使名目（表面上）利率為零，實質的利率卻是2%。相反地，名目（表面上）債務（借款）為名目利率＋實質利率，負擔反而加重。假如，銀行利率（名目）為2%時，由於通貨緊縮而造成物價下跌2%，那麼實質利率即為2%＋2%＝4%。在**通貨緊縮的狀況下，「只是保有現金，就會產生（實質）利率」**。

實質利率上升，企業與其向銀行融資做其他投資，反而會選擇償還債務（借款），並選擇儲蓄資金。

在三面等價圖中，供給S的是「家計」、「企業」，而企業本來一直都是借入資金的那一方，在1998年以後變成借出資金的那一方，借出的額度在近幾年來漸漸超過了家計。企業償還債務後，另一方面也增加保有現金存款。

通貨緊縮是什麼？（參考第14頁）

通貨緊縮的定義 ➡「持續2年以上的物價下跌」（國際貨幣基金組織IMF、內閣府）

若是成正值為通貨膨脹，負數則為通貨緊縮。

企業的合理行動……

償還債務

	〈通貨緊縮〉	〈通貨膨脹〉
存款	○	×
債務（借款）	×	○
投資（購買土地、建物）	×	○

日本呈現緩慢的通貨緊縮狀態 ➡ CPI→1999年之後
GDP平減指數→1990年代中期以後

（2001年度日本經濟財政白皮書）

儲蓄S與資金的借貸（單位兆日圓　日銀）

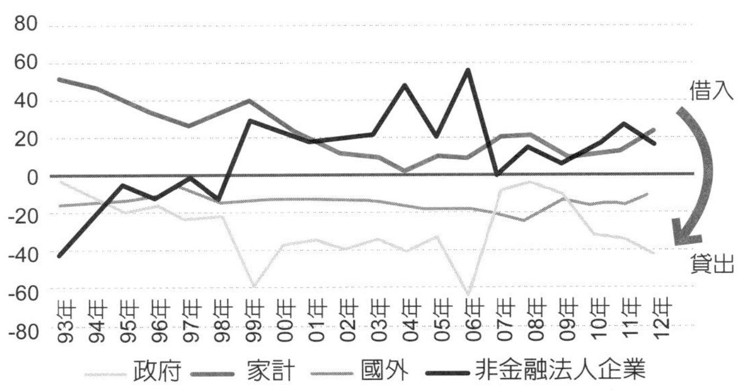

高價格國債 3

資金籌措方法的變化

金融機構購買國債時一定有理由。當通貨緊縮（金錢的出現價值）或儲蓄過剩（錢有剩）的狀態，就會改變金融機構的投資行為。

近年來，日本的⑶企業資金調度方式（第76頁）以大企業為中心，由間接金融轉為傾向直接金融。

間接金融，在資金的借出與借入方之間還隔了金融機構。當企業破產時，損失由擔任仲介人的金融機構承擔，借出資金的一方（儲蓄者）不需承擔風險。

直接金融，則是指資金直接由借出的一方提供給企業等借錢的一方。股票，或是企業發行的公司債（企業的借款證明書）等的購買，皆屬於直接金融，而這種資金交易的仲介則為證券公司。當企業破產時，股票則立即變成沒有用的白紙，而公司債也拿不到錢，但仲介的證券公司並不承擔這些損失。

如上述，⑴泡沫經濟崩壞後的不景氣（GDP減少，或些微增加）、⑵通貨緊縮，以及⑶企業資金調度方式的變化，皆與銀行的融資減少有關。銀行的「放款額 ÷ 存款額」的存放比率年年下滑，存款額與放款額的差甚至超過170兆日圓。對銀行來說，沒有可以放款的對象，而這些多餘的金錢轉為購買國債。銀行的國債保有額為162兆日圓（2012年底），其中也有不得不將七成存款額轉為購買債券的地方銀行。

日本的國債價格高，其利息又可說是全球最低也不為過，其緣由正是因為不景氣及通貨緊縮而抑制了企業的投資，企業本身「**儲蓄過剩（資金剩餘主體）**」，也就是有過剩流動性。**因此國債價格高，利息低**。

※ 關於「過剩流動性」請參考第226 ～ 229頁，「流動性陷阱」。

由間接金融到直接金融

〈間接金融〉

〈直接金融〉

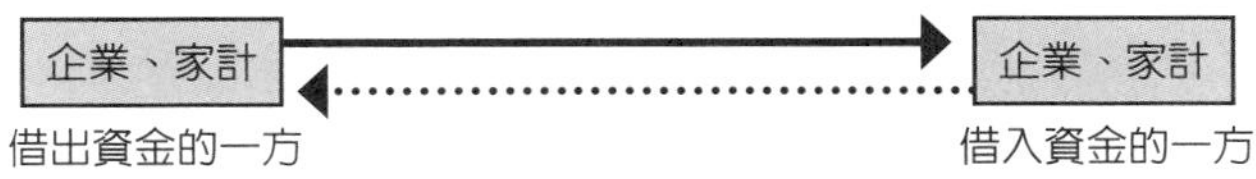

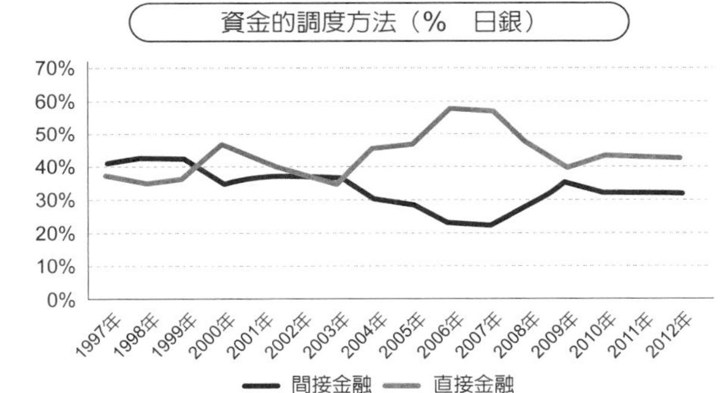

「存放比率」即是相對於存款額，放款額的比率

國債等的持有者細項？

	國內銀行	日銀
2012年12月	156兆日圓	115兆日圓
2013年12月	135兆日圓（▲13%）	183兆日圓

（日銀速報）

2013年由於安倍經濟學金融政策，因此日銀的國債保有額增加。

市場規模(1)

國債，屬於金融商品中債券的一種。國債在這個被稱為「金融資本主義」的現代資本主義中，成了主要的商品。

從**「國債是國民的財產」**這個觀點上，可以看到國債不同的一面。國債，屬於金融商品，是全球金融市場的主要商品，因此可以想見能為投資者帶來非常龐大的利益。

在1970年代，固定匯率制的布雷頓森林體系崩解（第192頁），全球資本交易自由化之後，為了因應金融機構的需求，進而增發國債。換句話說，以政府的借款方式，**不僅是針對**公共事業、不景氣的對策，以及社會保障的**財源不足問題，更是為了金融機構及投資者的利益追求而發行的「金融商品」**。

在眾多的金融商品中，最安全的莫過於「國債」，這是沒有異議的。國家與民間企業不同，不會「破產」，即使像是雷曼兄弟事件後的全球經濟不景氣發生時，仍然會執行「償還與配息」。因此國債有著低風險，且能帶來實質利益的優點。日本的金融機構於2012年度，從政府得到了約15兆7000億日圓的利息所得。此外，還有在市場上買賣國債所獲得的利潤。

日本的國債，在體制完備的金融自由化、國際化時代進展下（第234頁）的國際金融市場中，可視為如同信用卡般，提供國內外的金融參加者資金的調度及運用。

全球的股票市場規模非常龐大，但仍然無法與國債市場相比較。正所謂等級差太多。

國債是超優良資產！

不會破產！　　　　　　　不景氣時也一定會償還、配息！

〈也有這樣的好處〉

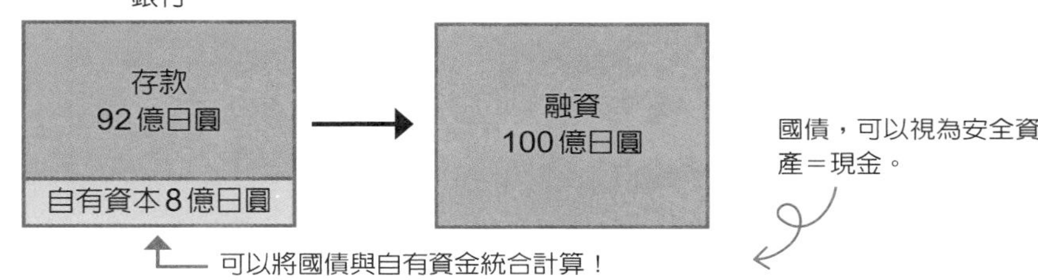

國債市場比起股票市場還要來得龐大！

股市　時價總額（單位10億美元　2013年底　日經新聞2014.3.17）

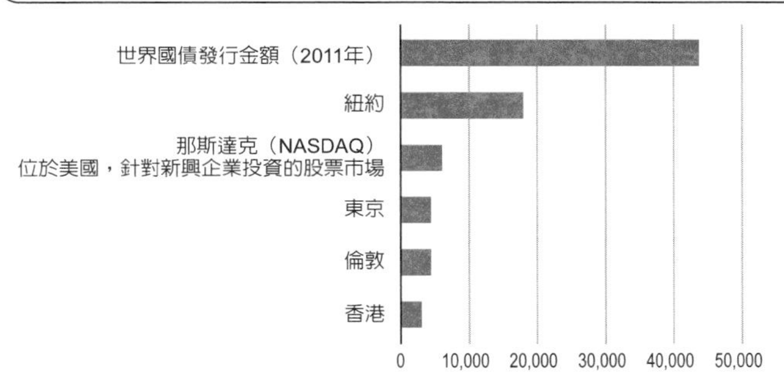

餘額　成交金額（單位兆日圓　公債：2013年度
股票：2013年　餘額：2014年4月底）

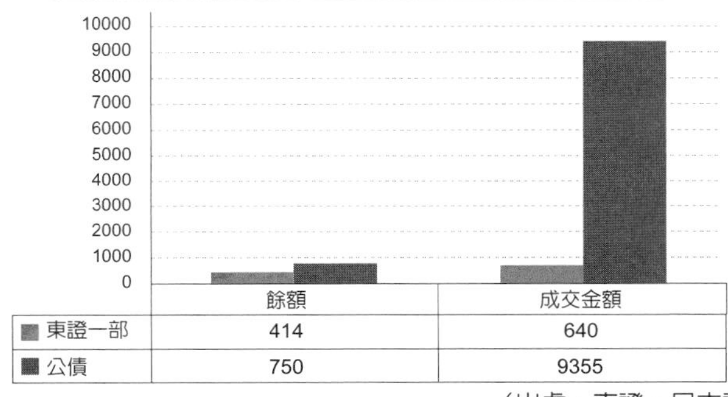

	餘額	成交金額
東證一部	414	640
公債	750	9355

（出處：東證．日本證券業協會）

市場規模(2)

「專業中的專業」，為了專業而產生的市場＝日本的國債市場，是龐大到並不會發生如「由於國外投資者瞄準日本國債暴跌而刻意賣空」等事情。

日本的國債市場成交量為9355兆日圓（2013年度），是公司債市場（33兆4253億日圓）的280倍、東證股票市場的15倍。在雷曼兄弟事件發生前的2007年度，則高達1京2322兆日圓，加上期貨交易（2806兆日圓）即超過1京5000兆日圓。而且，國債市場還是「只有專業投資者的市場」，不論是質還是量，皆是股票市場無法比擬的。

這個成交量約有50%是由「債券交易商」所進行，特別是銀行交易商，1日約執行十幾次的交易。日本的三大銀行其業務利益的三成，皆是從債券市場而來（2013年會計年度決算）。

銀行、證券公司、投資公司、保險公司等**國內外投資者，在1970年代之後登場的國債市場中，獲得了很大的商業機會**。

題外話，作為製造產業中心的「汽車」、「電機」等，更是沒有「金融事業」就無法成立了。原以「汽車」為主的三大金融事業的營業利潤率，甚至超過原本體事業。

近年來的平均統計中，**金融事業的營業利益已經超過原本體事業了**。2013年度原本體事業營業額增加，是由於安倍經濟學的執行而導致日圓貶值，因此達成了「過去最高（TOYOTA）」的紀錄，如同「瞬間風速」般快速。2012年度的金融事業占整體營業利益中的比例，TOYOTA 86%、HONDA 73%、NISSAN 26%。結構上已不是汽車公司的狀態了！

SONY在結構上，也已經不是「電器公司」，而是「保險公司」了。

提供金融機構大機會的國債市場

日本三大銀行 → 從債券市場獲得利益 → 業務利益的三成！

三菱UFJ financial　Group
瑞穗 financial　Group
三井住友financial　Group

（2013年會計年度決算）

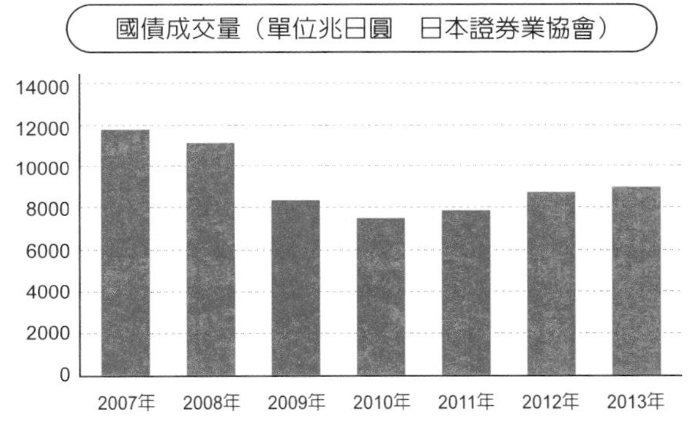

2013年度的成交量約為9355兆日圓。雷曼兄弟事件前（2007年）居然超過1京日圓！

利用金融事業賺取利益的汽車事業

2012年⇨金融事業在整體營業利益中占的比例

↓

TOYOTA 86%、HONDA 73%、NISSAN 26%

汽車公司營業利益　營業利益率（單位億日圓　2013年度）

TOYOTA（本業5.3%　金融26%）
HONDA（本業2.6%　金融24%）
NISSAN（本業9.2%　金融19%）

0　4000　8000　12000　16000

汽車　金融

（出處：各公司的年底決算發表）

2013年度由於日幣貶值造成本體業績瞬間上升

SONY已經可以稱作保險公司！

SONY　2013年4～12月　本業與金融的業績額及營業利益
（單位億日圓 營業利益率％）

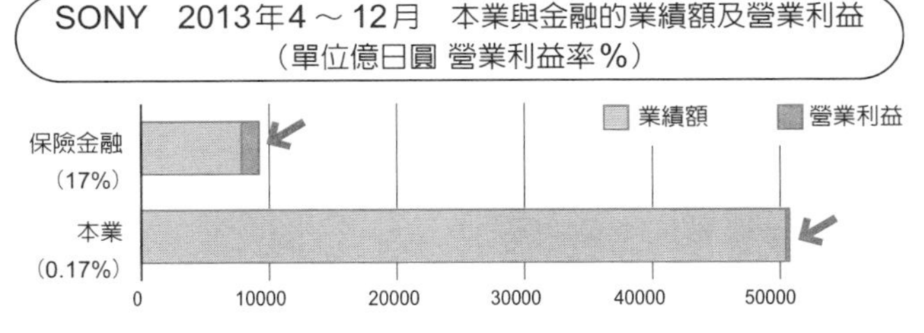

公司本業的業績雖然高，但是營業利益卻只有一點點。保險金融事業的營業利益竟然占總營業利益（1414億日圓）的94%！

國債市場 3

全球的市場規模

進入21世紀後，金融資本主義更加盛行。金融資產的成長率超越了GDP的成長率，呈現錢滾錢的狀態。

全球的金融市場也是一樣。全球的國債發行餘額，在18年內成長了4倍。其中，日本與美國的市場占有率為全球最大，與此同時，向全球投資者提供了商業機會。

摩根士丹利（Morgan Stanley）日本分公司，在國債市場中利用英國國債（美國國債7.35%、日本國債4%，1988～2011年平均）提高了8.89%的收益率。（營業速報，2012年7月）

如此，對國內外金融機構來說，國債市場已經不可或缺了。

更進一步來看，對發行國債的國家也是有利可圖的。藉由**龐大資金流入國債市場，對發行國來說利率低，又可以用較低的成本調度財政資金**。

各國的財政部門與金融部門，若是沒有國債市場的動向資料，無法決定政策。甚至財政政策、預算編制，皆無法在無視於債權者的金融機構、投資者的意思下進行。

換句話說，「國債是政府的借款＝國民的財產」這句話，與龐大國債市場息息相關，意味著兩者有「**互相依存的構造＝命運共同體**」的密切關係。國債市場「Too Big to Fail（大到不能破產）」，不論是對金融市場亦或是國家來說，都是相同的。

因此，與從國債市場得到的利益也相同，萬一若是發生債務危機，其損失將會立即轉嫁至國內的持有者，也就是家計。

提供龐大機會給全球投資者的國債市場

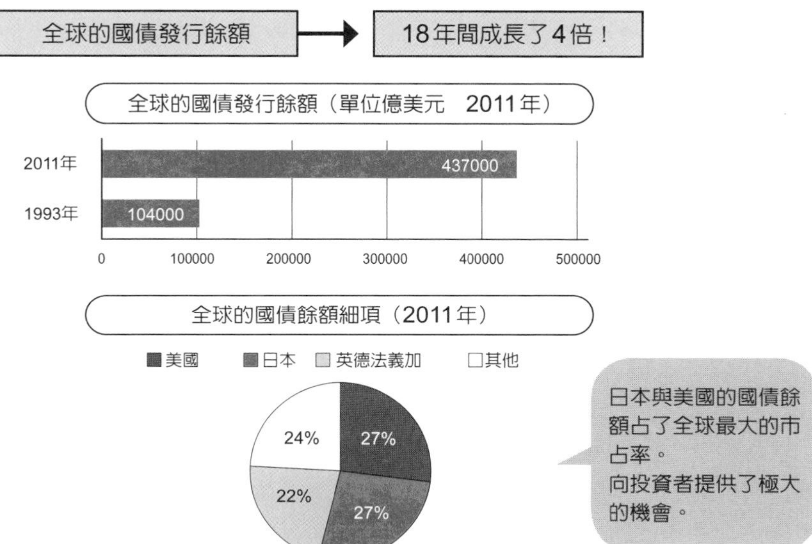

（出處：Morgan Stanley 2012年7月報告書）

迄今已成為非常龐大的全球金融資產

全球金融資產餘額、GDP、出口額的演變
（單位兆美元　經濟白皮書、日本總務省、IMF、OECD、日經）

名目GDP　金融資產餘額
全球出口金額

250
200
150
100
50
0

1989　2000　2001　2002　2003　2004　2005　2006　2007　2008　2009　2010　2011　2012年

龐大金額流入國債市場！

現在，一國政策的決定，必將國債市場的動向納入考量。

國債市場＝Too Big to Fail（龐大到不能破產）

↓

互相依存的結構

↓ 結果……

利益、損失→轉嫁家計

金融政策

國家的權力之一，是發行貨幣。「日幣」是亞洲地區可以安心使用的貨幣，而日本銀行有著安定日本貨幣價值的使命。

日本銀行金融政策的目的是「透過穩定物價促使國民經濟健全發展，而對貨幣及金融進行調節之事。」（摘錄日本銀行法第1、2條）所謂的「穩定物價」，換言之是指「穩定的貨幣價值」。

日本各銀行為了執行對個人或企業的退款，或是結算金融機構間的資金（A銀行戶頭轉帳→B銀行戶頭＝日本銀行中的A銀行餘額減少→B銀行餘額增加），向日本銀行（相當於日本的中央銀行）存放儲金（日本銀行的支票存款帳戶，亦稱為甲存戶）。當這個資金過與不足時，金融機構互相填補所產生的利息，為無擔保隔夜拆借利率[18]。（隔夜拆借：指拆借的期間至隔天為止）日本銀行調節金錢的量，以控制這個利率（央行貼放利率）。

金融市場的利率下降時，金融機構能夠用較低的利率籌措資金，放貸給企業的利息也可以較低。企業也較容易借到發放薪水給員工、進貨所需之資金，工廠與店鋪建設等所需要的資金，進而刺激景氣導致物價上升的壓力。

相反地，**當利率上漲時，企業借錢並不容易，景氣熱度冷卻，致使物價下跌的壓力上升**。金融市場是互相連動的，不僅是銀行放貸的利率，企業用以直接調度資金的公司債等，也會影響利率的漲跌。

控制這個利率的手段，稱為**公開市場操作**（Operation）。日本銀行藉由在公開市場中金融機構間互相買賣國債等時，對金融機構進行資金供給（或減少）的控制。

日本銀行的金融政策

目的	安定物價、經濟成長、就業機會的增加等
中期目標	長期利率的控制
操作目標	短期利率、存款準備金的控制
手段	公開市場操作

長期利率＝償還期 1 年以上的資產或負債的利率
短期利率＝償還期未滿 1 年的資產或負債的利率

控制無擔保隔夜拆借利率
Overnignt unsecured call money（短期利率）

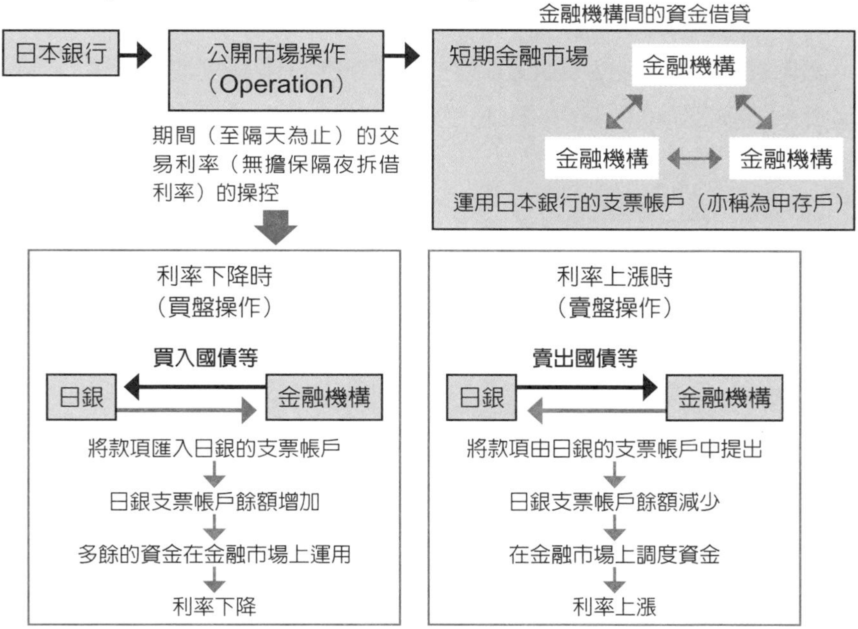

金融機構間的資金借貸

日本銀行 → 公開市場操作（Operation） → 短期金融市場

短期金融市場：金融機構 ↔ 金融機構 ↔ 金融機構
運用日本銀行的支票帳戶（亦稱為甲存戶）

期間（至隔天為止）的交易利率（無擔保隔夜拆借利率）的操控

利率下降時（買盤操作）	利率上漲時（賣盤操作）
買入國債等	賣出國債等
日銀 ← 金融機構	日銀 → 金融機構
將款項匯入日銀的支票帳戶	將款項由日銀的支票帳戶中提出
↓	↓
日銀支票帳戶餘額增加	日銀支票帳戶餘額減少
↓	↓
多餘的資金在金融市場上運用	在金融市場上調度資金
↓	↓
利率下降	利率上漲

政策利率（%　12月　日銀）

年	1998年	1999年	2000年	2001年	2002年	2003年	2004年	2005年	2006年	2007年	2008年	2009年	2010年	2011年	2012年	2013年

0.6 / 0.5 / 0.4 / 0.3 / 0.2 / 0.1 / 0

實際上的零利率政策

國債即為日幣本身的價值

日本銀行，將國債作為資產購入，發行日幣貨幣。也就是說，國債是支撐日本貨幣的根基，可以說就是日幣本身。

日本銀行將穩定物價（通貨價值）、健全經濟作為目標，調整**貨幣基數**（monetary base）。這是指在市場上流通的紙幣、貨幣如第88頁說明的，是日銀活期帳戶的合計值。

貨幣存量（money stock）是指在家計、企業等持有的貨幣餘額，這個數值會因日銀將資金放款給企業時而增加。從這裡可以看出日銀的利率政策，會對其產生影響。

日銀從市場上購買國債時（買盤操作），國債將會成為日銀的「資產」，於是再發行等同購買量份額的銀行券。也就是說，當日銀想要控制市場上流通的資金量時，勢必得先將國債的餘額（資產）作增減；相反地，現在的管理貨幣制度下，若是國債沒有餘額（資產），銀行券也無法發行。

依據1947年制定的「財政法第5條」，日銀被禁止直接購買或接受新發行的國債。然而，一旦新發行國債在市場上流通時，日銀即可購買。現在這條款普及成為全球各國中央銀行共通的「貨幣供給方法」。

讓我們來看看左頁這個資產負債表（balance sheet），可以看出我們現在使用的**紙鈔的信用，是由國債支撐的**。過去1美元鈔票，或1英磅鈔票是以「黃金」其背後支撐其信用，現在1萬日圓紙鈔的信用良好，是因為「國債」即等於前項所說「黃金」的角色，支撐日圓的價值。

也就是說，國債即為日幣通貨本身，是日幣的價值基礎。

市場上的資金量是由日銀的國債餘額所決定

日本銀行

↓

貨幣基數
（市場流通的貨幣＋日銀支票存款）增減

← 國債（資產）餘額⇨因增減作調整

↓

貨幣存量
（家計支出、企業所持有的貨幣餘額）增減

貨幣存量M3是「現金貨幣＋存款貨幣」加上「準備金以及CD（大額存單Certificates of deposit，CDs)」的指標。

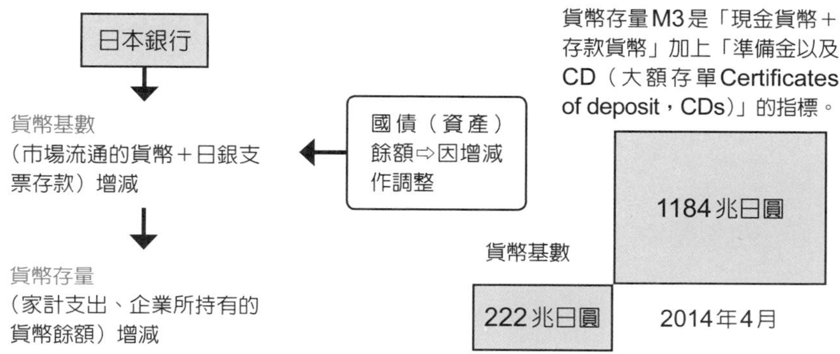

國債支撐貨幣的信用

日銀　資產負債表（單位兆日圓　2009年底）			
國債 貸款 其他資產	67.4 29.2 16.8	76.5 33.7	發行銀行券 其他負債
		110.2	負債合計
		3.2	淨資產 （資本金、準備金）
		3.2	淨資產合計
資產合計	113.4	113.4	負債、淨資產合計

2014年，國債約增加3倍！

↓

日銀　資產負債表（單位兆日圓　2014年5月）			
國債 貸款 其他資產	208.2 24.9 16.6	85.4 128.9 32.7	發行銀行券 其他負債
		247.0	負債合計
		2.7	淨資產 （資本金、準備金）
		2.7	淨資產合計
資產合計	249.7	249.7	負債、淨資產合計

國債沒有餘額，則銀行券（紙鈔）無法發行。

國債的角色與以前的黃金相同。

	貨幣體制	中央銀行的資產（貨幣的保證）
第一次世界大戰前	金本位制	黃金
第二次世界大戰後	布列頓森林體系 固定匯率制	1美元＝360日圓 1盎司黃金＝35美元
第二次世界大戰後	管理貨幣制	國債

國債與利率 1

若是國債價格暴跌的話？

國債下跌＝貨幣價值下滑，因此當發生債務危機狀況時，將會連帶發生日幣貶值、通貨膨脹。日銀為了防止這樣的事情發生，力圖穩定貨幣的價值。

日銀的貨幣發行是藉由購入國債而得到保證情況下，「財政破產（國債發行後沒有買家，亦或是不得不以較高的利率發行的狀況）」則意味著什麼呢？

讓人擔心的「國債價格暴跌（國債信用下滑）」是指1萬日圓紙鈔的價值也下滑時的狀況。「國債等於日幣貨幣本身的價值」，當國債的價值消失中時，政府債務的貨幣也同時無法再保持其價值。

由於「國債下跌＝貨幣價值的下滑」，因此當**國債暴跌時，日幣會貶值，而且通貨會膨脹**，較極端的狀況下，會發生貨幣價值不斷下跌，導致惡性通貨膨脹狀態。國債是必須按面額返還的，但當這樣的狀況發生時，將會以「價值下跌的日幣」來支付。

「國家不論發行多少國債都不會倒，是否可以這樣斷定呢？以結果來說就是這麼一回事。在現行貨幣制度下，是以本國貨幣支付的國債，不論發行多少的量，也不會因為國債發行過多而導致一國的破產。」（岩村充《貨幣的經濟學》）以日本的狀況來說，原則上國家的破產是不會發生的。

通貨膨脹時借款抵消，同時存款也被抵消了。因此，中央銀行的使命，即是「穩定貨幣價值」。**不論是惡性的通貨膨脹，或是惡性的通貨緊縮，對我們所持有的資產價值都會造成很大的損失**。因為國債即代表著「貨幣本身」、「貨幣信用本身」。

當國債價格暴跌時，會發生什麼事呢？

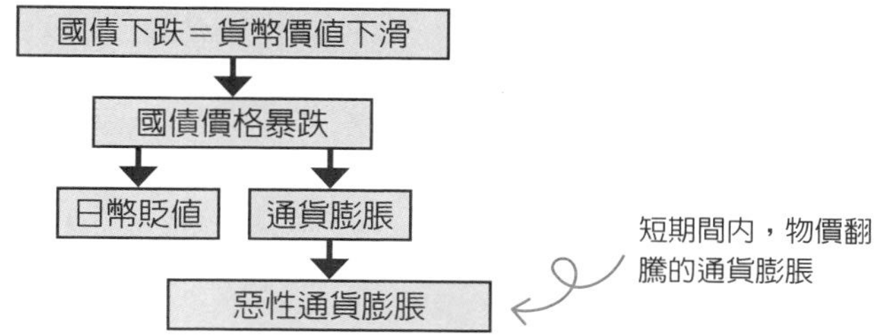

迄今曾發生過的惡性通膨事例

國家	德國	日本	辛巴威共合國
發生年度	1923年前後	1946年前後	2000年代
發行的貨幣	10兆馬克		100兆辛巴威元
通貨膨脹的狀況	麵包250馬克 →3990億馬克	黑市烏龍麵18錢 →10日圓 物價漲幅300%	麵包2000億元 物價漲幅650萬%
背景	戰敗後為償還國債增印貨幣、 魯爾工業區被占領	戰後給付國債、軍人的撫卹金，大量的回國人潮，國家財富削減1/4、製造業縮減2成、船舶縮減8成。	強制徵收土地 乾旱 130萬倍的貨幣量

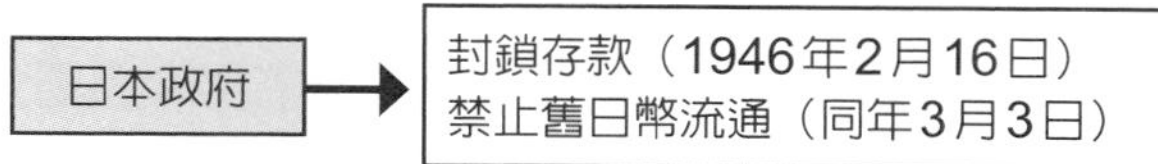

銀行存款的提領限制（當時大學畢業起薪540日圓，戶主1個月只可以提領出300新日圓）。存款無法領出，新舊現金資產、國債、現今稱為郵局的儲蓄等，就如同廢紙一般。

由於惡性通貨膨脹，而導致紙幣的價值下滑……

國債價格下滑＝利率上升

「經常收支呈逆差狀態時，等於國債乏人問津，亮起紅燈」。當發生逆差時，即是代表一國的資本調度必須依賴海外資金的狀況了。

「國債價格下滑＝利率上升」是有可能發生的。消化現有的國債存量的前提是「儲蓄過剩」（參考第80頁）。在這個前提崩解時，其後的現象將會有所改變（2010年度日本經濟財政白皮書）。

現在，呈現儲蓄過剩，也就是資金、金錢有多餘的狀態，因此利率較低。但是，占日本人儲蓄過剩部分的企業與家計收支當中，特別是家計的儲蓄正在慢慢減少。

銀髮族正將存款一點一點地領出，消費使用的金額已經超過了儲蓄，高齡化導致儲蓄率的下滑是有其關聯性的。日本的儲蓄率今後將會持續降低，「2020年左右，家計收支的儲蓄率，將會降到幾乎等於零的狀態」。

現在的貿易逆差為10兆8642億日圓（2013年度），經常收支為順差7899億日圓（同年）。以GNI（GNP）的規模來說，雖然儲蓄－投資平衡式呈順差，但是可以預測到2020年的經常收支會呈現逆差狀態。

在儲蓄－投資平衡式中，等號左邊與右邊是絕對相等的，因此日本是「經常逆差＝海外流入的資金」。也就是說，雖然現在日本處於「儲蓄＞投資（儲蓄過剩）→海外投資」的狀態，但可以預見**將來會變成「儲蓄＜投資（儲蓄不足）←海外資金流入」之國**。

在這個狀況下，必須注意的是「利率的上漲」。日本現在呈現儲蓄過剩，將來若是持續呈現財政赤字時，投資不足的部分則必須自海外調度資金的流入。當國內的儲蓄不足（海外資金流入）時，利率會比現在更高，意味會發生**利率上漲＝國債價格下跌**這樣的狀況。

2020年代，日本的國債消化？

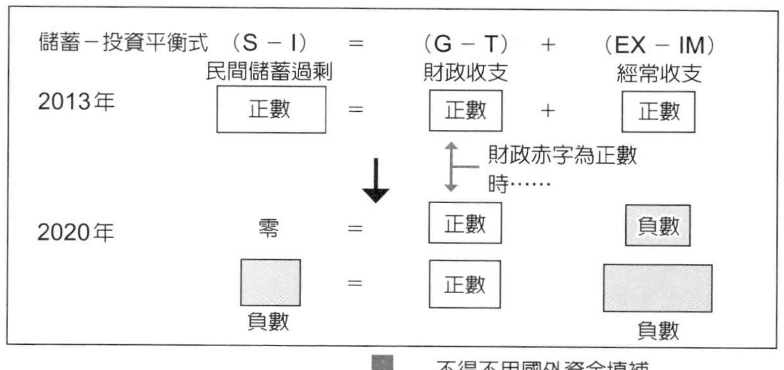

不得不用國外資金填補財政赤字……

利率上漲＝國債價格下跌……

〈家計儲蓄率正在持續漸少！〉

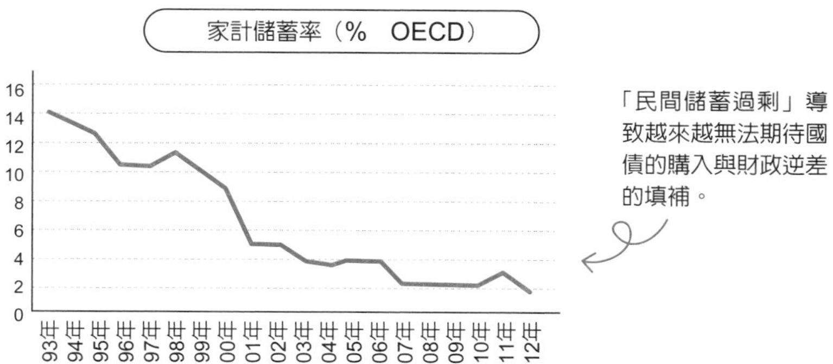

「民間儲蓄過剩」導致越來越無法期待國債的購入與財政逆差的填補。

〈無法期望大幅度的歲入預算增加！？〉

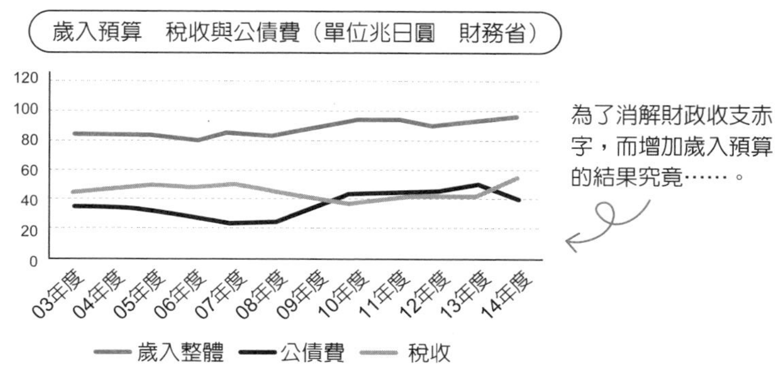

為了消解財政收支赤字，而增加歲入預算的結果究竟……。

增稅 1

通貨膨脹稅

通貨膨脹會降低金融資產的價值（相反地，固定資產的價值則會上升）。金融資產＝金融負債，因此通貨膨脹也會讓負債減少。

未來我們要擔心的是，儲蓄率下降導致儲蓄－投資平衡式等號左邊（S － I）變成零或是負數，那麼對（G － T））部分的資金需求將會陷入困境。在這樣的狀況下，導致新發行的國債利率上升，同時已發行的舊國債之利息金額負擔增加，可能進而演變成國債餘額逐漸增高的狀態（日銀「財政的可持續性與長期利率的動向」）。

要解決這樣的狀況，則必須提高稅收，有兩種方法：「壓縮債務餘額本身的通貨膨脹稅」與下一個章節提到的「提高目前稅收的增稅」。

由於通貨膨脹導致商品價格上揚，貨幣價值下跌。通貨膨脹實際就和增稅一樣，別名「通貨膨脹稅」。

安培經濟學與日銀的共同宣言中舉出，以「2%的物價上漲（通貨膨脹）」為目標。令人感到不可思議的是，這其實與「每年增稅2%」的意思相同。

每年增加2%的通貨膨脹時，100萬日圓的存款或借款（名目值）的價值在10年後將會只剩下約82萬日圓（實際價值）。當通貨膨脹率7.2%時，存款或借款的金額10年後約只剩下一半(實際價值)，如此一來，發生通貨膨脹就如同對存款等資產課稅一般。當發生惡性通貨膨脹（Hyperinflation）時，借款（國債）雖然將會被抵消，但是我們大家的存款儲蓄，也將被抵銷為零。

通貨膨脹即是「無法直接感受」的一種增稅。因此對國家（主政者）來說，是一種非常具有魅力的增稅方式。

由於通貨膨脹造成貨幣價值下滑

〈通貨膨脹與增稅一樣！〉

〈通貨膨脹2%時〉

	1年後	2年後	3年後	…	第10年後
100日圓東西的價格	102日圓	104.04日圓	106.1日圓		121.9日圓
100萬日圓的存款價值	98萬日圓	96.1萬日圓	94.2萬日圓		82.03萬日圓

〈持續10年通貨膨脹7.2%時〉

	輕小型客車	存款	國債
現在	100萬日圓	100萬日圓	800兆日圓
未來	200萬日圓	面額100萬日圓（名目） 輕小客車頭期款程度（實質）	面額800兆日圓（名目） 只剩一半（實質）

等於對存款等資產進行課稅！

〈每年持續增加的國債餘額……〉

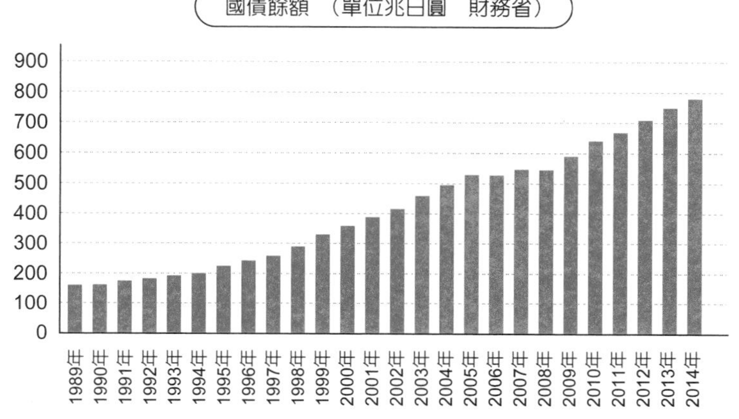

增稅 2

調漲稅收

增稅不論在哪個時代都是受人民厭惡的。甚至有增稅（案）造成政權垮台的案例，而執政者通常必定會將增稅案往後延宕推行。

日本政府在2014年度預算案中，預定發行41.3兆日圓的公債；另一方面，在歲出預算中預定償還23.3兆日圓的國債。一方面發行新國債，一方面也償還舊國債。只要將公債歲入額與國債支出額的差控制在零，那麼到了2020年時，也就不會發生資金不足的狀況。因而資金不足導致國債利息上升的可能性，也就降低了。

（G－T）的部分為財政赤字，只要將這部分控制在零，那麼就不需要增加稅收。

根據估計，消費稅1%相當於2～2.5兆日圓的稅收；**調漲消費稅，那麼不會發生購入國債的資金不足＝利息上升**。

日本的消費稅現在是8%，與其他國家比較起來，又是怎麼樣的水準呢？

據說「國債市場不暴跌，是因為市場關係人間擁有將消費稅率等配合國際標準後，國家即能得到充足稅收的共識」，請看右頁圖表即可明白。

歐盟於1993年以後，將附加價值稅率（日本的消費稅）的標準稅率在15%以上。

關於一國的財政，發行公債而得到的收入＝償還國債、支付利息費用。換言之，因稅收而達到歲入與歲出的平衡，這狀態稱為「零基礎餘額（primary balance zero）」，增加稅收的目的即在於此。

現在的國債發行額遠大於國債償還額……

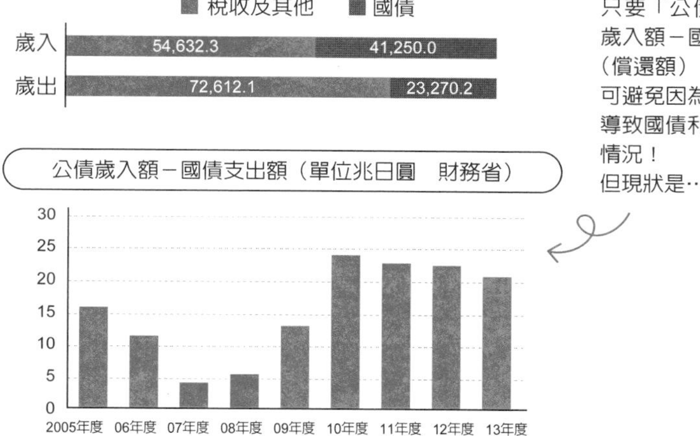

只要「公債（國債）歲入額－國債支出額（償還額）＝零」，即可避免因為資金不足導致國債利率上升的情況！
但現狀是……。

為什麼在財政赤字的狀態下，日本的國債還是低利率？

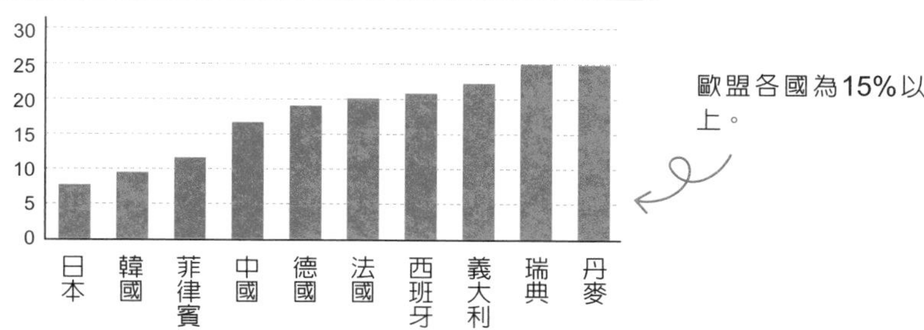

歐盟各國為15%以上。

增稅的目的是？

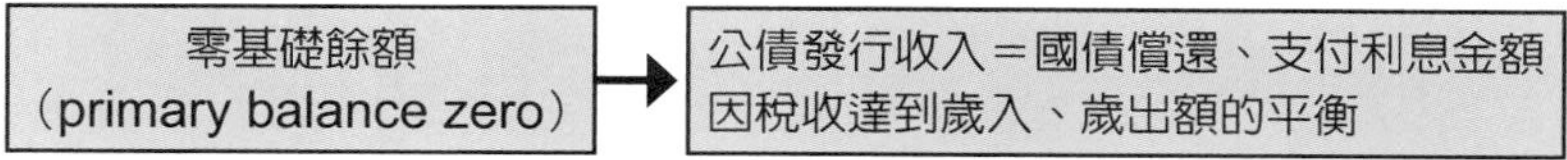

※關於「基礎財政收支平衡」內容將在下一章節解說。

增稅 3

基礎財政收支
(Primary Balance)

一國經濟的債務規模會成為國債信用度的指標，這即是我們必須注意基礎財政收支[19]的原因。

基本上，國家會持續存在，因此國債永遠都可以借新還舊（發行借換國債，參照第74頁）。在這狀況下，相對所得（稅收）的借款餘額是否穩定、亦即是否有持續可能性會成為重點。這個是債務動學式思考，債務的餘額相較名目GDP，若是穩定則不會發生問題（多馬定律[20]和Bohn條件[21]）。

分母（名目GDP）與分子（債務餘額）依照相同的比率成長，那麼至少有持續的可能。分母的增加率為名目GDP的成長率；而分子的債務餘額增加率部分，若全用於新舊國債之替換下，會與長期利息的利率相同。

但這是指「過去的債務部分」，若是「基礎財政收支呈赤字＝每年增加新發行國債之份額」的話，就只有分子會變大。以日本的情況來說，因新發行國債不斷累積，這個債務餘額／名目GDP的比率持續成長。

最低底線是讓基礎財政收支平衡，但條件是必須控制債務餘額與GDP的比率，維持目前的水準，不要再擴大。由持續可能性的觀點來看，基礎財政收支非常重要。2014年度預算中，18兆日圓的赤字，相當於消費稅8～9%程度。

另外，若是「經濟成長率＞利息」，那麼債務餘額／名目GDP的比率則會下降（實際要達成卻是非常困難，以日本的狀況來說，只有在泡沫經濟時期的數年間有達成）。因此，即使只有一點點也必須要讓基礎財政收支呈現黑字。

防止國債價格下跌＝防止利息上漲，應該要怎麼做？

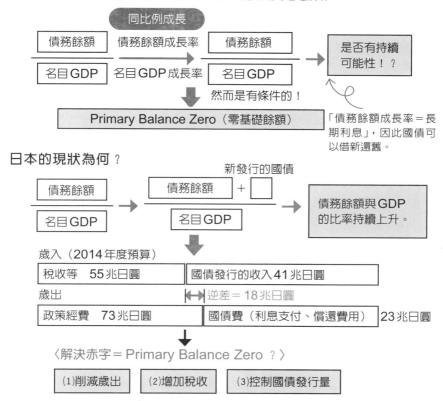

同比例成長

債務餘額 / 名目GDP → 債務餘額成長率 / 名目GDP成長率 → 債務餘額 / 名目GDP → 是否有持續可能性！？

然而是有條件的！

Primary Balance Zero（零基礎餘額）

「債務餘額成長率＝長期利息」，因此國債可以借新還舊。

日本的現狀為何？

債務餘額 / 名目GDP → （債務餘額 ＋ □新發行的國債）/ 名目GDP → 債務餘額與GDP的比率持續上升。

歲入（2014年度預算）

稅收等　55兆日圓	國債發行的收入41兆日圓

歲出　　逆差＝18兆日圓

政策經費　73兆日圓	國債費（利息支付、償還費用）23兆日圓

〈解決赤字＝Primary Balance Zero？〉

(1)削減歲出　(2)增加稅收　(3)控制國債發行量

觀察已開發國家的債務餘額/GDP比率……

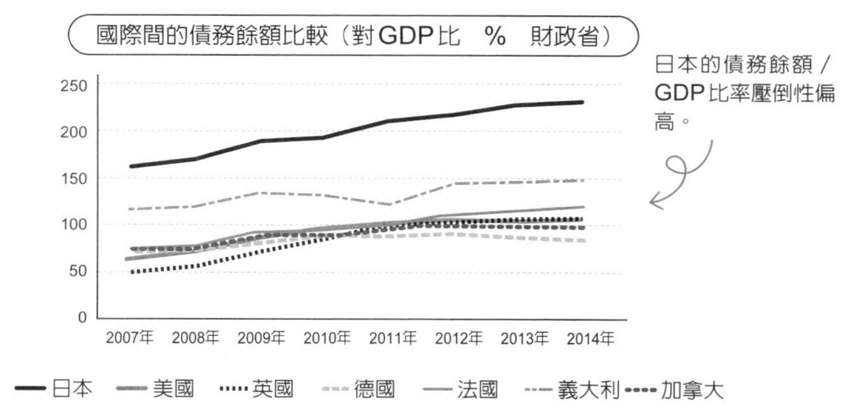

日本的債務餘額／GDP比率壓倒性偏高。

社會保險費

增稅，也會增加赤字

由於人口高齡化，日本社會保險費的支出持續上升，其上升率幾乎要超越消費稅率提高的幅度。

日本消費稅在2014年4月提高為8%，預計2015年10月將會再度調漲為10%(編註：已於2019年10月調至10%)。然而，即使將**消費稅調漲為10%，也還不足以將基礎財政收支達成黑字化**。

理由是每年的社會保險費支出膨脹，伴隨政府預算，以每年1兆～1.5兆日圓的速度自然地向上飆升。

當一國呈現高齡化社會時，年金、醫療、看護等支出增加是必然的結果。現在，日本的社會保險費為100兆日圓，其中60兆日圓來自保險費的收入（年金保險、醫療保險、看護保險），剩下的40兆日圓為稅金（國家30兆日圓，地方10兆日圓）。以基礎年金為例，其二分之一為稅金。雖然說是稅金，如同截至目前為止所述，一半以上是「公債」。其結果，**投入社會保障的稅金（公債），每年也勢必增加**。

每年社會保險費自然增加1兆～1.5兆日圓，那麼10年約為10兆～15兆日圓，相當於消費稅6～7%。

因此，即使將消費稅調漲至10%，然而社會保險費卻仍持續每年增加的話，那麼「為了財政的健全，稅率至少得調至15%（IMF 2013年度的年度報告書）」，有些學者則認為「需要30%」（野口悠紀雄）。

不論如何，以削減歲出與擴大歲入為目標的「**社會保障與稅制一體的改革**」是不可避免的課題。

不斷膨脹的社會保險費

〈年金的情況〉

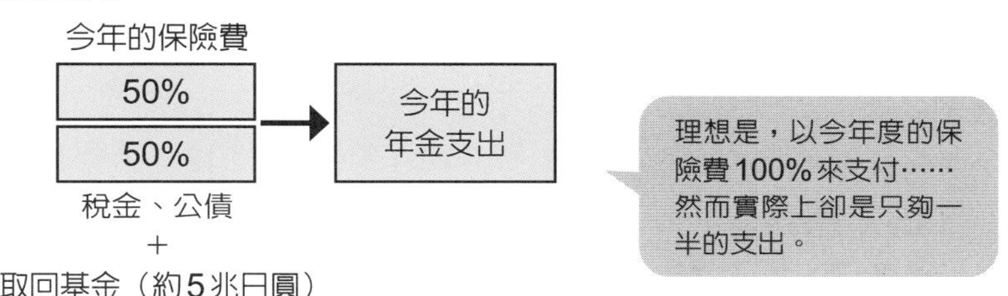

持續增加的公債負擔

社會保險給付、公債負擔比例（單位兆日圓　日本厚生勞動省）

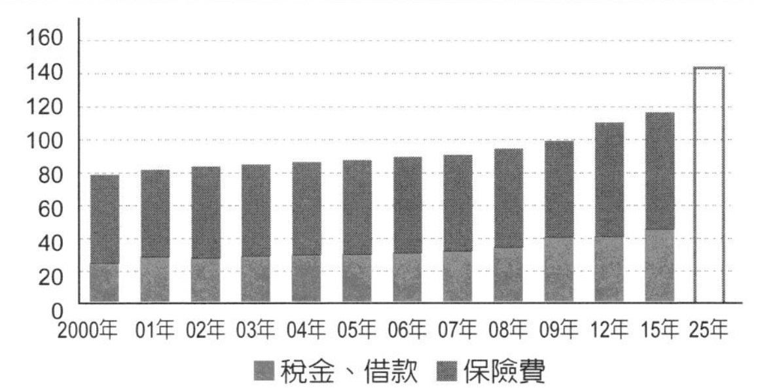

IMF報告「消費稅必須達15%」

也有些學者認為：「需要30%」

負擔額若是擴大……

公費負擔額（稅金、借款）（單位兆日圓　日本厚生勞動省）

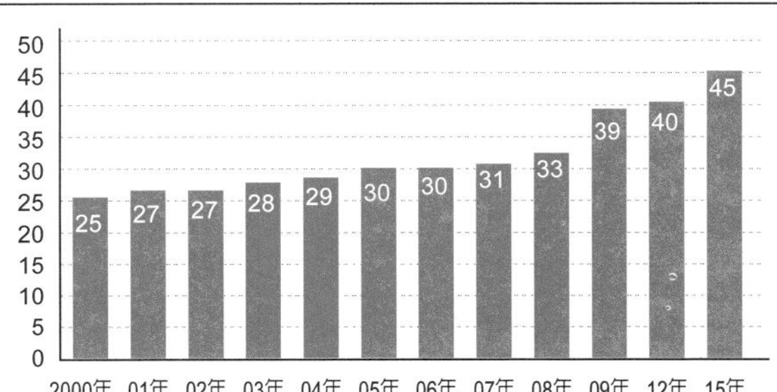

延遲是合理的原因

對於長期問題（通貨膨脹或社會保險）的對策，有兩種解決方法：增稅？還是發行國債？但是要考慮到取得平衡也並非容易的事。

在經濟學中，誘因（incentive）：簡言之為人會考量「得或失（有利或不利）」而決定行動與否，而思考財政問題時也是一樣的。

現在整備國內基礎建設（例如：羽田機場跑道的增設）的話，好處將會利及三個世代（約60年）。只以發行國債的方式增加資金以執行建設，那麼對現在的世代來說是不需要負擔「增稅（不利的條件）」。

相反地，若是單單實行增稅，而不發行國債以募集資金建設時，對現在的世代來說就必須負擔「增稅（不利的條件）」，而其好處就是未來的世代享受。若是以自利、合理的立場考量，現在的世代會如何選擇是很明顯的。

於是，出現了「並非自利，而是互相協助，將利益最大化」的經濟學**賽局理論**（第244頁），這樣的想法應用在地球環境、資源、裁軍等問題上。

但是，這也有必須解決的課題。在這種狀況下的參與者，為現在的世代，也就是限定為現在正在生活的世代，而**未來的世代並沒有發言權**。於是，現在世代會優先考量在自己所生活的20年內，最多30年為內的有利或不利（回到自利、合理的思考原點）。

其次，財政問題（跨越世代的超長期的課題）無法用既存的經濟學、賽局理論解決的難題（解決策略「不明」）。於是**常成為最適合延遲處理的原因**(30年前的未來世代＝我們，現在開始的30年後也一樣)，也是因為有上述的背景所造成。

既存經濟學「自利、合理的思考」

〈能使用60年以上的基礎建設設施、社會保障制度等〉

財源	單國債	單增稅
現在世代⇨	零負擔 （O merit）	增稅負擔100 （×demerit）
未來世代⇨	增稅負擔100 （×demerit）	零負擔 （O merit）

相同的是，兩世代皆可享受基礎建設或制度的好處。

既存經濟學

「自利，合理思考的人，會選擇對自己最有利的選項」

現在的世代，會為了自己的利益，將好處留給自己……

賽局理論「互相合作」

賽局理論

「非自利而是互相合作，將雙方可以得到的利益最大化」

合作的世代→只有現在的世代

未來世代→無發言權

最大化利益⇨現在的世代生存的期間限定

中國的PM2.5環境問題，現在也正對其他國家造成災害。

很難考量到30年後的狀況……

跨越世代的超長期課題

解決方法⇨不知道！⇨延遲處理

負擔 1

國債的負擔不會轉嫁到未來

發行國債時（G － T增），新發行份額會導致國債市場利率上升，抑制民間投資（I減），這就是排擠效應（crowding out）

只要國債為國內國債（國民持有國債），負擔將不會直接轉嫁至未來世代（參考三面等價圖）。

當政府發行國債（G － T）時，儲蓄S為資金來源。也就是說只是投資部分I→國債（G － T）流動而已。

反之，若是不發行國債（G － T），將負擔加諸於稅T上，儲蓄S的部分則會流向稅T。換句話說，依靠財政赤字（國債），即是「儲蓄S⇔稅T」或「民間投資I⇔政府投資（G － T）」這兩種選項。**這終究也只是以今年的GDP再分配問題為基礎所得的答案，並非能夠將未來的資金提前現在使用**。

「國債，將會轉嫁至下一代」，「我重複說過1000次，這是錯誤的觀念（保羅・薩繆爾森 Paul Samuelson）」。為了戰爭，在戰時所發行國債調動資金，使用的是「當時的子彈（資金），想使用未來的子彈（資金）射向現在的敵人是不可能的（保羅・薩繆爾森）」。於是，**能夠使用的資金是「今年GDP的金錢」，在原則上是無法使用「未來GDP的金錢」**。

換句話說，即使發行國債，並不代表日本整體可以使用的資源量增加（內國債的情況下，經常帳（貿易）逆差時，可以將國外資金加在國內GNP、GDP上來加以利用）。

為了償還國債（實際上是利息負擔），所謂在未來執行增稅，即代表在未來的GDP中的「儲蓄S⇔稅T」的關係，屬於未來世代內的所得再分配的問題（國債＝資產＝負債）。

可以填補負擔的是「現在的資金」

〈三面等價圖〉

（2012年　名目GDP（單位10億日圓　※四捨五入含誤差　內閣府「國民經濟計算」））

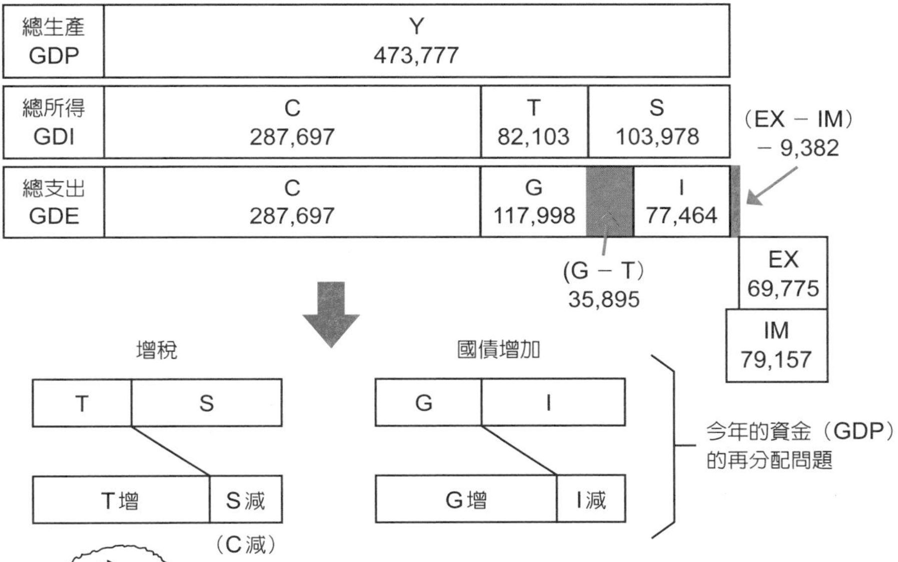

總生產 GDP	Y 473,777			
總所得 GDI	C 287,697	T 82,103	S 103,978	
總支出 GDE	C 287,697	G 117,998	I 77,464	

(G－T)
35,895

(EX－IM)
－9,382

EX
69,775

IM
79,157

增稅

T	S
T增	S減

（C減）

國債增加

G	I
G增	I減

今年的資金（GDP）的再分配問題

「國債的負擔會轉嫁至未來」是錯誤觀念。
另外，未來的子彈是無法使用在今年的戰爭上。
可以利用的只有今年的GDP資金，而無法使用未來的資金。

保羅．薩繆爾森
Paul Samuelson
（美國，1915～2009）

未來的增稅份額，只能使用在未來

〈未來的增稅⇨未來的分配問題〉

未來時點的GDP

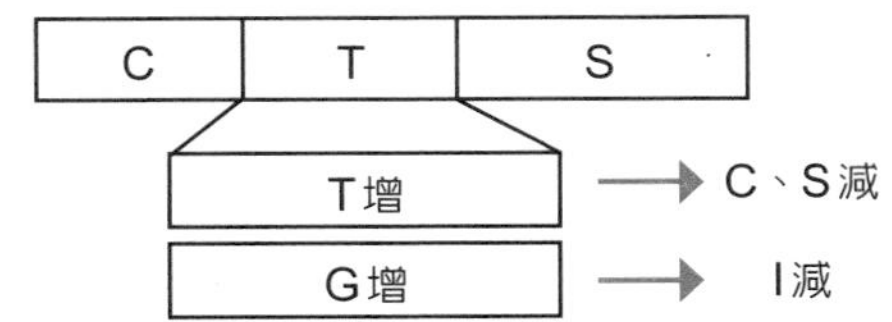

負擔2

將國債負擔轉嫁到未來世代

現行的社會保障制度，是以高度經濟成長為前提，隨著時代的演變本來就有修正的必要。

但若是將重點轉移到世代間的關係，**國債在過去的世代和未來的世代間，出現了分配不均等的情況**（世代會計法）。這個問題在社會保障制度上，以日本的**年金制度最為明顯**。

日本的年金並非以累計方式計算（從年輕開始累積保險，到老年時可以領取使用＝同世代間的所得轉移），而是以賦稅方式計算。（年輕人負擔當時老年人口的年金），是日本在高度經濟成長期時確立的制度。

上述制度在勞動生產人口9.7人負擔著1名老年人口（1970年）時，並沒有什麼問題（與其說造成問題，不如說保險金有剩餘，累積約現在價值100兆日圓的公積金）。

然而，日本近幾年來少子化，勞動生產人口漸漸減少，2012年時已經轉變為2.8人負擔1名老年人口（2025年將會變成2人負擔1人的狀況）。

現在60歲以上的老年人口（說法也許並不恰當）完全勝利退場，而現在50歲以下的人則是完全赤字狀態（自己年輕時所負擔的金額＞未來老年時可以領到的金額）。**這即是「國債的負擔將轉嫁至未來的世代」的意思**。

現在，得到利益的世代「保持沈默」，而現在負擔的世代「延遲至未來世紀」，是最自利、合理的選項。

「問題不是老年人口與年輕人間的利益虧損，而是我們的經濟社會制度和系統發生制度過勞，喪失持續的可能性……。」（加藤久和《世代間的差距》）。

發生分配不平均的年金制度

〈負擔老年人口的年輕人越來越少的時代〉

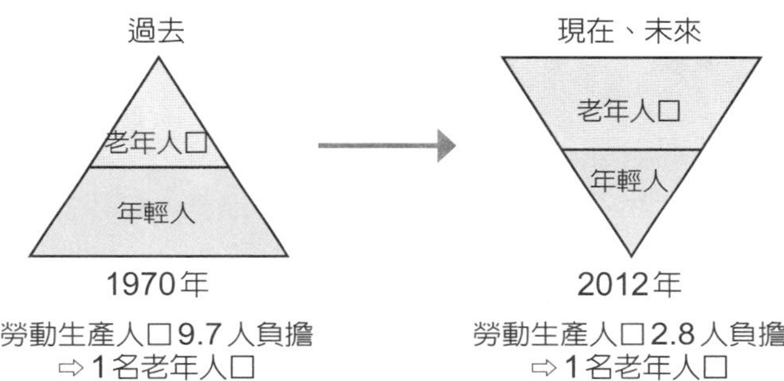

勞動生產人口9.7人負擔⇨1名老年人口

勞動生產人口2.8人負擔⇨1名老年人口

50歲以下完全「赤字」

年金、醫療、看護的終生領取率（%　內閣府）

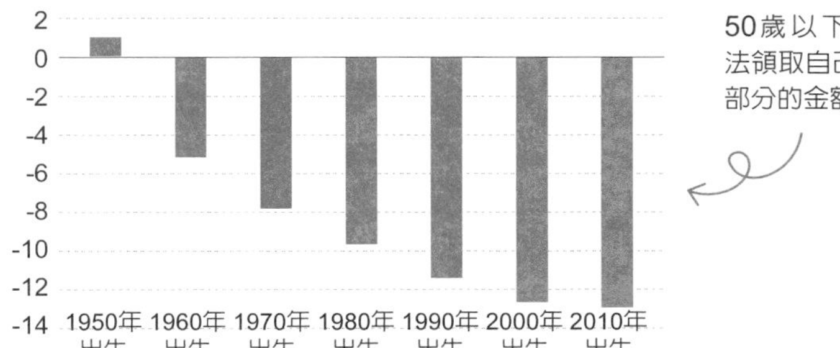

50歲以下的人，無法領取自己負擔繳納部分的金額。

日本世代間日益顯著的不平衡

世代間的不平衡（%　2011年　經產省）

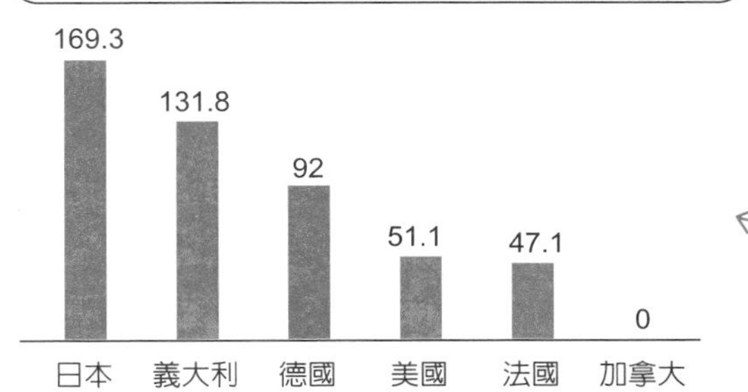

日本世代間的不平衡，竟是美國3倍以上！

國債未達目標額

未來，財政會破產嗎？

財政何時會破產？以什麼樣的形式發生呢？其實沒有人知道。即使過去的事例豐富，隨經驗的累積，卻是無法將它以某種形式的理論表現。

就日本的狀況來看，財政破產（未達國債目標額）[22]是否會發生呢？

以結論來說，我不知道。「國債是政府的借款（借用證明）＝國民的資產（債權書）」；因為「借款只增加多少會破產」，也就是指「資產只增加多少，價格會下跌」。

關於財政破產（未達國債目標額），有許多不同的見解（學者的定義），然而，何時、又以怎麼樣的形式發生，卻是誰也無法給予明確的答案。

另外也沒有「當公債的餘額對GDP的比例是OO%時，財政就會破產」這樣的明確指標。卡門．萊茵哈特（Carmen Reinhart）與肯尼斯．羅格夫（Kenneth Rogoff）的共同著作《這次不一樣》（This Time Is Different）中提到，雖然「債務／GDP比率為90%以上時，國家會變成低成長狀態」，卻只是相關關係（因為低成長，也許債務／GDP比率才會90%以上），有可能並非因果關係。

羅勃．席勒（Robert Shiller，2013年諾貝爾獎得主）斷言「債務／GDP比率」為「偏離主題的概念」。在經濟學中，**將「Stock（餘額）與Flow（GDP）」分開思考**（浜田宏一）是基本觀念。

「讓我們特別留意『我們國家的借款金額如此龐大，真是不像話』這樣的議論吧。遺憾的是，現在的總體經濟學者。並無法明確地回答這個問題」（西孝《介紹總體經濟學講義》）

結果因為「日本國債即代表日幣，以及日幣的信用」，因此「對日本的信賴」決定了國債的價值。據說到了2060年，由於人口減少、社會高齡化的狀態，日本的債務餘額，預估將超過1京日圓。到那時，日本是否仍是各國能夠安心投資的對象呢？

「破產」是指什麼樣的狀態？

〈舉例〉

> ○在債券市場發生誰也不持有政府的債券＝公債的狀況
> ○若是不保證極高的利息利率則無法消化公債庫存
> （井堀利宏《對於財政赤字正確的想法》東洋經濟新報）

日本何時會「破產」？又如何發生呢？

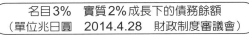

名目3%　實質2%成長下的債務餘額
（單位兆日圓　2014.4.28　財政制度審議會）

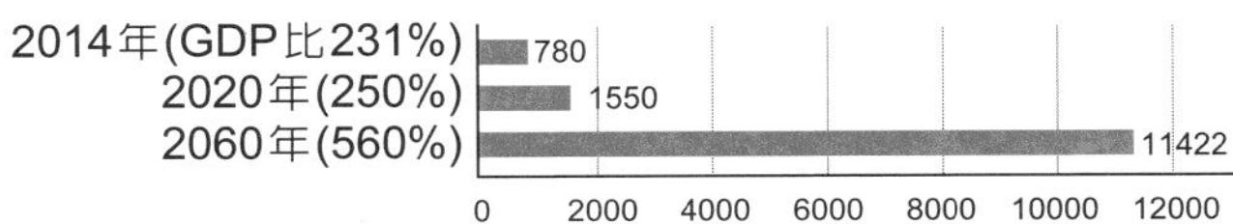

「公債的需求並非無限制，因此公債發行的餘額必定有上限。當達到這個上限時，通貨膨脹稅……將無法支撐國家財政。」
清水克俊《國債危機與金融市場》（日本經濟新聞出版社）

末日（Doomsday）何時會到來呢？……國債的發行在未來10年內，非常有可能會停滯不前。」
野口悠紀雄《利用消費稅增稅是無法再建財政的》（DIAMOND, Inc.）

「推算財政破產機率（數年後的公共債務餘額〈對GDP〉將超過250%的機率）」
小黑一正「『成長之壁』與財政的破產率」（日本評論社　「經濟研討會」2010年10、11月號）

「日本的公債餘額對GDP比率即使超過250%也不會有問題」
保羅．克魯曼（Paul Krugman）

無法回答出明確答案的現況……
也有完全相反的看法……

〈美國的狀況〉

「美元暫時會以作為儲備貨幣支配市場……不僅是經濟規模大，民主的政府、公家機關、金融市場、法律的框架等許多的制度……現在皆為全球標準。人民幣……要成為安全的避難所……恐怕還是有困難」
Eswar Prasad（康乃爾大學）

〈財務省的見解（公式HP）〉

(1)寄給國外信用評級公司的意見書要旨（2002年）

日本、美國等先進國家以自國貨幣為基礎發行的國債，其債務不履行（default）是很難想像的。

(2)問題　當日本財政破產時，國債會如何呢？（2012年）

答　政府會負責國債的償還，請不用擔心。

政府扮演的角色

小政府v.s.大政府

雖然說大政府與小政府之間是有差別的，但是不論是哪種，經濟學者都認為政府所扮演的角色有其必要性。「市場原教旨主義」並非經濟學的用語。

目前並沒有哪個國家將借款還清。全球各國的GDP年年都在持續增加，公債餘額的面額也跟著增加。（參考第101頁圖表）。而借款，卻不是用來返還的。實際上為了不讓違約（債務不履行）發生，隨著經濟成長（國債發行額減少），30年後政府只能做到將餘額／GDP比率變小而已。不論哪一個國家都重複著**「借新還舊」，而這個借新還舊是否還可行就非常重要**。

另外，也有小政府論（政府、行政規模、權限盡可能地控制在最小的思想或政策），但是真的將財政規模最小化的國家、政府卻是不存在的。存在的是達成「盡可能效率化」的國家、政府。

就連每年必定會對提高國債餘額的上限這個話題，產生爭執的美國共和黨與民主黨（2013年，甚至導致一部分的政府活動被迫停止），其政府支出／GDP比率也是年年增加。

國民負擔率[23]**（社會保障與稅）的多寡與GDP成長率是沒有相關的**。並不是「小政府較有效率，可以有效利用資源使經濟得以成長」，實際上以北歐各國為例，是國民負擔率較大的大政府，其每人平均的GDP都還要較高。

在日本，生存權是憲法上的權力，而在美國生存權包含「物價安定」，並且連同「最大限度的就職機會」皆屬於美國聯邦儲備委員（FRB）的使命。**「市場原教旨主義」在這全球上是不存在的**。

將財政規模縮小的政府不存在

美國政府（聯邦政府、州政府）　支出／名目GDP比（%）

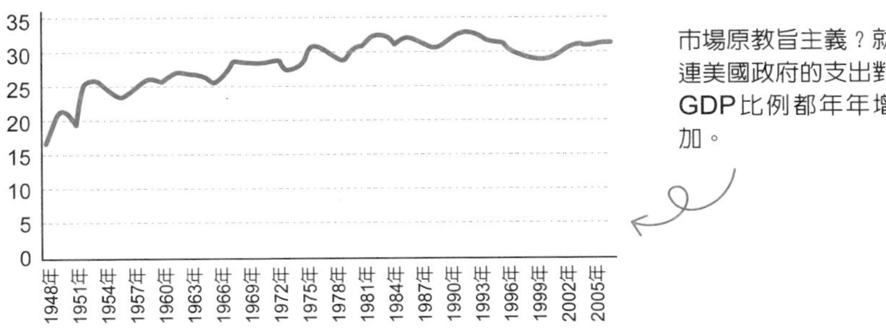

出處：U. S. Bureau of Economic Analysis

國民負擔率與GDP成長率不相關

國民負擔率 × 經濟成長率（1997 ～ 2007）

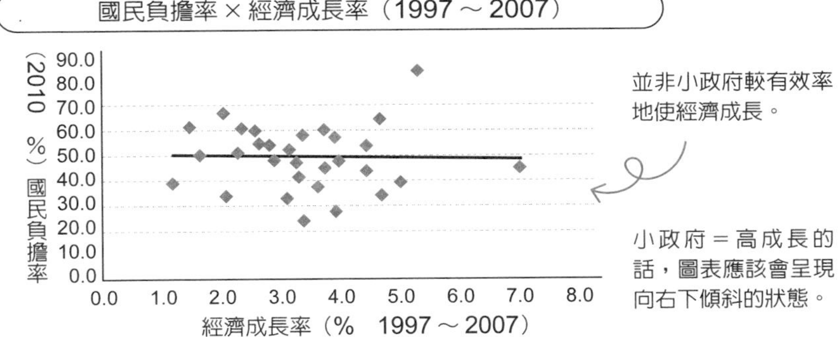

出處：財務省「OECD諸國的國民負擔率（對國民所得毛額比率）」
「OECD諸國的GDP成長率」

北歐各國⇨大政府國民每人平均GDP較高的例子

我國的政府債務無法持續……並不代表我國財政會發生違約行為的意思。
……財政構造改革的目標，應該是將財政支出更加效率化，而非削減財政赤字。
（井堀利宏編《日本的財政逆差》岩波書店）

井堀利宏（1952年～）經濟學者

國債補論 1

金融資產——負債(1)

金融資產是存在於計算上的資產，雖然會產生它存在於某個地方的誤解，實際上它是以債務者的信用這樣的方式存在。

將流量（Flow）的一部分儲蓄起來的資本（Stock），即金融資產＋實物資產（國家財富）的總額（6450兆日圓＋3000兆日圓）。這個金融資產＝負債，並非指有6540兆日圓的財產存在於某個地方，而是指僅存在於金融機構帳簿上「虛幻的資產」。實際上，日本國內沒有這6450兆日圓現金。因為是虛幻的，因此這個金融資產＝負債（1日圓單位同額）並不被視為實物資產的「國家財富（基礎建設、住宅、土地、對外資產淨額）」。

Y＝C＋S、Y＝C＋I，因此S＝I，也就是儲蓄＝投資。**儲蓄S是無法被歸類於消費C的生產財**，這個生產財是生產出未來GDP的來源。因為S→I＋（G－T）＋（EX－IM），表示儲蓄S被使用在民間投資、政府投資、海外投資等部分，已經成為土地、工廠、道路、電線桿、住宅計畫區、或是海外的店鋪了，這即是國家財富。因而，將S轉換為實物資產，是為有效地活用資金，從實物面上來說，也就是生產財的積蓄。

那麼，**金融資產（Stock）是指什麼呢？這是「債權餘額（借出錢）與債務餘額（借入錢）」中的債權證書與債務證書**，債權增加＝債務增加。

這個金融資產（負債）本身也逐漸茁壯。實物資產（國家財富）與金融資產（負債）的比例，至1970年代的高度成長期為1：1。而於現今的金融資本主義時代（第234頁），則約為兩倍之多。

「金融資產」是什麼？

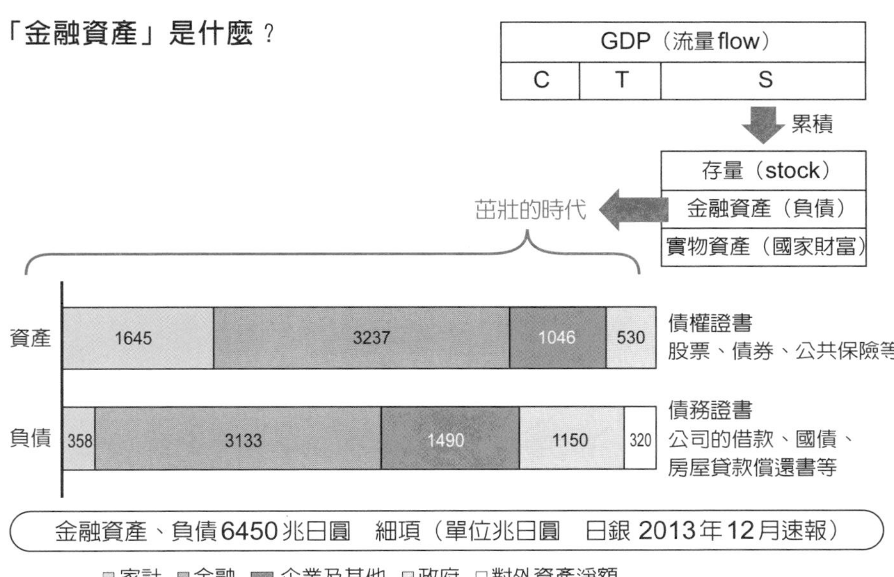

STOCK（金融資產＋實物資產　其中相互背離的狀態）

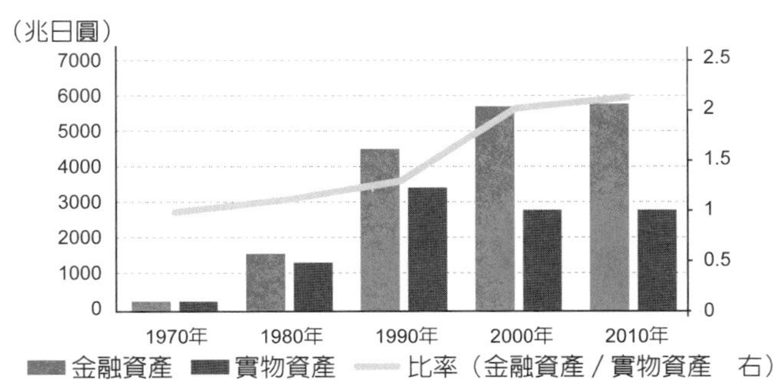

不包括國家財富之計算

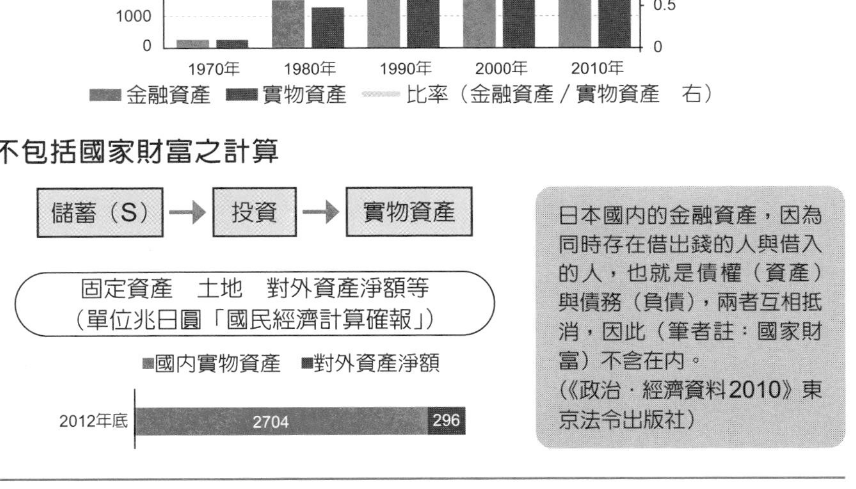

日本國內的金融資產，因為同時存在借出錢的人與借入的人，也就是債權（資產）與債務（負債），兩者互相抵消，因此（筆者註：國家財富）不含在內。
（《政治．經濟資料2010》東京法令出版社）

國債補論 2

金融資產——負債(2)

資產＝負債。金融資產，是相信「寄放資金的對象，將來會償還」。若是對方無法償還，那麼將會直接消失不見。

金融資產，代表著「我出借資金了」的債權證書，因此有優先被償還的權利。金融負債，就是表示著「必須先將收入中的一部分，借款還清」這樣的債務證書。

比方說，家計所累計的年金基金，或是公有醫療保險等可視為債權；又或是金融機構借給家計以及企業的房屋、車子貸款或支票存款（亦稱為甲存）等債權。受益人（債權持有者）將可以從流量（Flow）來的收入（企業或家計的償還金額）中，最先得到與債權份量相對應的錢。

那麼，錢在哪裡呢？錢只存在「實物經濟＝Flow（每年GDP＝生產活動）」中。**用Flow（流量）借出款項**，並用**Flow（流量）借入款項的金額，最後以Stock（存量）的形式成為「債權＝債務」的金額**。

因此，企業（家計）借了款項卻無法償還時，稱為「不良債權」。雖然有用土地、汽車等來作為擔保物，但若是發生像泡沫經濟時期土地價格下滑的狀況，損失就更嚴重了。不良債權會產生不良債權，被稱作**「日本失落的20年」的時代，正是與這個不良債權（消失的金融債權）的戰爭**。

結果，除了處理掉這些不良債權以外別無他法。因破產而導致債務消失，借出資金的一方債權消失，債權消失而導致自身企業破產等情況，在泡沫經濟時期，日本許多公司因此接連倒閉，至今仍舊記憶猶新。

如此，「金融資產等於金融負債」，要是消失了也就是那麼一瞬間的事（雷曼兄弟事件時也是相同的狀況）。

何謂「不良債權」？

泡沫經濟崩壞與雷曼兄弟事件

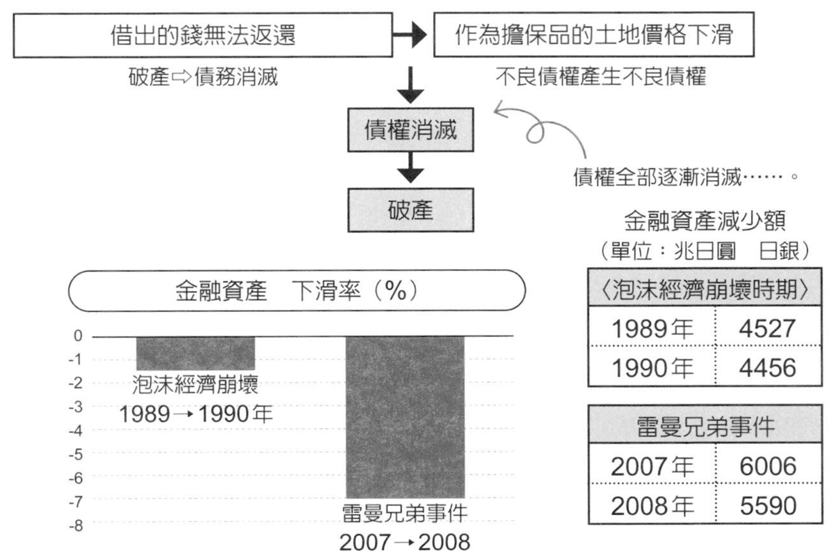

金融資產減少額
（單位：兆日圓　日銀）

〈泡沫經濟崩壞時期〉	
1989年	4527
1990年	4456

雷曼兄弟事件	
2007年	6006
2008年	5590

（出處：日銀「資金循環統計　Stock篇」）

國家財富（實物資產）也因為土地、房屋價格下滑而減少

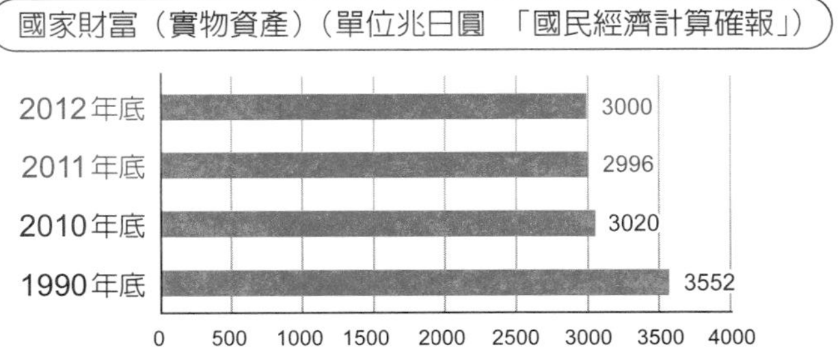

國債補論 3

金融資產──負債(3)

金融資產的增加，是因銀行向企業或家計放貸的信用創造而來；貨幣存量增加，則是由於民間的資金需求增加所引起。

金融資產僅憑藉家計儲蓄是不會增加的，必須依靠銀行向家計放貸、借出款項而增加。透過「借出來增加」金融資產，則稱為信用創造。

銀行的工作就是竭盡所能地使自身金庫變空。假如有100萬日圓的儲蓄金，那麼將這筆金額放在金庫裡儲存是無法生出利息（家計存款＝銀行的債務）。因此，銀行會採取融資、投資等行動，例如借給企業、購買債券及股票等。

另一方面，也不可以使自家金庫空空如也。家計費用偶爾會從ＡＴＭ領出存款，而企業也需要本票票據、支票等結算清帳，因此金庫必須預留部分金額，稱為支付準備金。

而現金只存在於流量（現實）的世界中。在現實中的貨幣基數（Monetary Base）上，發行的銀行券金額為85.4兆日圓。我們已經瞭解貨幣存量（money stock）（借出給企業等＝信用創造）的1184兆日圓，及6450兆日圓的現金並不存在。**這6450兆日圓，是僅存於帳簿上的「債權證書＝債務證書（借用證明）」**。

另外，關於之前提到過的一個家庭約3000萬日圓，合計1600兆日圓的家計資產，這不只是存款，而是涵蓋了沒有流向各種商業、公共保險等消費部分的錢。

更進一步，也包含了自僱人士（個人、家族經營的企業）。若是扣除自僱人士的部分來看，那麼家計金融資產總額為700兆日圓，扣除家計負債（房貸等）的200兆日圓後，真正的金融資產則為500兆日圓（一個家庭約將近1000萬日圓）。

「信用創造」的結構

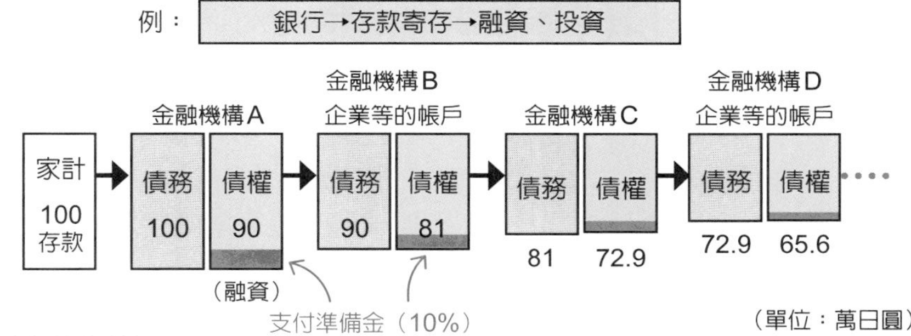

〈融資的條件〉

銀行，保留支付準備金（＝法定準備金、存款準備金）後，其餘部分拿去融資。

上述例子的狀況是⇨　設定法定準備金為10%（實際上，現在是0.05～1.3%），依此持續信用創造，理論上100萬÷10%＝1000萬日圓，才是全部銀行的存款量。

與「帳簿上的金額」相關的數據…………

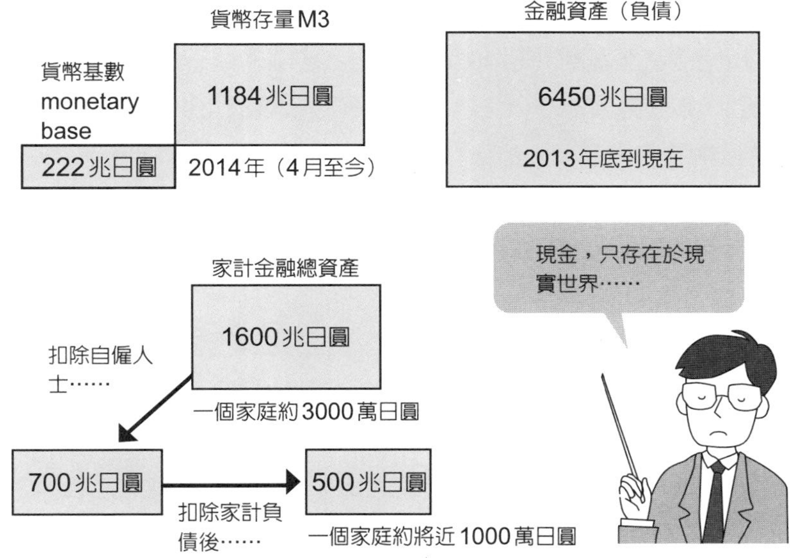

對於財政的誤解 1

日本是持續貿易順差國所以不會破產？

2002年，日本財務省針對信用評等公司調降日本國債評等，發表「日本是全球最大的貿易順差國、債權國、外幣準備國」的反對論。

經常順差是外需，其他是內需，因此**「因為是經常順差所以不會破產」這樣的理論，與「比起國內資產，持有國外資產更沒有問題」是同義的**。「貿易順差或經常順差很重要」這樣的論點，表示「國內資產<國外資產」優先，也就是「國外資產比較重要」。這些即是日本會履行債務的證據。

但是，由於「經常順差＝國外資產」，而日本的狀況是認為「日幣資產<美金、歐元資產」這樣比較好，與歐美認為「歐元、美金資產<日幣資產」較好，是一樣的意思。在日本，比起日幣資產更推薦擁有國外資產；相反地，國外卻是「推薦持有日幣資產」，很明顯兩相矛盾。這正是所謂的套套邏輯（Tautology，自我矛盾的循環論證）。

而且，以日本的狀況來說，2012年的GNI為488兆8219億日圓，其中經常順差占了4兆8237億日圓，約為1%（2013年為3兆3061億日圓）。「收入500日圓中，有5日圓為國外資產（1%國外資產），因此沒有問題」，此言論真是無稽之談，資產＝「海外的負債＝借用證書」。

另外，以全球整體經濟來看也相同。全球的總所得（GNI）中，經常順差額（＝逆差額）約為2～3%。全球經濟每年的成長率平均為3.5%，因此前年由於「經常收支不平衡」而造成騷動的經常順差（＝逆差額）的數值，今年卻也只不過是全部國家的內需數值而已。

「因為國家經常順差，所以不要緊」這樣的言論，完全沒有任何理論上的根據。

何謂「順差」、「逆差」？

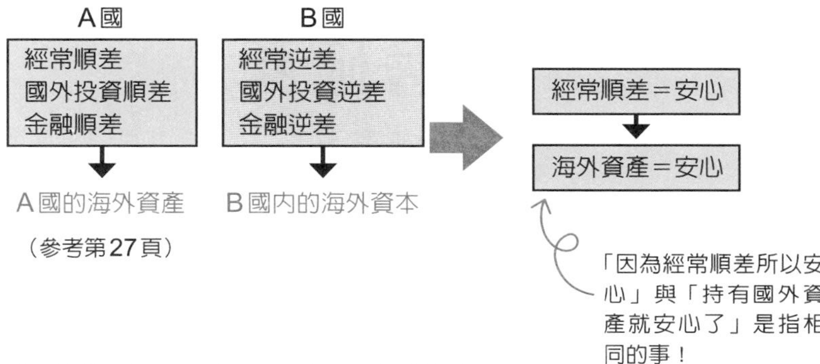

所謂「經常順差＝安心」論的主張是什麼？

	不好的	好的
日本	日幣資產	美元、歐元資產
歐盟	歐元資產	日幣、美元資產
美國	美元資產	歐元、日幣資產
新興國（中國、印度、巴西等）	人民幣、盧比幣、雷亞爾幣等	日幣、歐元、美元資產

因為國家不同而有差異。共通點只有比起「本國資產」來說「國外資產」比較好，推崇「若不是本國民持有負債，而是海外持有的話就好」。

極小的經常順差額

〈全球整體經濟的經常順差（逆差）額〉

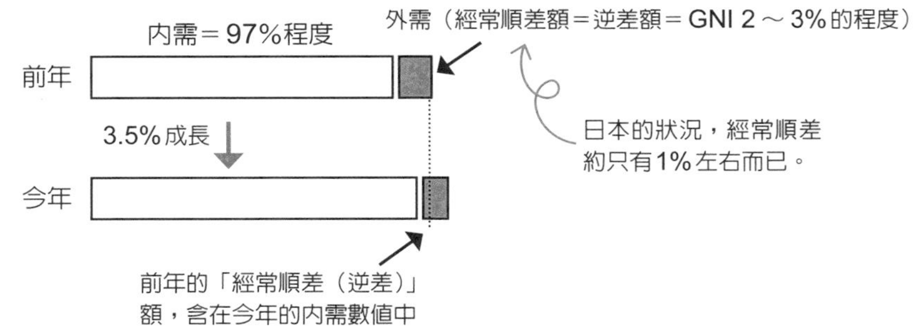

對於財政的誤解2

日本是債權國，所以不會破產？

日本財務省意見書中有這樣的論述：「應該要認定日本是全球最大的債權國」。但是，這不是日本不會破產的理由。

「日本持有對外資產淨額是全球第一，所以不會破產」這句話，基本上與前述的「因為經常順差所以不會破產」，意義上是一樣的。每年的經常順差額（Flow）、對外資產淨額（Stock）也會增加相同的份額（對外資產淨額，請參照第28頁）。

如同已經說明過的那樣，重視海外資產是錯誤的（套套邏輯）。加上若是認為「擁有的對外資產淨額是全球第一，所以不會破產」的話，那麼也就表示「對外資產淨額呈現負值的國家，有點危險」。也就是右頁圖表的「加拿大、法國、義大利、英國、美國很危險」，可以瞭解這是沒有任何理論上的根據。

日本因為「對外資產＞對外負債（國外持有日本國內的資產）」，由股票或債券所獲得之配股配息流入，當然會增加成為利益。日本2012年的第一次所得收支為1792億美金。

另一方面，美國同年的所得收支為2270億美元，英國則為248億美元。因為這兩國都呈現**「對外資產＜對外負債」，所得收支（配股配息收入）應該要呈現逆差的，但卻是正值**。美國、英國的海外資產（過去累積的海外投資）所能夠賺取的利益（金融業的獲益能力）令人驚訝，每年平均對GDP比，日本＋3.0、英國＋0.4、美國＋1.3的所得收支皆為順差（2009～2013年的平均值：日本內閣府「關於經常收支與經濟成長」）。

「對外資產淨額國，日本、中國、德國、瑞士不會破產，但是加拿大、義大利、法國、英國、美國卻是危險的」這樣的論點，是一點根據都沒有。

日本的對外資產淨額數值突出

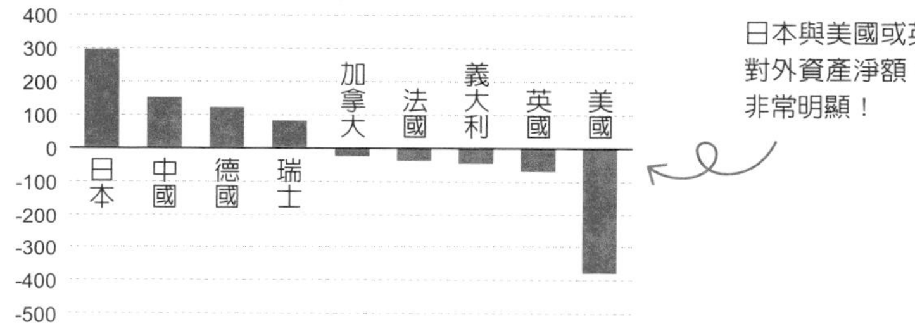

日本與美國或英國的對外資產淨額，差距非常明顯！

〈各國的對外資產、負債狀況…………〉

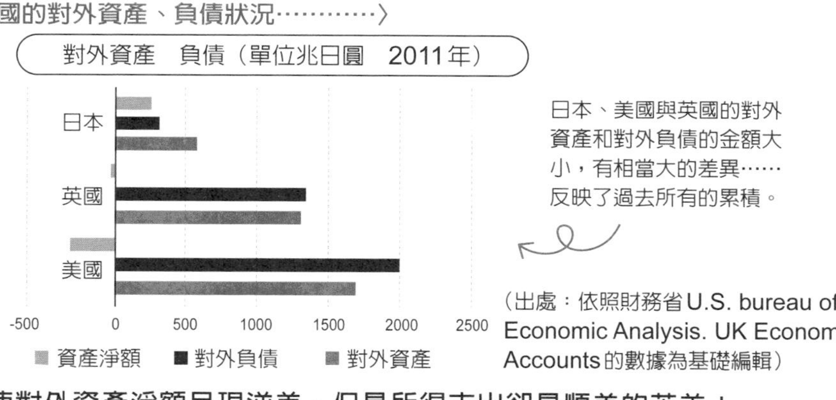

日本、美國與英國的對外資產和對外負債的金額大小，有相當大的差異……反映了過去所有的累積。

（出處：依照財務省U.S. bureau of Economic Analysis. UK Economic Accounts的數據為基礎編輯）

即使對外資產淨額呈現逆差，但是所得支出卻是順差的英美！

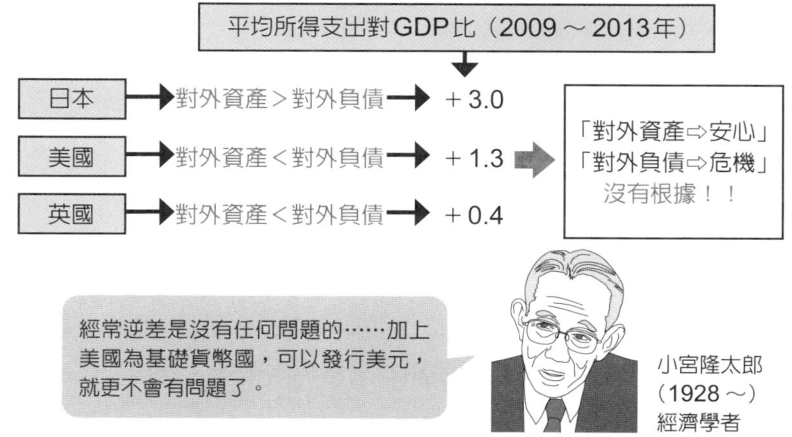

對於財政的誤解 3

日本的資產很多，所以不會破產？

「日本政府的負債很多，但是日本財務省隱藏了資產也多的事實。」我獲得了最近的數據，讓我們以2011年的數據來驗證吧！

「政府有1000兆日圓的借款（毛利），政府資產也有350兆日圓的純債務（淨利）。其中300兆日圓是可以即時換成現金，不會造成債務危機」，有這樣的說法。

來看看作為依據的政府的資產負債表吧！首先，包括自衛隊的導彈、神盾艦、建築、國道、原生林、河川、堤防、國家公園、國內的虧損機場（94個地點／98個機場中）等這些有形的固定資產。**這些，原則上皆為不可買賣的資產**。

其次，來驗證金融資產當中的470兆日圓，其中190兆日圓為社會保險基金（年金、醫療等公共保險）所擁有，為不可買賣對象。而剩餘的280兆日圓：

⑴現金、存款，是每天執行出納的資金（錢包）

⑵財政融資資金保證金，同於中小型企業的特例融資、獎學金（支援學生機構）、社會福利機構等，民間出資應對有困難的情況時，提供融資。

⑶借出借入最多的是，對法人企業交易的對象為25.7兆日圓。

⑷扣除社會保障基金的保留份額，國家或自治體將國債與國庫短期證券當作資產持有，總計22兆日圓。

⑸股票、出資金：國家與自治體所持有的股票約為0.8兆日圓左右，其餘的76.5兆日圓為出資金。日銀、獨立行政法人、國立大學法人、國際機構（IMF或聯合國）、地方政府的第三部門鐵道等等。

雖然，售出這些資產並非不可能，但卻顯得非常荒謬（IMF、聯合國向民間出資？）**即使可以販售，金額也只是杯水車薪**，僅限於紙上談兵的空論。

販售政府資產所獲得之金額只是「杯水車薪」的程度

〈資產負債表（借貸對照表）……〉

2013年3月31日發表（單位兆日圓）

〈資產的部分〉		〈負債的部分〉	
現金、存款	17.7	政府短期證券	107.2
有價證券	97.6	公債	791.0
未收金等[24]	13.0	借款	24.5
貸款金[25]	142.9	保證金	7.5
運用寄存金[26]	110.5	公共年金預存金	118.5
呆帳準備金	△2.7	退職給付準備金	11.0
有形固定資產	180.9	其他負債	28.5
無形固定資產	0.2	負債合計	1088.2
出資金額	59.3	〈資產、負債差額的部分〉	
其他的資產	9.5	資產、負債差額	△459.3
資產合計	628.9	負債及資產、負債差額合計	628.9

「有形固定資產」之中，也包含導彈、神盾艦、國道、國家公園等非賣對象物。

（出處：財務省發表資料　2011年12月）

〈販賣實物資產的話……〉

出借F15戰鬥機！？

賣出首相官邸！？

實際上卻是不可行的……

〈單就金融資產來看……〉

政府470兆日圓的金融資產之細項

國家	地方	社會保障基金
210兆	70兆	190兆

政府金融資產	
(1)現金、存款	33.4
(2)財政融資資金保證金	17.8
(3)放款	32.7
(4)國債、地方債等	22.3
(5)股票、出資金	74.0
(6)國外債券等等	87.2
(7)其他	14.8
合計（兆日圓）	282.2

190兆日圓的資產為不可販售的對象。其他部分即使成為販售對象，也是杯水車薪的程度。

（出處：日銀　2011年12月速報　※與上述財務省發表的資料有誤差值）

對於財政的誤解4

要活用1600兆日圓的家計資產？

讓我們來驗證看看「若是將高齡者所持有日本人的金融資產中的1%，挪用至消費上，對政府的景氣政策將會有好幾倍的效果」吧！

有一種假設說法，「擁有個人金融資產大多數為高齡者。日本1年的零售額為130兆日圓，即在有生之年使用此金融資產的三分之一購買些什麼的話，將會使零售額成長一成，就可實現驚人的經濟成長。」

如同先前說明的，1600兆日圓的金融資產是「已經使用的錢」，是實際上「存在於帳簿上虛幻的債權額」，也是「無法再度使用的錢」，想要利用這筆金額，原則上是不可能的，資產（Stock）是無法流向GDP（Flow）的。

那麼，「領出儲蓄付清冷氣機的10萬日圓」該如何解釋說明呢？這是由於一方面因為有儲蓄及償還的主體。另一方面，借錢去從事生產（GDP），因存在將借入的金額還清的主體，看來就似將要償還的金額從儲蓄中領出，流向消費。事實上，GDP並沒有增加。

此外，**金融資產的領用，已經在進行中**。比如說，公共年金。由於日本大批的團塊世代退休，必須支付的年金金額，用保險金與稅金所得到的利益，也已經不夠支付了。

甚至，有認為「高齡者即使領取了年金也不使用，而是將錢儲蓄下來」的誤解。**現在的老年人口，正是領取儲蓄消費的群體**。其結果就是日本主要消費族群變成占人口24.5%（2013年）的65歲以上人口。同年的消費支出中，65歲（2人）以上的家戶人口約占32.8%（總務省）。

「若是能有效使用高齡者所持有的家計金融資產，GDP則會上升」在雙重、多重的意義上是屬於俗流經濟學的論點。

家計資產的1600兆日圓無法使用！

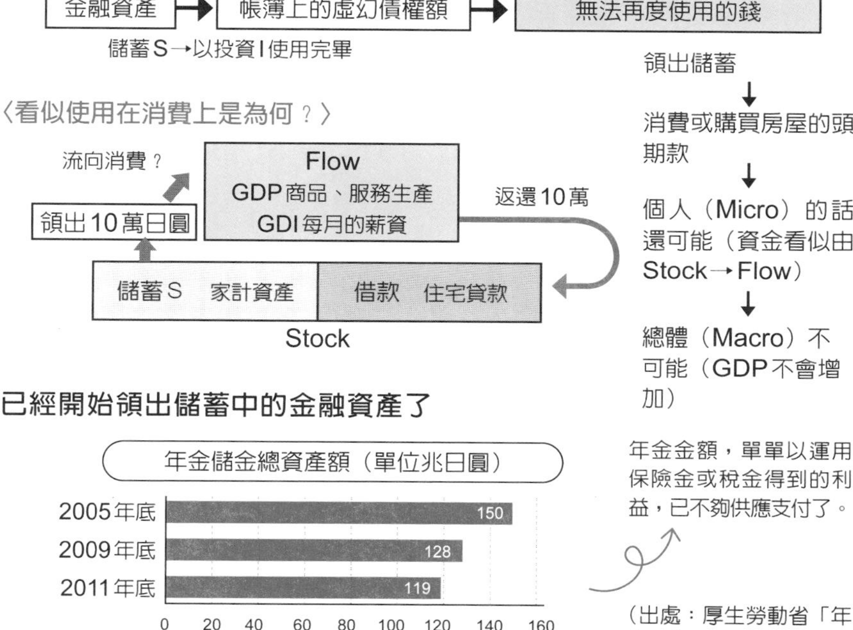
金融資產
帳簿上的虛幻債權額
無法再度使用的錢
儲蓄S→以投資I使用完畢
領出儲蓄
消費或購買房屋的頭期款
個人（Micro）的話還可能（資金看似由Stock→Flow）
總體（Macro）不可能（GDP不會增加）
〈看似使用在消費上是為何？〉
流向消費？
Flow
GDP商品、服務生產
GDI每月的薪資
返還10萬
領出10萬日圓
儲蓄S　家計資產
借款　住宅貸款
Stock
年金儲金總資產額（單位兆日圓）
2005年底
2009年底
2011年底
150
128
119
0
20
40
60
80
100
120
140
160
年金金額，單單以運用保險金或稅金得到的利益，已不夠供應支付了。
（出處：厚生勞動省「年金儲金運用報告書」）

已經開始領出儲蓄中的金融資產了

高齡者正在領出儲蓄

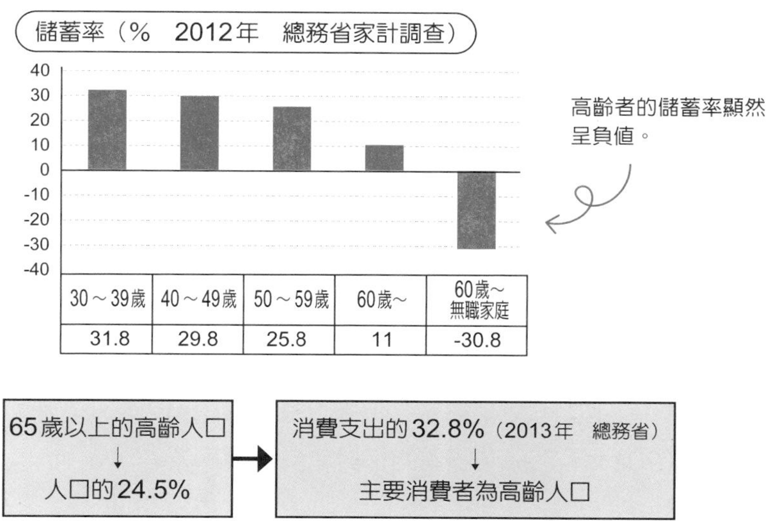
儲蓄率（%　2012年　總務省家計調查）
40
30
20
10
0
-10
-20
-30
-40
30～39歲
40～49歲
50～59歲
60歲～
60歲～無職家庭
31.8
29.8
25.8
11
-30.8
高齡者的儲蓄率顯然呈負值。
65歲以上的高齡人口
↓
人口的24.5%
消費支出的32.8%（2013年　總務省）
↓
主要消費者為高齡人口

經濟成長的主因

經濟成長率的些微差距，會產生經濟規模極大的差異。1年若是成長1%，100年後的經濟規模會成長至現在的2.7倍，而若是成長2%則是7.2倍，成長3%則為19.2倍。

經濟成長的要因有⑴增加投入的勞動量、⑵資本積蓄（增加投入量）、⑶TFP（全要素生產率，參考第136頁）等三項。簡單來說，即是⑴**人力**、⑵**產品和錢，和**⑶**效率**。

日本今後的經濟成長狀況會如何呢？

首先，來看看日本至今經濟成長的主因分析。

日本的成長率有下降的傾向。⑴**投入的勞動力**，由於1990年代實行週休二日制造成勞動時數縮減，加上2000年後少子高齡化，在這勞動人口減少的影響下，造成嚴重的勞動力不足。

⑵**投入的資本**反映了企業的投資率下降，呈現減少傾向。

⑶**全要素生產率**（TFP）從不良債權問題而引起的構造問題開始，導致生產率較高的區域沒有分配到勞動力與資本等，結果自1990年代開始降低效率。然而由於擴大對IT產業的投資，2000年開始多少有些回升。

接下來，是各機關對今後日本的潛在成長率的預測。

IMF預測為0.8%（2011～2020年），OECD預測0.8%（2012～2017年），並且預估之後會成長1.1%（2018～2060年）。也有機關將女性、高齡者的勞動參與率之提升，納入計算。但各機關皆由於勞動人口的減少，而導致「投入勞動人口」負成長。

結果，根據OECD提供的資料，預測2030年的全球GDP（購買力平價）的比例中，中國28%、美國18%、歐盟12%、印度11%、日本4%（2011年7%），日本的相對地位明顯下降。

經濟成長的三大主因

到目前為止對日本經濟成長的分析

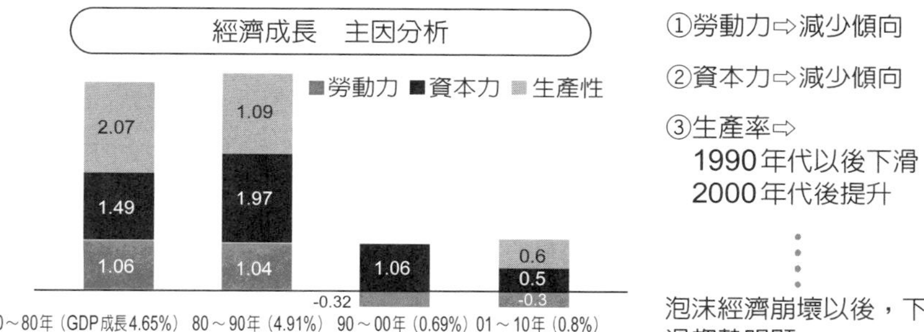

（出處：經濟產業研究所　日本產業生產性數據資料）

①勞動力⇨減少傾向

②資本力⇨減少傾向

③生產率⇨
1990年代以後下滑
2000年代後提升

泡沫經濟崩壞以後，下滑趨勢明顯。

預測今後的潛在成長率

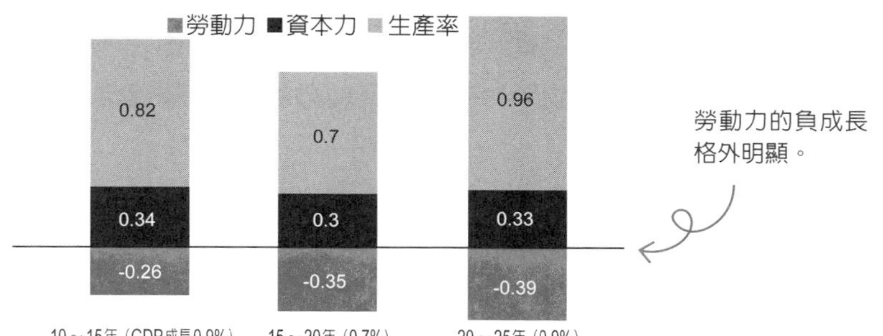

勞動力的負成長格外明顯。

IMF ➡ 2011～2020年＝0.8%

OECD ➡ 2012～2017年＝0.8%→2018～2060＝1.1%

〈2023年的全球GDP（購買力平價）比率〉

中國28%、美國18%、歐盟12%、印度11%、日本4%（2011年7%）。

※關於「GDP（購買力平價）」，請參考第40頁。

勞動力——人口(1)

經濟成長→人口少子化是所有先進國家共同的現象。南亮三郎（1972年日本人口學會長）分析：「歐洲與日本的不同，在於時代的急遽變化和造成變化的原因」。

在預測日本今後的潛在成長率時，由於投入的勞動力減少導致經濟成長呈負值，這件事實是顯而易見的。與經濟預測不同，人口預測非常正確。

2014年5月，日本創生會議分析：「2040年日本全國將會有896個市區町村，可能因為人口銳減而消失」。原因在於現在最適合生育的20～39歲女性人口數，已不到2010年的一半。

依據國立社會保障、人口問題研究所的中位數，日本的總人口將會在2060年時變成8674萬人。2012年的新生兒人數，竟連1974年第二次嬰兒潮的一半都不到。

經濟財政諮詢會議以這些推算值為基礎，於同年5月發表，為達成「50年後，人口必須維持1億人」，為此提議必須「將總生育率（Total Fertility Rate，女性1人一生生產數），在2030年前回復到2.07（現在低於1.4）」。

日本的人口銳減、少子化，是由於「人工流產」以及年輕世代「絕對數的減少、不婚、晚婚」。

1949年修訂舊優生保護法（現在的母體保護法），以經濟為理由使墮胎合法化，於1952年時，墮胎不再需要地區優生保護審查會的審核認定。由於此法律的實施，隔年開始，出生率、總生育率即銳減。人口的數量是會依據國家的政策而增減的。

最近幾年，人口出生數加上人工流產的新生兒人數，已經超過死亡數（人口增加）是非常明確的。

持續銳減的新生兒人數

2040年⇨20～39歲（生育核心世代）女性人口數將不到2010年時一半。

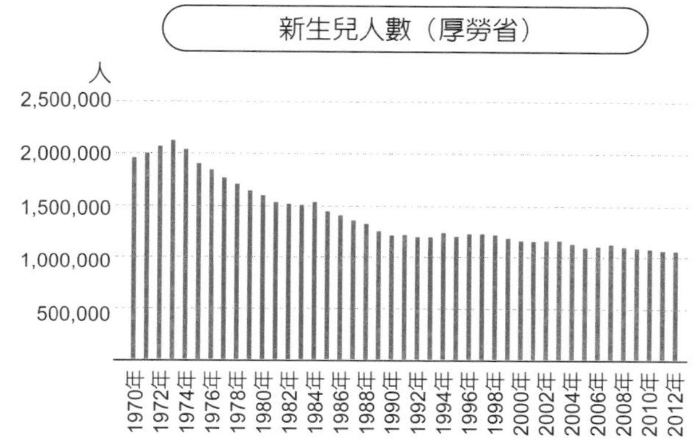

經濟財政諮詢會議提議

↓

為了50年後人口仍維持1億，必須在2030年前，將總生育率提升到2.07（現在低於1.4）。

人工流產與人口的關係

〈優生保護法與出生率的關係？〉

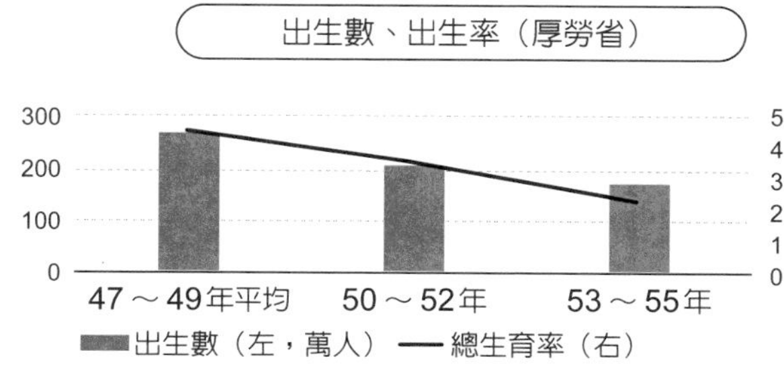

1949年修正舊優生保護法，於1952年簡化流產手續，出生率因此降低。

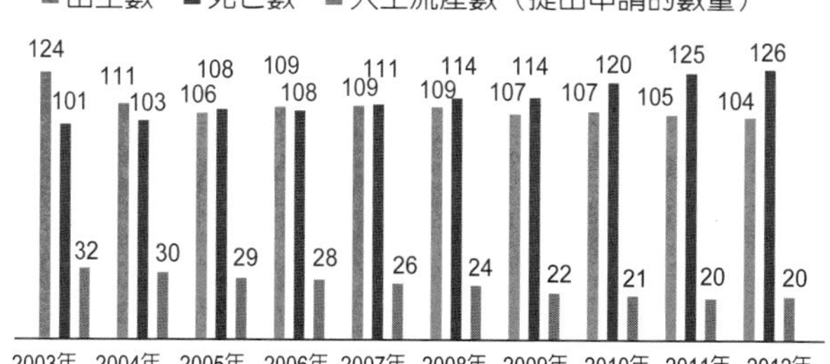

若將出生數加上人工流產數，可以維持人口數量。

勞動力——人口(2)

1973年爆發石油危機，對於資源與人口的危機感高漲。日本現在人口漸少，即是1970年代以抑制出生率為目標所執行的政策結果。

對已婚夫妻來說「兩個孩子恰恰好」，這似乎是1950年以後的普遍認知，而實際的數量在這之後的40年間內幾乎是毫無變化。

而這背後有著「節育政策」的歷史。當時日本全國上下皆實行減少「孩童數量」活動，二戰結束後，報紙上也連日記載著「優生節育」的好處。羅馬俱樂部（the club of Rome）在1972年對外發表了「成長的界限」；1973年，又由於石油危機而導致對資源及人口爆炸的危機感攀升。1974年的人口白皮書中提倡「出生率降低4%」，同年的「日本人口會議」中則宣布採納「小孩最多兩個」，在全球各地開始要求核可人工流產與避孕藥等抑制生育行為。

多數日本人更是傾向不應該「未婚生子」，而是「結婚後再生小孩」的想法，導致結婚與生育數量間呈正相關。另一方面天主教的法國，原則上不認可離婚，因此普遍允許普通法婚姻[27]，並賦予法律權力。另外，歐美許多國家與州，認可同性婚姻的合法性，對同性戀者間以領養、代理孕母或人工授精等方式擁有小孩這件事的權利，產生極大的爭議。從根本上就與日本的婚姻觀極為不同。

近年來出生數量減少，是由於「不婚、晚婚（高齡產婦的生產難度，相對比年輕產婦來得高）」而造成的結果。早婚數量比起之前正在減少，只仰賴「改善職業婦女婚後或產後再回到職場困難度的政策」，已經無法阻止人口的減少了。

國家政策下的孩童數量

每對夫妻平均生育數量 （厚勞省）

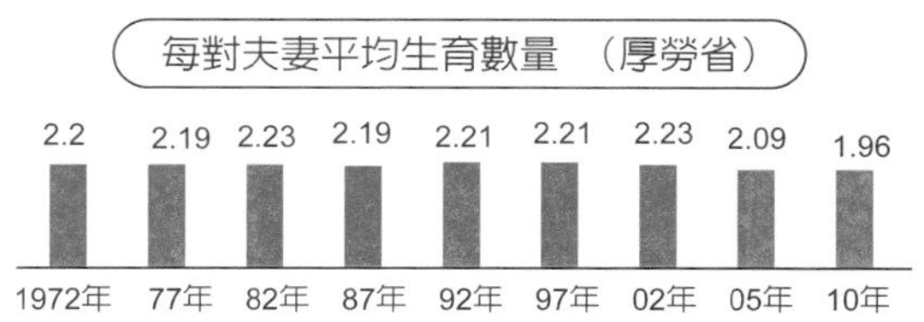

能夠維持人口的總生育率為2.07。婚後每對夫妻的小孩數量，實際上在這40年的期間內幾乎停滯不變。

日本的結婚觀：「結婚後再生小孩」

私生子的比例（% 厚勞省 美國商務省）

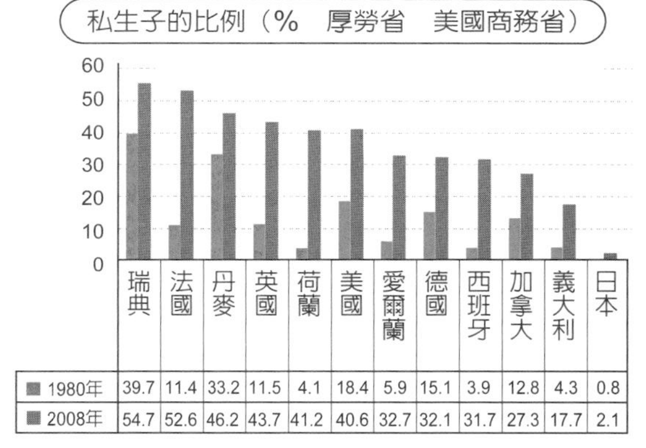

	瑞典	法國	丹麥	英國	荷蘭	美國	愛爾蘭	德國	西班牙	加拿大	義大利	日本
■ 1980年	39.7	11.4	33.2	11.5	4.1	18.4	5.9	15.1	3.9	12.8	4.3	0.8
■ 2008年	54.7	52.6	46.2	43.7	41.2	40.6	32.7	32.1	31.7	27.3	17.7	2.1

日本婚姻價值觀與歐洲各國不同，普通法婚姻（Common-law marriage）下的夫妻擁有小孩的例子也很多。

在日本，結婚與生產間擁有高度的相關性。

結婚數、出生數（單位萬人 1970～2012年 厚勞省）

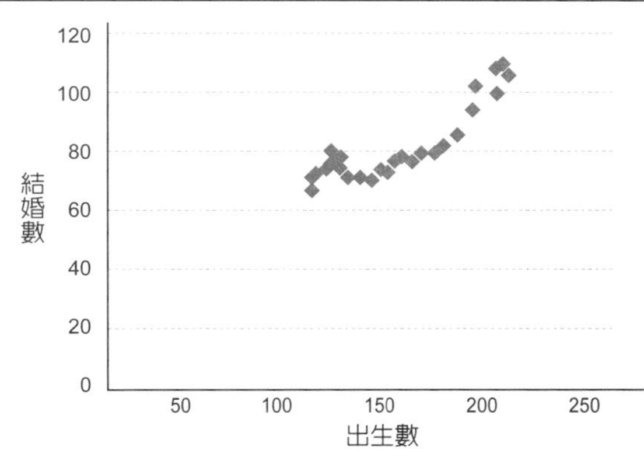

可以看出「結婚數增（減）⇔出生數增（減）」的關聯性。

資本存量（Stock）

資本的邊際產量（最後追加平均一單位的生產力）會遞減。人口的成長與TFP（生產率）不提高的話，經濟將會在穩定狀態下日趨衰退。

當我們將目光投向投資I時，可以馬上瞭解日本經濟目前的狀況。日本處於一個「穩定」、「飽和」的狀態下。

過去日本曾大量投資，1960～1990年的GDP成長率6.81%中，資本投資的依賴度即占了3.17%，牽引著日本的經濟。

這些資本經過時日而漸漸磨損，例如國家基礎建設的橋樑與高速公路也必須進行修補、更新。這時，修補更新所需的費用則必須列入費用計算。為此所做的投資，稱為「固定資本損耗（會計處理上為折舊費用）」，此金額非常龐大。**而以日本的現狀來說，投資已呈飽和狀態，越來越無法執行新的投資**。（投資－固定資產損耗＝投資淨額）。

為了擴大生產，必須持續投資淨額，投資淨額增加的時代，即是經濟成長期。對於投資淨額呈現負成長的現在來說，意味著既存設備即使壞了也不維修更新，讓投資縮小。

假設一間公司現在有一台電腦，而每年又再投資1台新的電腦。電腦使用5年即無法運作（**固定資本損耗**）。第5年後增加1台新電腦的同時，會減少1台舊電腦，因此5台電腦的資本量不會變化（**穩定狀態**）。當然，比起5個人共用1台電腦來說，5台電腦較能提升生產效率。不過即使將電腦增加至10台，也不會使生產力提高2倍（**邊際產量下降**）。

即使增加資本，勞動量與生產率若是不提升，那麼生產力將會停滯成長（穩定狀態）。

投資淨額增加＝經濟成長期，脫離不景氣

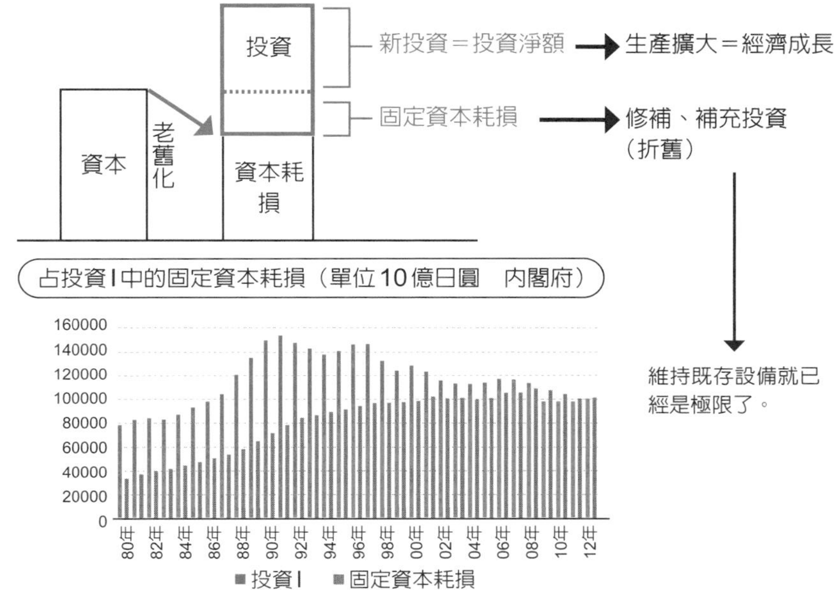

僅增加資本是無法提升生產的

〈舉例：員工5人的狀況〉

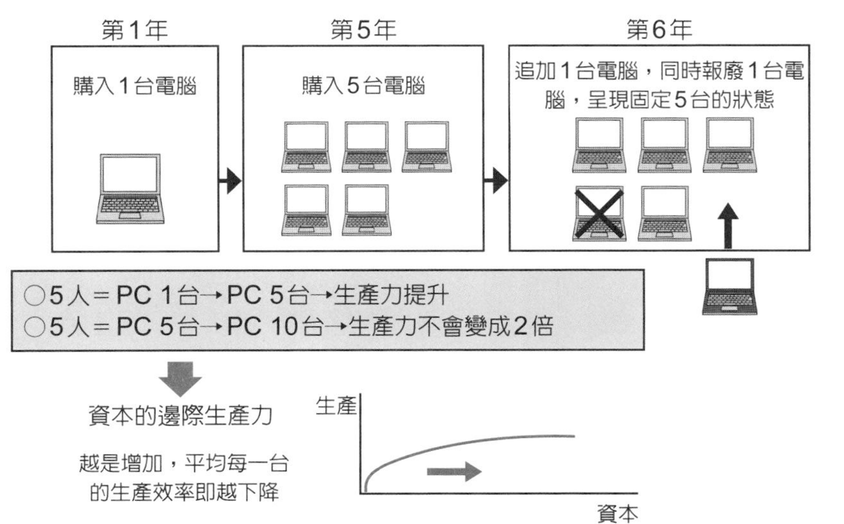

全要素生產率[28]（TFP）

提升生產力（改善效率）有兩種方法，其一是將「技術的進步（外顯知識）」制式化；其二為無法傳遞給他人的技術「人的資本（內隱知識）」。

掌握日本今後經濟成長關鍵的，不論怎麼想還是只有**提升全要素生產率（Total Factor Productivity，TFP）**了。TFP是指一位勞動者平均1小時能夠生產出商品、服務的量。換言之，即為平均每人的GDP。這平均每人GDP的高低，即決定了一個國家的生活水準；而且，TFP的成長率，直接關係到平均所得的成長率。

只要查看日本每人平均GDP的變遷，就會發現日本在「失落的20年」內，GDP完全沒有成長，而在這期間，先進國家與資源國家的數值卻是穩健地成長，日本已經無法稱為「經濟大國」了，如同在賽跑中，唯獨日本自己踩到自己的腳，而停下來一樣。

雖然今後日本的經濟成長（潛在成長率），預測約有1%的成長率，其中TFP的提升占極大的因素。有些學者認為「每人平均所得呈負成長，比GDP發生負成長還要不容易發生」（齊藤城等《總體經濟學》），今後除非是TFP的上升(效率化)停滯不前的話，否則GDP便不會呈負成長。雖然僅是1%的成長，但若是不達成這個目標，極會失去10年後的所得上升（10%）。

然而，TFP上升無法解決所有的問題。若是在時間上、精神上不夠從容，反而會增加工作的疏失，造成生產性下降。因此，閒聊、娛樂對工作（人生）是必要的。「用工作24小時的覺悟」來工作，連黑色幽默都算不上！

經濟成長的關鍵——「TFP」

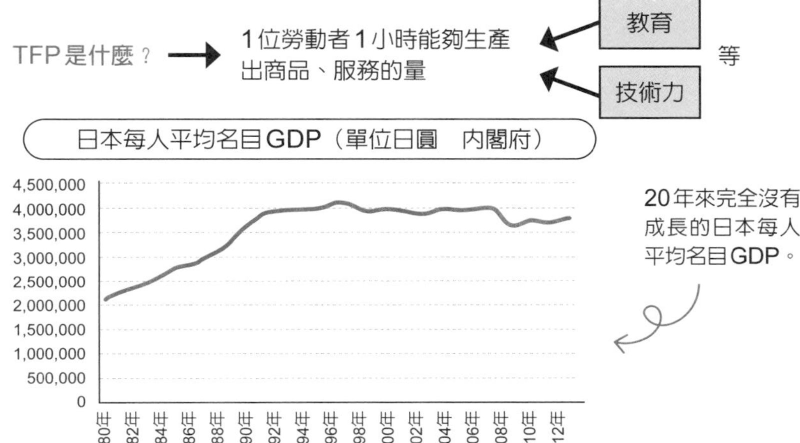

〈各國每人平均GDP的比較〉

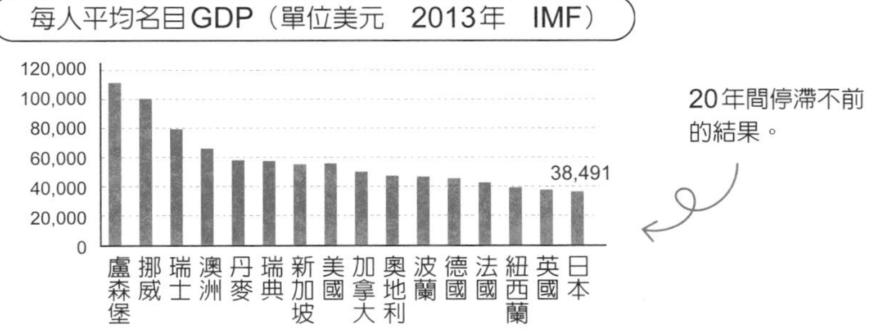

〈日本每人平均名目GDP　全球排名〉（IMF）

1983年	1993年	2003年	2013年
17位	3位	11位	24位

〈每人平均GDP不會呈負成長〉

「每人平均所得呈負成長，比GDP發生負成長，還不容易發生。」

（齊藤誠等著　《總體經濟學》　有斐閣）

但是，若是時間上、精神上不夠從容，反而會造成TFP下降

Column 2

•

稅收制度 2

消費稅，也稱為累退的稅收。所得低的人，會將全部所得投入消費中，因此消費額／所得額的比例高；而所得高的人，則有多餘的錢可以儲蓄，相對比例較低。

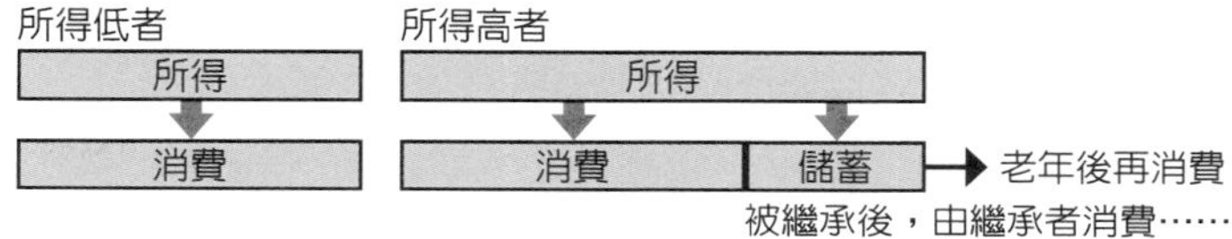

然而在經濟學上，以人一生為單位，將消費稅以比例分類。儲蓄，是為了老年後所做的準備，年老後那些儲蓄會被領出，轉而流向消費（繼承後也相同），所得全額皆會向消費流動。

而且，對於生活必需品等採低稅制的輕減稅率，在歐洲已經失敗了（Mirrlees Review 2010年，英國）。所得高的人，對於食品的支出也較高，而食品的輕減稅率（與輔助金相同），等同於對所得高的人提供優待的稅率（在歐洲失敗後，導入消費稅的國家，不採用輕減稅）。

家庭（household）所得　食品支出額（2009年　總務省）

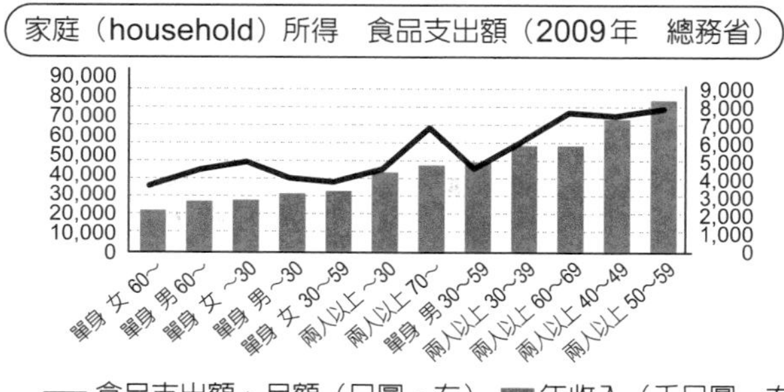

導入食品輕減稅率（10→5%）的狀況，單身女性60歲～每年將會減稅20,932日圓；50～59歲兩人或以上的家庭則會減稅44,673日圓。對於所得低者，直接給付減稅金額比較有效率。

Chapter

3 時代演進下的經濟學

理論開啓時代，時代要求理論，然後再度……

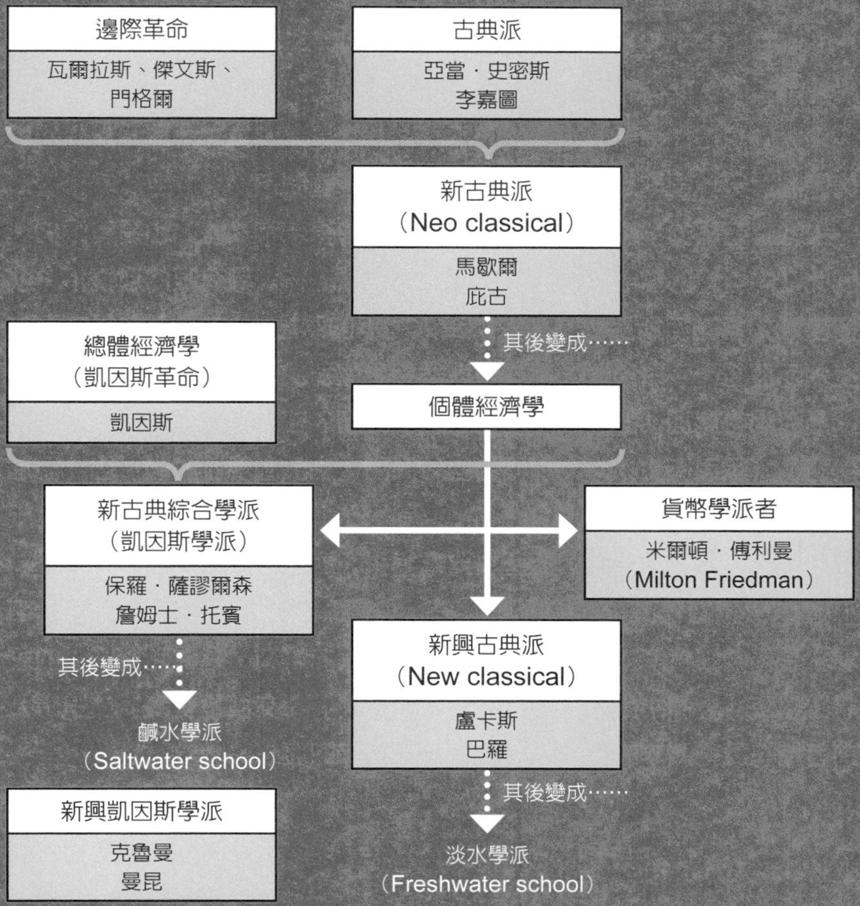

社會契約思想

湯馬斯．霍布斯（Thomas Hobbes，1588～1679）：英國的哲學家、政治思想家。約翰．洛克（John Locke，1632～1704）：英國哲學家，對美國獨立革命造成影響。

霍布斯在1651年出版的《利維坦（Leviathan）》書中提到：在自然狀態（原始狀態）的想法下，人類社會就是「萬人與萬人的鬥爭」，也就是平等的個體互相對立、弱肉強食的狀態。

洛克在1690年出版的《政府論二講》中則認為，人在自然狀態（自然法則）下，就擁有了守護生命、自由、財產的權利。

兩人的想法從根基上有很大的不同，一個是以農業（土地）為主的經濟體制，另一個則是以工商業為基礎的經濟體制。

土地是有限的，也就是說，從土地收穫的農作物（財）也是有限的。因此在中世紀的歐洲，常發生爭奪土地事件。在**資源有限的環境下，就會變成如霍布斯所說的「萬人與萬人鬥爭的狀態」**（之後，為了有限的土地而發生十字軍東征，或在各地競相奪取殖民地的情況）。

洛克認為施加「勞動」後，財產就會增加。在自然物（石頭）上施加「勞動」，因而產生擁有附加價值的新商品。由於施加了勞動，因此添加了新的價值，變成「私有財產權」。為了守護這個「所有權（依據所施加之勞動的質、量不同，而產生貧富）」，因而組織政府（國家）。

這個思想的差異，至今仍然存在。「經濟，就是互相搶奪有限的市場，是弱肉強食」、「一人的損失即為另一人的得利，是零和賽局」的思想，以及「經濟，即是施加勞動使市場更大」、「交換是雙贏」的思想。前者稱為反經濟學的發想，而後者為經濟學的發想。

兩種社會契約思想

自然狀態
政府（統治機構）不存在的狀態

市民社會
政府的存在狀態

不遵守「追求和平並服從和平（自然法）」，（沒有強力的國家權力）稱之為處於戰爭狀態，是萬人與萬人的鬥爭。

從經驗來說，也是非常明確的，睡覺時要鎖門，若家裡有金庫的話，也會上鎖（保護自己的權利＝自然權）

（《利維坦（Leviathan）》水田洋譯　岩波文庫）

湯馬斯・霍布斯
（Thomas Hobbes）
（英國，1588 ～ 1679）

從自然狀態取得的物品，不論是什麼皆施加「勞動」，所得到的成品即為持有人所有。憑著施加勞動，可以將自然物從「大家的物品」變成「自己的物品」（在自然權上附加財產權）。

……將（自己持有的）羊與（他人所擁有的）貝殼交換、羊毛與發光的石頭交換。沒有侵犯到他人的權利。於是，開始使用貨幣。

（《政府論二講》 鵜飼信成譯　岩波文庫）

約翰・洛克
（John Locke）
（英國，1632 ～ 1704）

古典派 1

亞當・史密斯——看不見的手

亞當・史密斯（英國，1723～1790）：首次將經濟學以學問的體系匯整的「經濟學之父」，著有《國富論》、《道德情操論》。

重商主義的批判

重商主義是16～18世紀間，歐洲絕對主義時期的主流思想。前半時期，有所謂的「一國之財富，是當成貨幣的金與銀」這樣的「重金主義」；後半期則發展出「累積的一國財富，必須出口成長、保護國內產業，並且限制進口」，是為「保護貿易主義」的思想。

不論何種皆與絕對主義相關，重視特權的商業活動（允許國內產業獨占等），設置關稅與規章制度。另一方面，被稱作「經濟學之父」的亞當・史密斯提出「財富是國民因勞動生產出的產物，而非貨幣」，批評了以重商主義為基礎，並有各種束縛的國家政策。**對以重商主義統治經濟的國家，提出了自由經濟的必要性。**

自利心與看不見的手

亞當・史密斯認為若是**追求個人的「自利心」（《國富論》）或「財富與地位的快樂」（《道德情操論》），將會由「看不見的手」引導，增加社會利益**。

亞當・史密斯180度地反轉了當時根深蒂固的「追求個人利益時，將喪失道德（勇氣、公共精神），則國家衰亡」的想法。

經濟學，可以說是將亞當・史密斯所提到的「看不見的手」解謎為「看得見」的研究。雖然持續努力但仍然有許多部分尚未解開謎底，至今仍成為課題。

重商主義與亞當．史密斯的批判

	重商主義	經濟的自由主義
	托馬斯．孟（Thomas Mun，英 1571 ～ 1641） 著作：《英國得自對外貿易的財富》（1664）	亞當．史密斯（英 1723 ～ 1790） 著作：《國富論》、《道德情操論》
目的	生產 不為消費重生產	消費 消費是所有生產活動的唯一目的
財富	金銀、貿易差額 ．有誰損失，就有誰得利 ．利潤是爭奪的對象	消費生產物（必需品、便利品） ．藉由交換使消費更豐富 ．雙贏
手段	．節約國內的消費 ．將節約下來的東西轉向出口 ．藉由課稅限制進口 ．獨占殖民地的貿易活動	．全權交由自利心 ．為了消費而增加生產 ．社會的分工
國家與經濟	國家對經濟活動的介入，是不可缺的！	反對國家的經濟統治

人只會圖謀自己的利益。在這樣的狀況下，與其他許多情況相同，將會由看不見的手引導至完全沒有圖謀自利的目的……也就是朝「社會的利益」推進。

我們之所以有食物可吃，是因為肉販、魚販，以及麵包店只考慮自身的利益。我們並非喚起了他們對人類的愛，而是喚起了他們的自利心。

（《國富論》山岡洋一譯　日本經濟新聞出版社）

亞當．史密斯
（Adam Smith）
（英國，1723 ～ 1790）

古典派
2

亞當・史密斯——分工

亞當・史密斯認為「正因為勞動是生活的必需品、生活更富裕的便利品，生產出1年間的所有消費之泉源」因而捕捉到了國民所得的本質。

分工

亞當・史密斯認為財富是生活的必需品、便利品，會因分工而更有效率地生產，而要生產財富則需要勞動。以現代的觀念來說，即GDP（生產）＝GDE（消費）。而生產效率的提升，就以製造大頭針的製造業分工為例說明。

亞當・史密斯將大頭針製造的工程以「將金屬絲拉長、將其切斷、用紙包裝成品」的方式分工，那麼比起一個人做所有的步驟所能產生的效率，更增加了240倍的生產可能性。**分工，自企業內開始，然後擴及社會全體，將會建立富裕的社會**。

之後，只要彼此交換生產物，那麼雙方皆會得利。如同「狗與狗之間用一根骨頭交換別的骨頭……。沒有人有看過這種事」（《國富論》）一樣，正因為「交換＝Trade」是人類特有的行為，。**而經濟活動可以說是從「交換」開始**。

自然價格

亞當・史密斯認為價格是：⑴**正常率的薪資**、⑵**利潤（盈利）**、⑶**地價（即現今的資本），三者相加的「自然價格」**。⑴是因投入勞動者的勞動力，依此主張**勞動價值論**（商品的價值由投入的勞動力決定）。「市場價格」最終常常會收斂至「自然價格」。

分工，以大頭針製造工廠為例

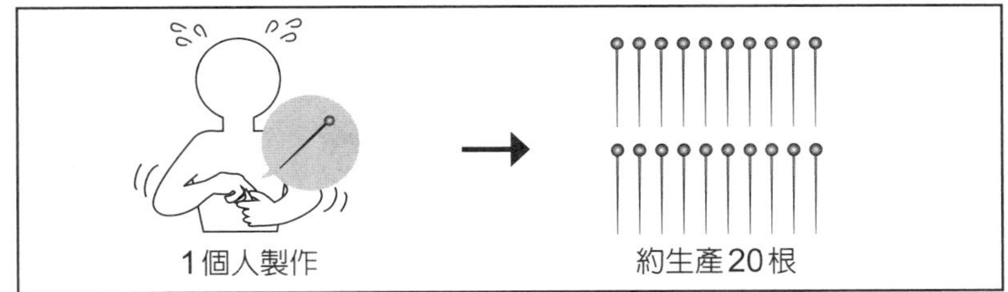
1個人製作
約生產20根

透過分工，可提高240倍的效率

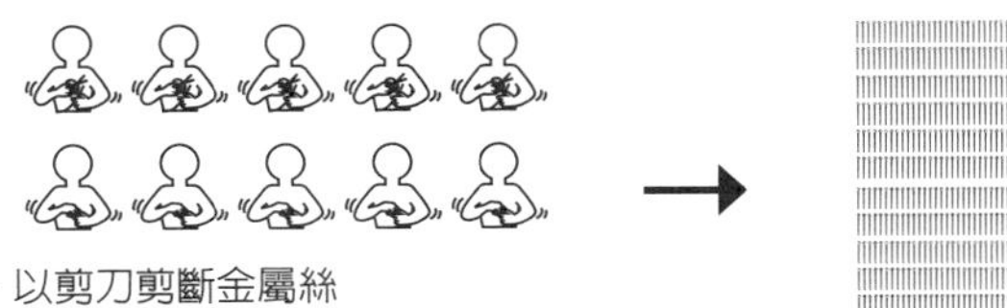

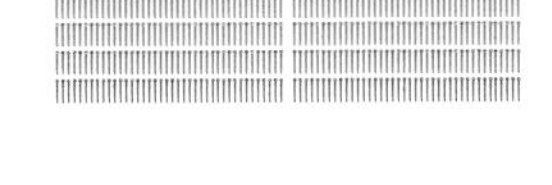
・以剪刀剪斷金屬絲
・以銼刀打磨尖端
・接上針尾大頭……等等，分擔製程
10人分工製作大頭針
可以生產4萬8000根以上

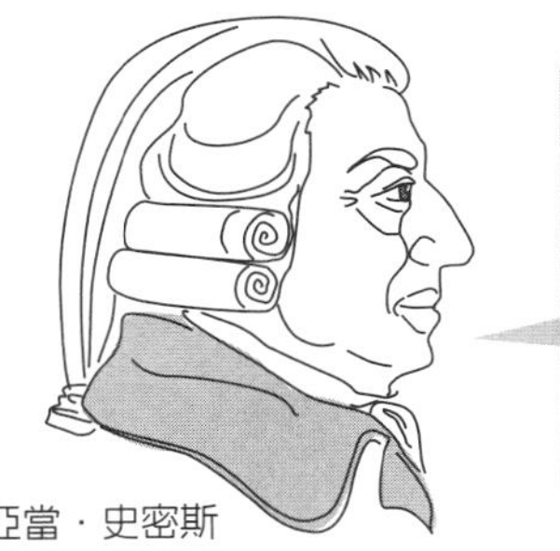

亞當・史密斯

裁縫店向鞋店買鞋；鞋店向裁縫店訂製衣服；農民無法自己製作衣服或鞋子，因此分別向鞋店與裁縫店訂貨。大家皆專精在自己的專業行業，向其他專業者購買生活必需品，並且瞭解這才是對自身利益最好的方法。若是有件商品在國外購買，比在自己國家生產來得便宜，那麼此國家的勞動，將會優先投入本國占有優勢的產業，並且利用自己國家的一部分生產物，購買在國外較便宜的商品。

（《國富論》山岡洋一譯　日本經濟新聞出版社）

自然價格與市場價格的關係

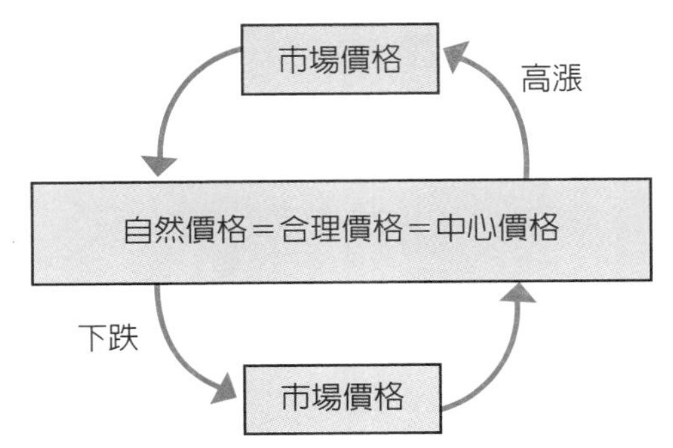
市場價格
高漲
自然價格＝合理價格＝中心價格
下跌
市場價格

自然價格＝合理價格。因此，不論市場價格高漲或是下跌，最終總是會回到自然價格。

古典派 3

對亞當．史密斯的誤解

將亞當．史密斯所說的「看不見的手」，和他的思想以「自由放任」來解釋，是被政治目的所利用，獨自一人獨行的做法。這是思想史上的「悲劇」。

市場原教旨主義（Market Fundamentalism）？

柏林圍牆倒塌，「資本主義」戰勝「社會主義」，因此貫徹「資本主義」的「市場經濟」（第160頁，供需曲線）正確穩固，經濟就交給亞當．史密斯的「看不見的手」，稱為**市場原教旨主義**（第224頁），開始流行。

然而**「看不見的手」，不是直接意味著「市場機制」**。在亞當．史密斯的另一代表著作《道德情操論》中，「看不見的手」也是「達成平等的手」，書中也提到「同感（共同感）」與「公平競爭」精神的重要性。「公平」（《道德情操論》）與「自由」（《國富論》）是為亞當．史密斯思想的兩大重點。

自由放任主義？

亞當．史密斯從未提過「市場，適合自由放任（Laissez-faire）」，這個言論也並未出現在其著作中。**將亞當．史密斯的「自由」以「自由放任」來解釋，是由於後世的「單純化：變形（deformer）」而產生的論點**（例：凱因斯的小冊子「自由放任主義的終結」等等）。亞當．史密斯認為政府的角色是⑴國防、⑵司法、⑶公共事業，並提倡「小政府」，包括教育的必要性、限制：「市場開放、小國的出口、一定期間內的貿易」，或補助金獎勵等等，認為可以對自由交易加以限制。

自由放任主義？對亞當．史密斯的誤解

誤解一

亞當．史密斯的「看不見的手」的主張  市場原教旨主義？

實際上，亞當．史密斯的主張 → 「同感（共同感）」、「公平競爭」精神

亞當．史密斯

看不見的手是可以推進社會利益，實現社會平等的手。

為了財富、名譽與出人頭地的競爭，要甩開所有緊追在後的競爭者，就竭盡所能地向前跑吧！但是，若是途中將其他競爭者壓倒、推倒，那麼旁邊觀賽的人也不會袖手旁觀。這是對公平競爭的侵犯，是不被允許的。

（《道德情操論》水田洋譯　岩波文庫）

誤解二

亞當．史密斯＝批判國家對經濟的統治，主張自由經濟 → 自由放任主義？

實際上，亞當．史密斯的主張 → 政府的角色……

①小政府

②防止國民無知化

③自由貿易與自由交易等限制

隨著分工的進步，國民的作業內容漸趨單純化，自然而然會變成單純且無知。連關於自己國家的重大利害關係都無法判斷，若是不加以施行預防政策（註：教育），那麼發生戰爭時，國民將無法防衛自己的國家。

國防，是比使國家富裕來得更重要的一環。因此，限制航海條約：英國與殖民地間的交易，限定在本國與殖民地的船上進行，自由貿易也是可以的。

（《國富論》山岡洋一譯　日本經濟新聞出版社）

古典派
4

比（三角形）理論

大衛．李嘉圖（David Ricardo，英國，1772～1823）：提出了稱為「比較優勢論（比較生產費原理）」的國際貿易基礎理論，著有《政治經濟學與稅賦原理》。

交換＝貿易（Trade）就是經濟的開始。**李嘉圖**的「**比較優勢論**、比較生產費原理」說明了為什麼要交換（現實）、為什麼人類至今仍持續交換，被稱為經濟學上最大的發現。

國王與擦鞋少年、大人與小孩、大企業與中小企業、已開發國家與開發中國家，各自有壓倒性的差距（絕對優勢與絕對劣勢），然而不論主體為何，皆會產生交換的利益。比較優勢論，就是「這世界上沒有一個人是無用的」之理論。

比起自給自足，交換（Trade）比較好、比起一個人做許多不同的工作，不如將某個固定的工作專業化（生產、輸出），不夠的部分再從他方購入（消費、輸入），更能夠創造利益。

個人的→公司的→地區的→全球的生產量（GDP）＝全球的消費量（GDE）。在日常生活的交換＝貿易（Trade）中，目的是輸入（消費）。將其生產量、消費量最大化的方法，就是提高「生產性」＝集中專注在自己最拿手的領域＝比較優勢。

重點是**「專業化前，生產量≧消費量；專業化後，生產量＜消費量，消費者效用增大」**。交換的話，可以消費超過自己生產的量。

那麼，就用個體經濟學（第158～161頁）的工具——**預算線**，來證明交換＝貿易（Trade）的利益吧。

個體經濟學的「比（三角形）理論」

1萬日圓的預算，可以消費的範圍

消費者是如何將財（物品、消費）購買入手的呢？首先設想最單純的狀況。

①所得為1萬日圓
②衣服為1000日圓
③食品為200日圓

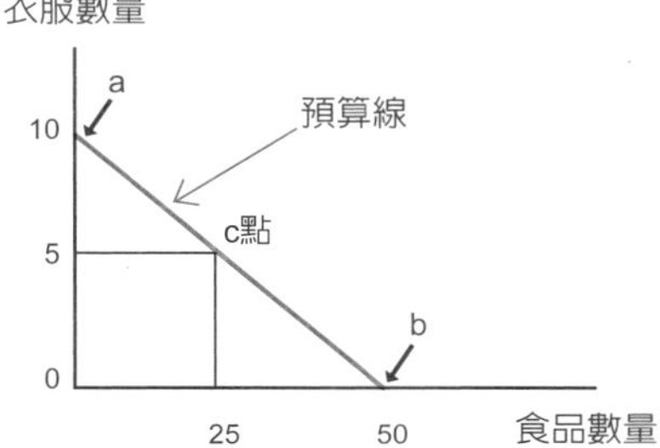

圖中的ab直線，為1萬日圓的所得線。a點代表食品0個、衣服10件（10×1000日圓）；b點表示衣服0件、食品50個（50×200日圓）。ab線即為1萬日圓的所得可以購買的最大組合，超出這條直線之外的數量就無法購買（c點衣服5件、食品25個）。

當所得增加時

其次，假設所得由1萬日圓增加到2萬日圓。所得增加至2萬日圓時，選擇也就增加了。衣服最多可以買20件，若全部都購買食品則可以買100個。預算線由ab線移動到AB線，三角形變大。

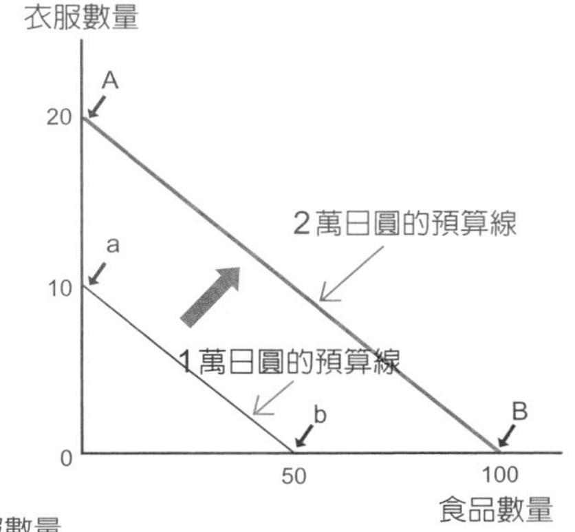

當商品降價時

接著是商品價格變便宜時。假設至目前為止1個200日圓的食品，降價到100日圓。預算線由ab線移到aB線，而商品降價就代表著購買的選擇變多了，三角形也會變大。

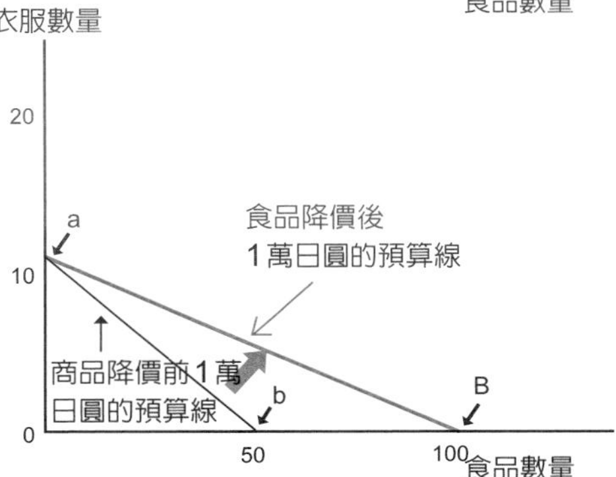

三角形越是變大＝實質所得增加，購入商品的選擇變多。

古典派 5

大衛．李嘉圖的比較優勢理論

克魯曼說「1817年時，李嘉圖就已經解開了『同業企業間的競爭，與國家間互相競爭是一樣的』這一個根深蒂固的誤解。」

李嘉圖將國家設定為英國與葡萄牙，生產的商品也設定為酒類與毛織品兩個單純化的情況，並假設英國總勞動人口為220人、葡萄牙總勞動人口為170人，為更容易瞭解，將數據簡化（表1）。

在交換前（自給自足），兩國最大的生產量為圖表1，這個三角形中①、②部分，顯示兩國的生產可能領域（生產可能曲線），這也是兩國的最大生產量（斜邊部分）＝最大消費量。a點、b點則為專業化前的生產（消費）量。

接著，專業化後（葡萄牙酒類的生產量3公升的A點，與英國毛織品生產量2.25公尺的B點）的狀態下（表2）進行交換（＝貿易Trade）（圖表2）。貿易的方式（以多少比例進行交換），以連接AB兩點的直線表示。

貿易　＝　交換

葡萄牙酒類3公升 ⇔ 英國毛織品2.25公尺

A點　　B點

兩國藉由貿易可以選擇AB線上的任何一個點（圖表2）。**三角形部分變大，也就代表著實質所得增加，購入商品的選擇變多了**。有貿易行為，三角形③、④的部分也可以消費。這個三角形③、④部分，是貿易前兩國國民絕對無法得到的部分，也就是變成**生產量＜消費量**。

李嘉圖的比較優勢論

（表1）自給自足時，兩國各別的生產量

※ 為方便說明，簡化數字，括號內為原始數據。

	生產1公升酒類所需的勞動力	生產1公尺毛織品所需的勞動力	酒類生產量	毛織品生產量	
葡萄牙	1人（80人）	2人（90人）	1L	1m	
英國	5人（120人）	4人（100人）	1L	1m	
			2L	2m	全球計

（表2）

葡萄牙

	酒類勞動者	毛織品勞動者	酒類生產量	毛織品生產量
專心製酒	3人		3L	
專心製毛織品		3人		1.5m

英國

	酒類勞動者	毛織品勞動者	酒類生產量	毛織品生產量
專心製酒	9人		1.8L	
專心製毛織品		9人		2.25m

（圖表1）自給自足時的生產（消費）量

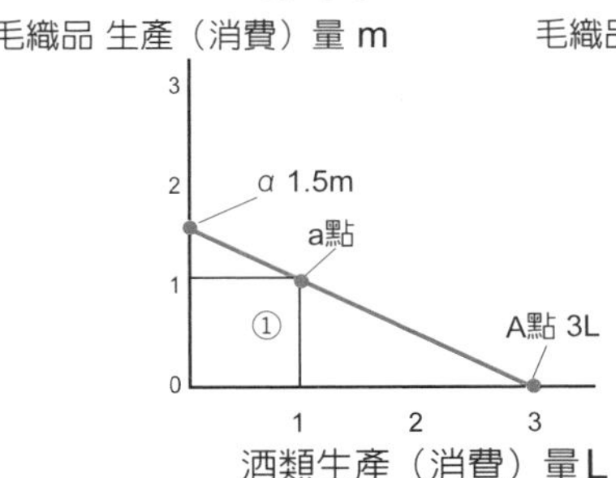

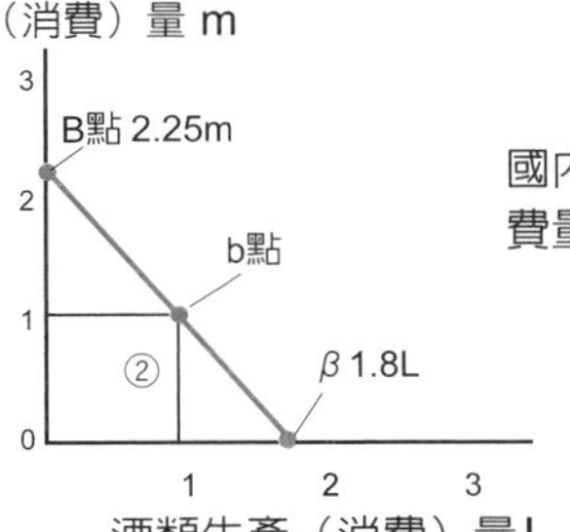

國內生產量≧國內消費量

（圖表2）有交換（貿易）行為時的生產（消費）量

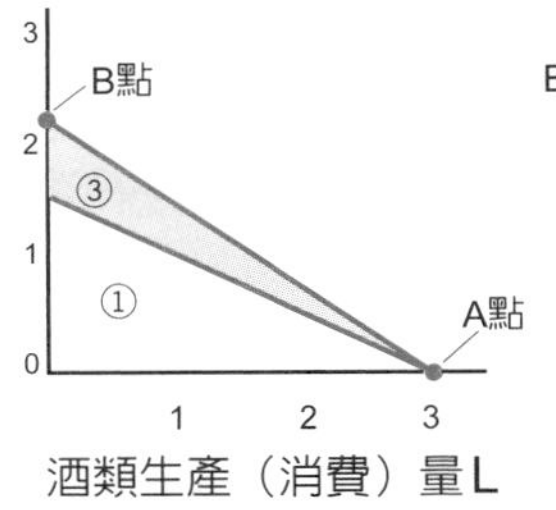

英國

毛織品（消費）量 m

B點

②

④

A點

酒類生產（消費）量L

國內生產量＜國內消費量，同時全球整體的生產（消費）量增加。

古典派 6

絶對優勢理論與比較優勢理論(1)

保羅・薩謬爾森說：「比較優勢為一個經濟原則，這是無法否認的事實，不過即使是最具智慧的人，都不一定完全認同這個觀點。」

在前一章節的表1、2中，可看出葡萄牙不論是酒類還是毛織品的生產人數皆比英國來得少（葡萄牙生產性高），將這事實稱為：葡萄牙擁有「**絶對優勢**」。當時的葡萄牙是大國，而英國是小國。

第144頁的亞當・史密斯的交換（Trade）觀點，也就是來自於這個絶對優勢。將裁縫店、鞋店、農民各別專業化，是因為相較於對方，自己在專門的領域上，擁有較有利的勞動條件。

而**比較優勢論**，是自己（本國）與自己比較，將自己（本國）中，較為擅長的事（三角形的斜邊：比）專業化，並進行交換，那麼社會整體將漸趨富裕的理論。因此，即使是**絶對優勢者與絶對劣勢者之間的交換行為，也必定會有利益的產生**，生產量增加＝消費量增加。

假設，A建立了一間公司，不論是企劃、營業、經營皆非常出衆，但受限於時間，一個人無法完成所有事情，於是僱用了打工的B。B不論做什麼都不太擅長，而且相對花比較多的時間完成工作，但比較起來經營方面比較擅長。那麼A讓B做經營的工作，而自己則可以專心於企劃及營業。

比較優勢論，是證明人類自有史以來，為何交換（＝貿易）的理論。經濟學日新月異，然而交換（貿易）理論基本上還是以比較優勢理論為主。

自給自足（或是自己包辦所有工作），是浪費珍貴資源的做法。

絶對優勢者與絶對劣勢者間的交換

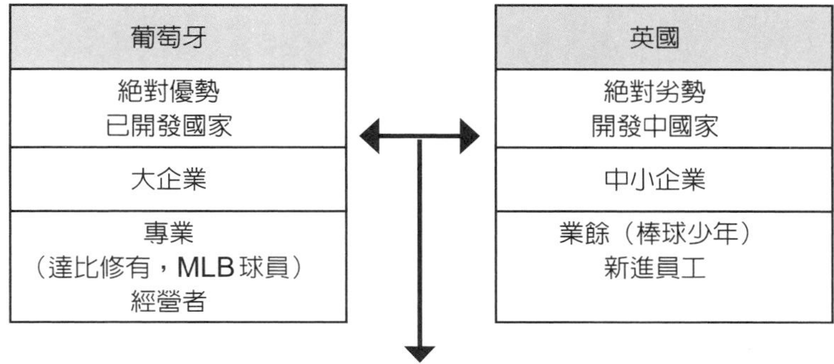

得到本來無法獲得的商品，
可購買的商品選擇變多

生產量＜消費量

專業化生產並交換，必會產生利益

絶對優勢與比較優勢的比較……

絶對優勢論	比較優勢論
亞當・史密斯主張	大衛・李嘉圖主張
專業化比他人（公司、國家）更擅長的部分	專業化自己（本公司、本國）較擅長的部分
重視勞動量、資本力	重視勞動生產性

在所有的領域中，即使占絶對優勢的已開發國家，將其最有優勢的領域專業化，其他部分則交給開發中國家，較可以提高生產性，彼此皆可以享受到利益。

大衛・李嘉圖
（英國，1772～1823）

古典派 7

絶對優勢理論與比較優勢理論(2)

中北徹（東洋大學）:「比較優勢論的本質是排名競爭（一國依生產效率排的相對名次），對手是國內商品、成長產業，不是國外製品。」

GDP的成長要因是(1)**勞動投入量**、(2)**資本投入量**、(3)**提高生產率**。簡單來說即是：(1)人、(2)物品與錢，以及(3)效率（參考第128頁）。

絶對優勢，即是指前兩項的投入量，而比較優勢是指(3)的生產效率。投入的勞動力多，則GDP成長。中國由於人口多（勞動力人口），GDP必然會成長。

另一方面，比較優勢論指的是(3)的生產率提升。效率，也就是在固定的時間內，能夠製造出多少的物品、服務。一個國家的生活水準（福祉、衛生、基礎建設等等），也依據該國內生產效率高低決定。

比較優勢論證明了「提高生產率與國家的富裕息息相關」的理論。不論是對發展中國家或已發展國家，皆是指「(不論是個人、公司或是國家）在1小時内，哪個生產率較高」。瑞士的生產率（每人平均GDP）為日本的2倍（高附加價值的製造＋金融業）。

「自己無法做的事情交給別人做就好，相反地，一定也有別人無法做到，而自己卻可以簡單完成的事」，這句話來自世界上將比較優勢論表現得最為簡潔的經濟學家——彼得・杜拉克（Peter Drucker）。

時間是有限的（1天24小時，或是1天工作8小時），在這之中，各自完成自己效率最高的工作，之後再進行交換，理所當然地會使社會更豐裕，比較優勢論就是這樣的理論。換句話說，**如何有效利用有限的資源（有限的時間、土地、人力、物品、錢），成為經濟學的核心理論**。

現代的絶對優勢與比較優勢

絶對優勢：(1)人、(2)物品與錢的投入量	比較優勢：(3)生產性

比（斜邊）是第151頁的數值例子，不論如何變動都會產生。

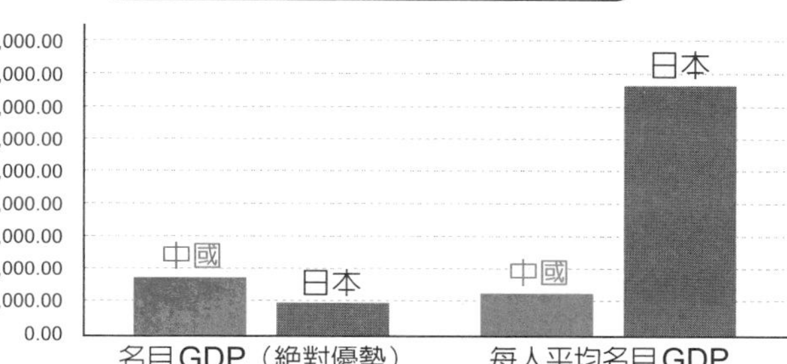

（出處：IMF World Economic Outlook Databases）

一個國家的生活水準是依據該國生產財、服務的效率。生活水準的高低，也就說明了各國的生產率優劣。

尼可拉斯・格里高利・曼昆
（Nicholas Gregory Mankiw，美國，1958～）

反對比較優勢論的俗流論點 （如果沒有以下前提，則應該不會成立）		正解 參考第151頁
薩伊法則	生產的物品必定會被消費	圖表2　三角形增加的③④部分，AB線（生產＝消費）以外，也可以消費
完全就業	無失業者	表2　失業者（設定葡萄牙可1人，英國可3人），允許部分專業化。
無法自由移動資本	兩國間的勞動者不移動	表2　允許勞動者可以從英國向葡萄牙移動。

邊際革命

邊際效用理論與勞動價值論

邊際革命：提示了自最後的一單位（邊際）所得到的「主觀效用、滿足程度、重要度」的概念，改變了經濟學對「事情的看法」。

1870年代，由傑文斯（William Stanley Jevons，英國）、門格爾（Carl Menger，奧匈帝國）、瓦爾拉斯（Léon Walras，法國）三人，不可思議地同時指出了「**邊際效用遞減法則**」。

工作或運動後，喝的第一杯啤酒或運動飲料的效用（滿足度）非常高，但是隨著第二杯、第三杯……其中內容物雖然一樣（同質），但是效用卻會越來越低，最後會變成「已經不需要了（沒有效用＝不做錢和飲料的交換）」。**越是接近最後（邊際），效用越來越低**。

因此，上述三人認為商品的價值，會因為主觀（每一個人對事情的看法或想法）的感覺不同而改變。

⑴傑文斯「邊際效用遞減」

最後（邊際）從商品的增減所得到的效用（滿足度）

⑵門格爾「稀少性」

需要＜供給＝非經濟財（例如：空氣）

需要＞供給＝經濟財←經濟學探討的對象

⑶瓦爾拉斯「一般均衡」

多人則多財，無數的交易者進行無數的商品交易時，市場會達成均衡。交易，能將所有人的效用提升到最大，而且能夠達成需求與供給一致的點，此點是與被交易的商品的邊際效用一致點。

邊際效用

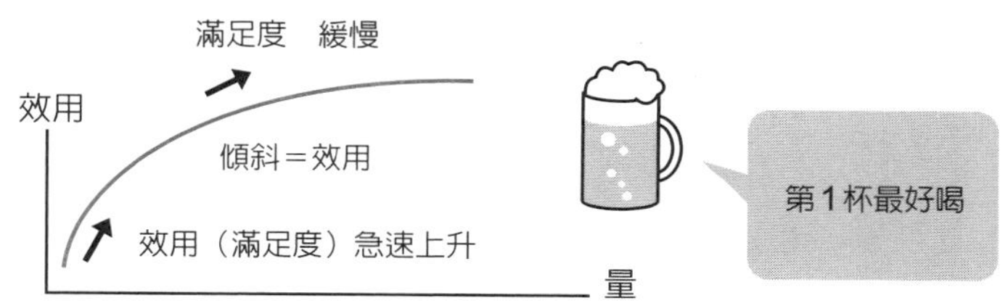

啤酒、飲料	第 1 杯	第 2 杯	……	最後（邊際）
效用（滿足）度	最好	好	→遞減→	零
價值	500 日圓	400 日圓	……	0 日圓

↑ 均衡點
當需求與供給一致時的臨界點（邊際效用一致點）

邊際效用論與勞動價值論

邊際效用論

傑文斯→邊際效用／門格爾→稀少性
依據邊際效用與稀少性，決定交換價值

消費（需求）面的主觀

· 最後（邊際）的一杯水，幾乎沒有任何效用
· 最後的一顆鑽石，效用還是很高
· 水的稀少性低，而鑽石則較高

水與鑽石的悖論

水的使用價值高，但是交換價值低
鑽石的使用價值低，但是交換價值高
為什麼鑽石的價格比水高？

· 水可在附近的河川取得（投入勞動力低）
· 鑽石要到較遠的礦山採取（投入勞動力高）

勞動價值論

亞當 · 史密斯／大衛 · 李嘉圖
「租金＋利潤＋地價」決定交換價值

生產（供給）面的客觀

新古典派 1

馬歇爾的供需曲線

馬歇爾在邊際革命之後的經濟學體系上，不僅繼承並統合了大衛·李嘉圖等古典派理論，更是為新古典派經濟學打下了基礎。

現在經濟學「Economics」這個單字，就是**阿爾佛雷德·馬歇爾**（Alfred Marshall）所創；在那之前稱為「政治經濟學（Political economy）」。而且，馬歇爾的**需求曲線**、**供給曲線**至今仍是國中教課書的教學內容。

馬歇爾針對勞動價值論與邊際效用論的爭論，加入了「時間長短」的因素，並能以需求、供給曲線來作說明，統合了兩方的概念。

⑴邊際效用論成立的狀況

假設是非常短的時間（例如：早上的魚市）。這時，商品的供給量固定，供給線會呈垂直狀。在這種狀況下，**商品的價格將取決於需求曲線（消費）面的主觀意識**。

⑵勞動價值論成立的狀況

假設是長期。依照增減材料、人力的投入量，生產面可以自由控制商品的生產量的狀態（例如：工廠的大量生產）。這時，供給曲線呈水平狀，**商品的價格以供給曲線（生產）面的客觀因素（隨投入費用的形式）來決定**。

由此，馬歇爾將①需求與②生產費的影響有變大的情況，在供需曲線上呈現。

需求曲線和供給曲線

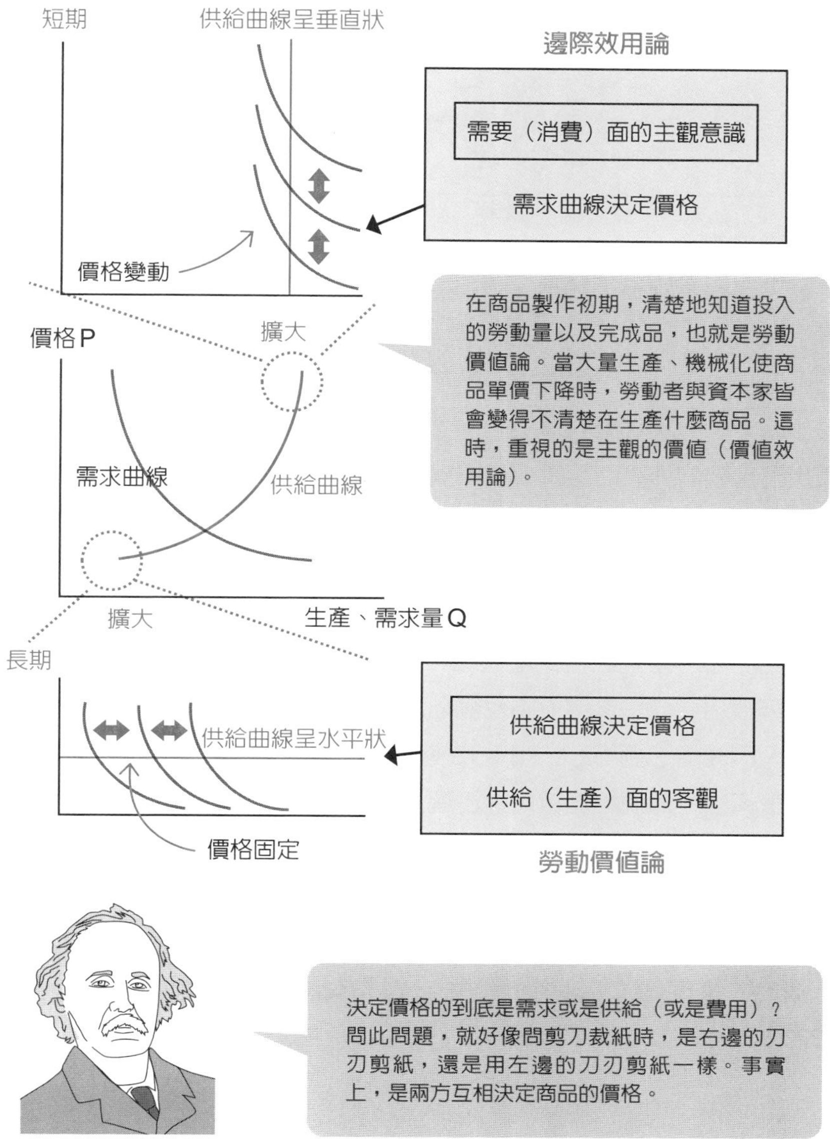
短期
供給曲線呈垂直狀
邊際效用論
需要（消費）面的主觀意識
需求曲線決定價格
價格變動
在商品製作初期，清楚地知道投入的勞動量以及完成品，也就是勞動價值論。當大量生產、機械化使商品單價下降時，勞動者與資本家皆會變得不清楚在生產什麼商品。這時，重視的是主觀的價值（價值效用論）。
價格P
擴大
需求曲線
供給曲線
擴大
生產、需求量Q
長期
供給曲線呈水平狀
供給曲線決定價格
供給（生產）面的客觀
價格固定
勞動價值論
決定價格的到底是需求或是供給（或是費用）？問此問題，就好像問剪刀裁紙時，是右邊的刀刃剪紙，還是用左邊的刀刃剪紙一樣。事實上，是兩方互相決定商品的價格。

阿爾佛雷德·馬歇爾
（英國，1842～1924）

新古典派2

供需曲線的導出

在邊際革命後，理論經濟學導入數學，用「邊際效用、邊際生產力」分析決定價格的機制，成為「個體經濟學」的先驅。

(1)需求曲線

需求曲線是向右下傾斜（負斜率），在第156頁中說明過，是從效用導出。

以蛋糕為例，第一個蛋糕不論花多少錢都可以嗎？第二個蛋糕又會是多少呢？……隨著量的增加，邊際效用遞減。像這樣對於某個商品，考量世上全體的評價而匯集成某條線，這就是需求曲線。

(2)供給曲線

供給線是向右上延伸（正斜率），這也是表示邊際的想法。

在店面小的蛋糕店內，隨著蛋糕師傅2人、3人‧‧‧‧‧增加，生產量也跟著增加。但是，這並不代表增加越多蛋糕師傅人數，生產量就越會提升，即使增加到10人、11人……面積小的店面，反而每人平均的生產量會減少。即使增加費用，生產量也不會上升，這種狀況稱為邊際成本遞增（越是接近邊際，每一單位的生產成本越增加）。將世上所有的蛋糕店數匯集成供給曲線。

供需曲線上價格①的部分，稱為消費者剩餘（效用－價格）；②的部分稱為生產者剩餘（價格－費用），**其均衡點為社會整體的剩餘＝利益最大**。

需求與供給

(1)需求曲線

蛋糕消費	第1個	第2個	第3個	……	最後（邊際）
效用（滿足）度	最高	高	有點減少	→遞減→	零
價值	500日圓	450日圓	400日圓		0日圓

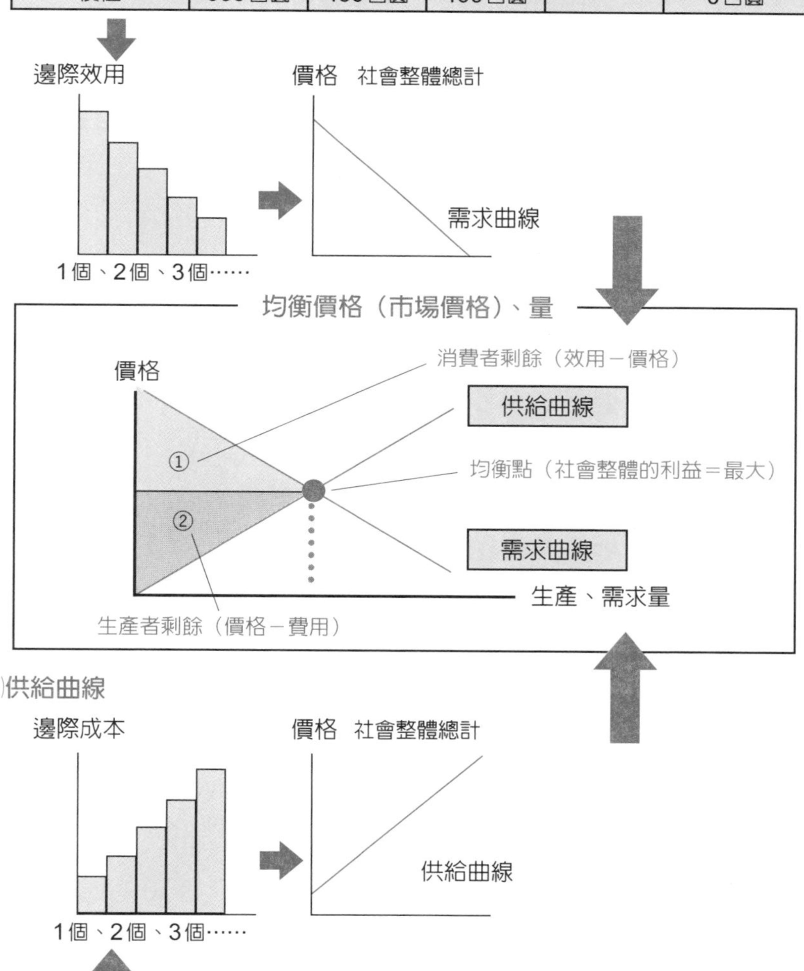

蛋糕生產	第1個	第2個	第3個	……	最後（邊際）
平均1個蛋糕的利潤	最高	高	有點減少		零
平均1個蛋糕的成本	200日圓	250日圓	300日圓	→遞增→	與定價同

美國的繁榮

由於第一次世界大戰的戰時特需，造就了美國的經濟成長。全球經濟的中心，自倫敦轉移到了紐約。
開啓了大量生產、大量消費的序幕。

1920年代，共和黨政權統治下的美國，迎來了空前的自由主義經濟繁榮期。歷經哈定（Warren Gamaliel Harding）、柯立芝（John Calvin Coolidge Jr.）、胡佛（Herbert Clark Hoover）三任總統，長達12年的共和黨政權，導入了針對傳統政策的大企業保護政策，以及高利率的保護關稅制度。標語是：從第一次世界大戰（1914～1918）「回復到平常」狀態。美國於1914年時，為背負業外債務35億美元對外債務的債務國，經由戰爭在1919年搖身一變，成為持有125億美元的債權國。

當時，GNP從1921～1929年間的820億美元成長至1040億美元，工業生產（石油、化學、電力、機械工業等等）在1919～1929年間增加了64%。而且，在1923～1929年的7年內，失業率平均為3.9%，是歷史上最低。

推動美國經濟成長的是①**汽車與電機產業的發產**、②**建設潮**、③**海外投資增加和對外貿易的成長**三點。特別是汽車產業中，稱為「fordism」的制度，導入使用福特（Ford）的輸送帶式有效率的生產方式，以及連休息時間也加以管理的科學的勞動管理，帶來大量的生產與消費。

胡佛總統（任期1929～1933年）在1929年1月，針對1920年代的經濟繁榮做了演講：「今天，我們美國人，不論是哪個國家的歷史上，幾乎前所未見，即將獲得戰勝貧困的最終勝利……可以預見貧困從這個國家中消失的日子不遠了。」

美國的繁榮時代

我們即將獲得戰勝貧困的最終勝利！

赫伯特．胡佛（Herbert Clark Hoover）
第31屆美國總統（任期1929～1933年）

［華麗的1920年代的軌跡……］

1920年　收音機廣播開始
1927年　查爾斯．林白　單人不著路橫跨大西洋飛行成功
1928年　迪士尼電影的誕生　「米老鼠」正式亮相，造成大轟動
1929年　帝國大廈興建（地面102層，高449公尺）

．汽車生產量
1920年222萬台→1929年535萬台

．家庭電器化
1921年16%→1929年70%
（其中，熨斗80%、洗衣機25%的普及）

．收音機的普及率
1929年40%→1940年80%

1926年汽車登記台數　（單位　萬台　《近代國際經濟要覽》東京大學出版會）

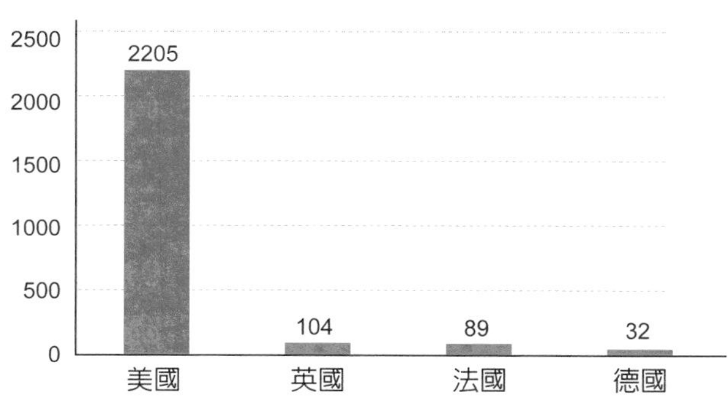

經濟大恐慌 1

恐慌的發生

工業革命後，工業國據說每10年會遇到一次不景氣，但是由於全球經濟大恐慌的規模涵蓋太廣，導致無法自行恢復。

黑色星期四

美國的好景氣在1929年7月到達巔峰。其後，礦產工業、工廠生產指數、鋼鐵生產量和貨物運送量即開始走下坡。

另一方面，股票市況更是過於激烈，於同年9月創下了史上最高值的紀錄。其後，股票便開始悖離實體經濟了。

從同年10月24日「黑色星期四（Black Thursday）」開始，美國股市大跌，隔週的28日（星期一），道瓊平均指數下跌13%，這一週的損失，超過了當時美國政府年間預算的10倍以上，高達300億美元，在這之後的4年，股價總計爆跌88%、GDP46%。企業變得無法調度資金，而發生相繼倒閉、銷售業績不佳、裁員風暴等。相繼出現自殺者與破產者，美國經濟可說是「一夜」崩壞。

波及至海外

美國1929年發生的經濟大恐慌，立刻波及到世界各地。歐洲、日本、特別是德國完全無法脫離此恐慌的牽連，因為歐洲與美國之間還有**第一次世界大戰時的戰爭賠款，以及物資援助**的流向逆轉，更是連一刻都無法支撐地跟著倒下。

「向窗外丟石頭，都會砸中失業者」不是玩笑話，各國經濟皆受到影響。其中德國受到的打擊最大，工業生產減少40%，國內失業率超過30%。（現在回顧）由於**對策的失當，導致不景氣發展成經濟大恐慌**。

美國經濟繁榮下的陰影……走向經濟大恐慌

美國　GDP（年）、股價（月）演變　1929年＝100

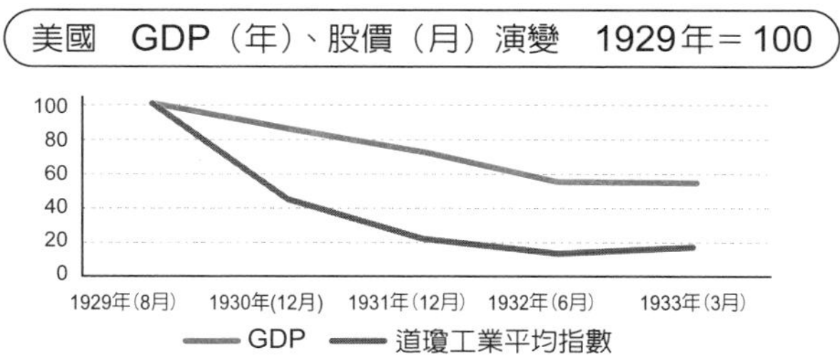

（出處：菊池英博　NY道瓊工業指數30種平均　超長期足月圖表）

對歐洲的影響

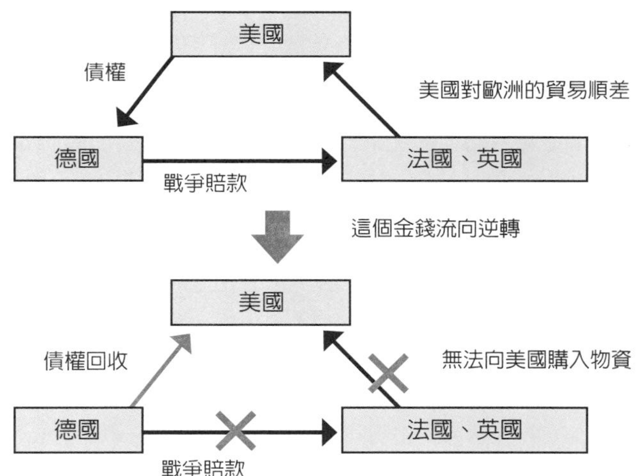

美國收回債權的結果，導致德國戰爭賠款的支付停滯，英國、法國沒有資金向美國購入物資。其結果，美國的貿易也衰退了。

主要國家的失業人數與工業生產量

		美國	英國	德國	法國	義大利
失業人數（萬人）	1925年	145	123	66	1	11
	1933年(%)	1283(24.9)	152(21.3)	480(26.3)	31	102
工業生產量	1932年(1929年＝100%)	－46%	－16%	－47%	－28%	－33%

另一方面，蘇聯的工業生產

蘇聯
＋83%

（出處：浜島書店《最新圖說政經》；山川出版社《詳說全球史B》）

集團經濟（Bloc economy）與金融規章

米爾頓·傅利曼：「不景氣之所以演變成全球經濟大恐慌，是因為FRB錯誤的金融政策（由於金融緊縮→為了金本位制度，因此波及至世界）。」

集團經濟化

全球各國採取的政策是「**保護主義**」。依據1930年在美國頒布的斯姆特·霍利關稅法（The Smoot-Hawley Tariff Act），美國的平均關稅率到達了40%上下。自各國進口至美國的進口額急遽下跌，1932年，英國邦聯擁有廣大的經濟領域，對其他國家採取封鎖政策，法國也相繼實施。**集團內部的經濟緊密，而對集團外國家的商品則實行進口的禁止、限制，並課以高利率的關稅**。

藉由這樣的政策，全球工業生產量縮減約30%，全球貿易約縮減了65%。依賴對美國出口原絲的日本，當時的出口額在短短2年內減少了一半，國民所得下降23%。在農村無法生存，於是日本東北地方相繼出現為了生活販賣兒女的現象。

美國的金融政策

在1930～1933年間，美國國內共有9096間銀行相繼倒閉（約占當時全美銀行總數的44%）。1933年3月，全國銀行業務停止。在那之後，政府**開始援救銀行**。而將銀行設置於FRB（美國聯邦儲備委員會，相當於中央銀行）下監督，試圖回復銀行的信用。

另一方面，**實行金融規章**。1921年只有少數幾間的投資公司，而到1927年初時，則增加至160間，年底增加至300間，金融的過度發展也被認為是當時股市混亂的原因之一。

各國實行貿易保護主義

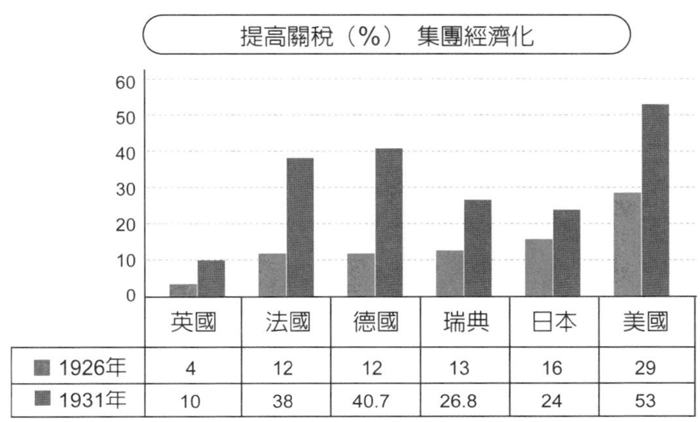

	英國	法國	德國	瑞典	日本	美國
1926年	4	12	12	13	16	29
1931年	10	38	40.7	26.8	24	53

（出處：帝國書院《圖說最新全球史 tapestry》2011 年刊）

各國爭先恐後（！？），關稅率UP！

美國的金融政策

1927年　「麥可法登法案（Mcfadden Act）」

禁止銀行在與總行不同州的地方設立分行。

自由經濟下進行分權，排除金融集中的缺點。

1933年　「格拉斯－斯蒂格爾法案（Glass-Steagall Act）」

劃分銀行與證券的業務，存款利息的上限規定。

商業銀行曾以高利率吸引人們儲蓄，並以高利率借出。這種方式的可實行性已經走到了盡頭。另外，在銀行與證券公司間，設置嚴格的障礙，抑制過剩的投資行為。

「三種限制」

(1)限制儲蓄利息　(2)限制地理業務　(3)限制業務範圍

納粹的經濟政策

在經濟大恐慌後，美國的資本相繼撤出德國。由於美國試圖利用德國的戰爭賠償金復興本國經濟，導致德國經濟不景氣更加嚴重，納粹因此抬頭。

共產主義的蘇維埃（意思是指勞工代表的會議）社會主義共和國聯邦：通稱蘇聯（1917年俄國革命後成立），**計畫經濟順利實行，在全球經濟大恐慌的背景下，經濟卻成功地達到一定的成長**。當時認為共產主義制度較具優勢的人漸漸增加。

由希特勒率領的納粹黨，其正式名稱為「國家社會主義德國工人黨（Nationalsozialistische Deutsche Arbeiterpartei）」，本質其實是社會主義。他們倡導「納粹可以解救德國，脫離經濟不景氣的狀況」，實際上也成功了，因此特別在失業的年輕人中，獲得壓倒性的支持。

1933年1月，希特勒成為德國首相，這之後的四年計畫中，實施了公共事業的高速公路、大型運動場，以及軍備事業等建設。有效需求為Y＝C＋I，因此增加公共事業的投資I→Y（GDP）也會提升→勞動力增加，國內失業人口下降。

當時，德國的古典派經濟學者皆反對，並認為「財政逆差會導致政府破產，失業應該交由市場自然處理」。事實上，即使增加了公共事業的投資，也沒有導致財政危機，失業人口也逐漸減少。亞爾馬．沙赫特（Hjalmar Schacht）博士的金融政策，並沒有引發通貨膨脹。在**沒有發生通貨膨脹的狀況下，實現了經濟成長**。當時連希特勒的反對者也轉變態度支持他，包括政治學家卡爾．施米特（Carl Schmitt）、哲學家海德格（Heidegger）、第一次世界大戰以英國首相率領的英國自由黨主席勞合．喬治（Lloyd George）等人……

由於第一次世界大戰後的「和平主義思想＝國際聯盟創立」，以及傾向支持納粹黨的人居多，因而導致德國的軍備膨脹。

希特勒的財政政策

納粹可以把德國從不景氣中拯救出來！

雖然有學者認為「財政赤字會讓政府破產」，我將利用四年計畫，實施公共事業的興建！

阿道夫・希特勒
德國政治家、國家元首
（1889～1945）

［希特勒的四年計畫（1933年～）］

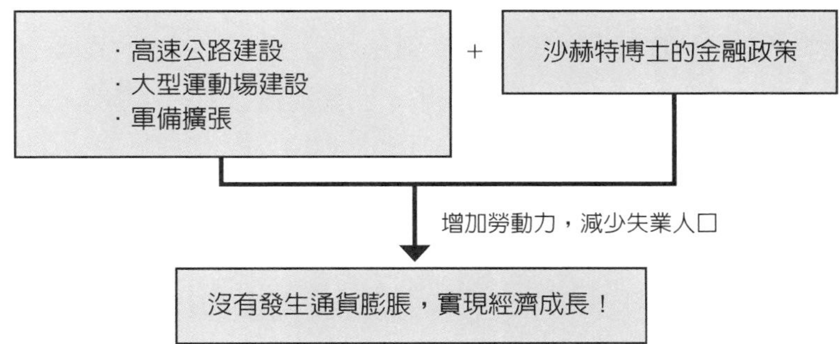

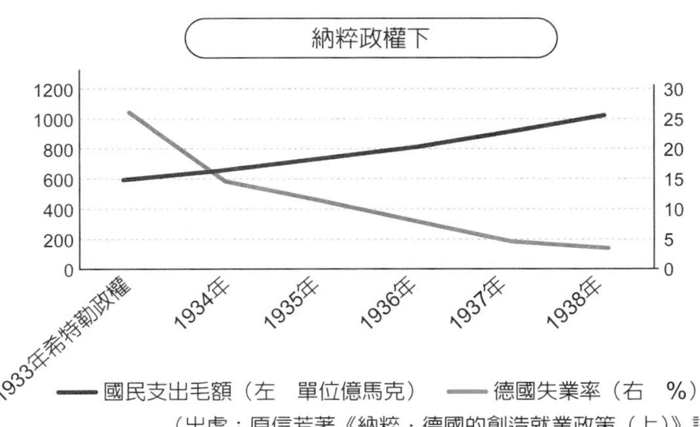

（出處：原信芳著《納粹・德國的創造就業政策（上）》論文）

高橋是清的金融政策

理查．斯摩瑟斯特（Richard J. Smethurst，匹茲堡大學）說過：「高橋是清，是將日本從經濟大恐慌中拯救出來的人物，在日本以外的經濟史學者間也相當有名。」

在全球經濟大恐慌時，日本的出口額銳減，進入了昭和經濟危機，當時的國民所得也銳減。

日本國民所得，假設1929年是100，隔年1930年時為81，1931年則只剩下77。

在日本東北地方，相繼發生孩童的買賣交易；大學畢業生（當時升學率大約1%）的就職率，下降到30%以下。電影「我畢業了，但……」，以及小說「二十四隻眼睛」皆是描述這個時代的作品。

高橋是清，在這之後利用了凱因斯的經濟安定化政策，自1930年代開始從大恐慌的不景氣中拯救了日本。

高橋於1931年12月擔任日本大藏大臣，立即實施**脫離金本位制與日幣的貶值**（1美元＝2.04日圓→5日圓）、**增加貨幣的供給量，以及降低利率**，在1932年夏天，大規模地發行了赤字國債。

於是，成功刺激了景氣，日本的出口與內需、生產皆擴大，民間部門的設備投資也急速增長。實質國民生產毛額（GNP）成長率在1932～1936年間，以每年6.1%的速度提升；在1932～1935年為止的4年間，通貨膨脹率抑制在2.1～2.21%的程度。結果由於「高橋的財政、金融政策完全發揮機制，順利地將日本自經濟大恐慌中拯救出來。」

高橋因經濟回復安定成長，試圖轉換財政政策，開始抑制公債的發行和軍事支出的方向（即現在的出口政策），因而造成軍部不滿，於1936年2月26日遭到暗殺。自226事件後的1936年起，日本軍事費走上不停擴大之路。

日本大藏大臣——高橋是清的金融政策

①脫離金本位制
②貶低日幣
③增加貨幣供給量
④降低利率
⑤大規模發行赤字國債

強力執行這5項政策，試圖刺激景氣。

高橋是清（1854～1936）
第20代內閣總理大臣
（任期1921～1922）

・出口、內需、生產擴大
・民間設備投資急速增長
・GNP→1932～1936年＝6.1%的成長

並且成功抑制通貨膨脹的發生！

擺脫經濟大恐慌！

高橋財政期　指標

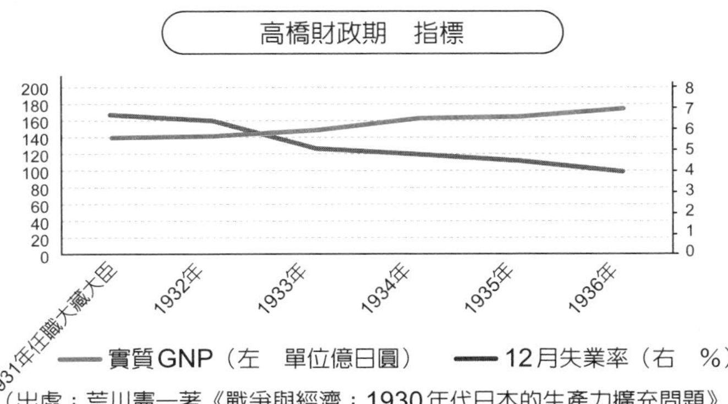

（出處：荒川憲一著《戰爭與經濟：1930年代日本的生產力擴充問題》防衛研究所紀要 第5卷第2號）

在凱因斯革命前的新古典派經濟學

凱因斯（英國，1883～1946）創造總體經濟學體系，是20世紀經濟學中最為重要的人物。本章節整理了在他之前的經濟學。

當時的經濟學，只有新古典派經濟學。**從需求、供給曲線得到的市場價格機制，當需求與供給一致時，會決定交易價格，以這個價格進行交易的話，生產者和消費者皆會得到最大利益**。「只要採取理性行動（自己的利益最大化＝自利心為基礎），就能夠形成對雙方都最佳且安定的交易。」這就是新古典派經濟學（第158頁，後來被稱為個體經濟學）的思想。

而不景氣的原因，在於「供給＞需求」。若是供給＞需求，則商品價格下跌、生產量減少，這即是不景氣。

而擺脫不景氣的方法，就是交由市場機制自行運作。時間久了，市場的機制下，自然會將供給與需求調節一致。商品的價格下降時，若減少供給，可解決供給過剩的狀況，那麼商品價格的下跌就會停止。藉由市場機制的自由運作終結不景氣，失業者也可以找到工作。

但是，在達到目的前需要的是「時間」，而且是「長期」。對這個狀況表示異議的就是凱因斯，「長期來看，我們都死了」。古典派經濟學（凱因斯表示自己之前的經濟學皆相同）使用「理性」、「需求與供給」、「市場機制」等理論，導向了180度的相異結論。

凱因斯，將右頁古典派經濟學的思想(1)(2)(3)以「流動性偏好理論」完全推翻。之後被稱為凱因斯革命，吸引了年輕世代的經濟學研究者。

(1)新古典派經濟學的均衡理論

A. 馬歇爾　　部分均衡→某特定市場的需求與供給均衡的解說
B. 瓦爾拉斯　一般均衡→所有的市場皆互相有關係的均衡

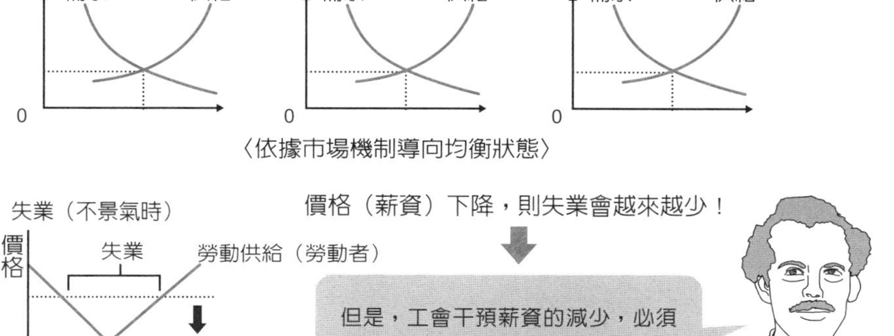

〈依據市場機制導向均衡狀態〉

失業（不景氣時）
價格
失業
勞動供給（勞動者）
勞動需求（僱用面）
量

價格（薪資）下降，則失業會越來越少！

但是，工會干預薪資的減少，必須與工會交涉，讓工會同意降低薪資。

阿瑟・賽斯爾・庇古
（Arthur Cecil Pigou）
（英國，1877～1959）

(2)薩伊法則「供給能夠產生需求」→供給＝需求

〈不景氣時期→不安→消費減少、儲蓄增加〉

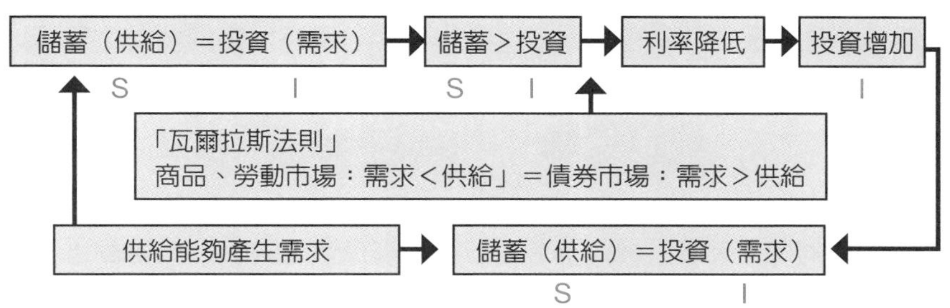

(3)貨幣數量論

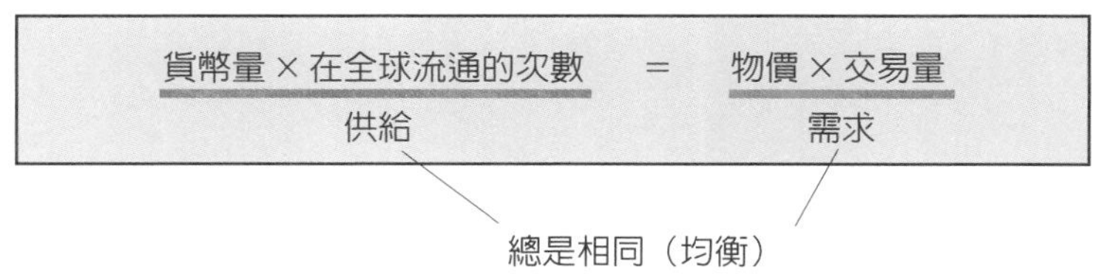

貨幣量×在全球流通的次數　＝　物價×交易量
供給
需求
總是相同（均衡）

流動性偏好(1)

凱因斯認為「比起持有低利率的債券，人會選擇現金。此意味著，流動性偏好實際上是絕對有其可能性的。」

關鍵是**「流動性偏好」**；重點是納入「基於古典派中心思想而採取『理性的行動』」。

在勞動市場上，失業是呈現「供給（勞動者）＞需求（僱用面）」的狀態。凱因斯認為即使由於市場機制運作使薪資下降，「『供給＞需求』是不會變的＝失業者不會減少」。

當經濟不景氣時，勞動需求（僱用面）減少。決定勞動需求量的是預定生產的財的量。財，有①消費財（每天的麵包），與②投資財（將來的財產）兩種；消費財是不可或缺的，並不會有劇烈的變動，問題是②投資財（為了將來而準備，用於生產的財）。

②投資的量是由比較Ⓐ投資而得到的利益率（在沒有事業的狀況下，可以有多少利潤），與Ⓑ利息率（將資金儲存在銀行後，可以有多少的利潤）兩者而決定的。經營者會比較Ⓐ、Ⓑ，考慮何者的利潤比較高，如果Ⓐ＞Ⓑ的話，就工作；Ⓐ＜Ⓑ時不用工作也有收入，可以躺著賺。

Ⓑ就是「放棄流動性後的報酬」。貨幣（現金），具有不論何時何地可被他人承接使用的流動性。以流動性來說，不動產→股票與債券→現金，以這樣的方式越來越高。土地的流動性極低，貨幣則是誰都可以承接使用，因此現金支付是最有信用的。「因為我要賣國外的土地，所以現在賣那個吧！」即使是這樣交易也不會成立，因為**流動性＝安全性（信賴度高）**。捨棄「安全性」，相對作為報酬將會有利息產生。

生產量決定勞動需求量。要增加生產量，比起利息更重要的是提高利益率。

約翰．梅納德．凱因斯
John Maynard Keynes
（英國，1883～1946）
經濟學家
著作《就業、利息與貨幣的一般理論》

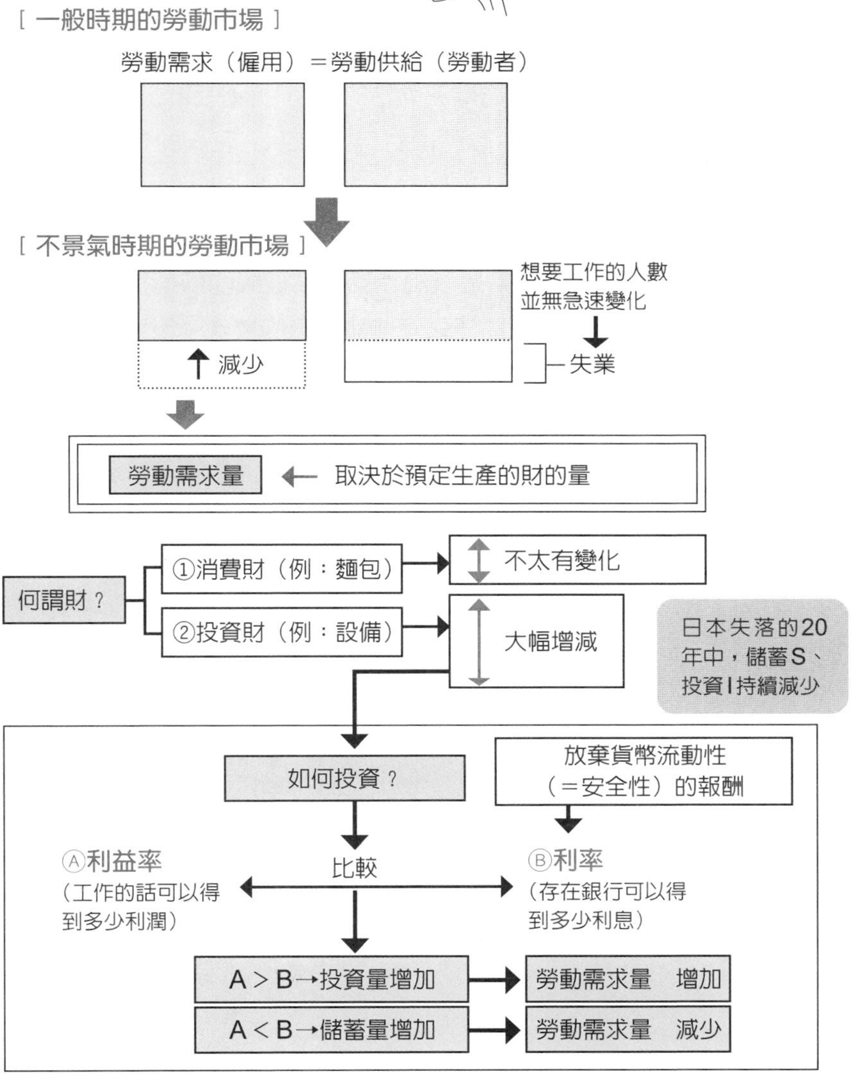

［一般時期的勞動市場］

勞動需求（僱用）＝勞動供給（勞動者）

［不景氣時期的勞動市場］

減少

想要工作的人數並無急速變化

失業

勞動需求量 ← 取決於預定生產的財的量

何謂財？
- ①消費財（例：麵包）→ 不太有變化
- ②投資財（例：設備）→ 大幅增減

日本失落的20年中，儲蓄S、投資I持續減少

如何投資？

放棄貨幣流動性（＝安全性）的報酬

Ⓐ利益率（工作的話可以得到多少利潤）← 比較 → Ⓑ利率（存在銀行可以得到多少利息）

A＞B→投資量增加 → 勞動需求量　增加

A＜B→儲蓄量增加 → 勞動需求量　減少

凱因斯革命 2

流動性偏好(2)

凱因斯：「然而，這個極端（流動性偏好是絕對的）的狀況，實際上對未來是很重要的也不一定，但是我到目前為止，並不知道任何相關例子。」

選擇流動性（現金）或者捨棄流動性的行為，稱為流動性偏好。若是能夠預知未來，那麼人人皆會選擇對現金放手，而流動性偏好則會降低。不過，就是因為未來是「不確定」的。

古典派的貨幣持有理由，是①交易動機（購物時的需要）。薩伊法則（Say's Law）中提到，**貨幣是以為了支付某樣東西的前提存在，當不需要買東西時，會被使用在即使只有些微利息的債券（股票）購買上**。

古典派認為，利率取決於對貨幣的需求與供給的均衡，比較貨幣是（消費）還是未來（儲蓄）使用的效用（滿意度）。貨幣全部使用時，等於儲蓄S＝投資I，利率會變動。如同被歸納為總供給的Y，全部有需求（從儲蓄立場來看是C＋S、投資立場是C＋I），市場達到均衡，利率自動變動。

凱因斯認為，貨幣的需求性取決於流動性偏好。我們的流動性偏好（選擇現金）是由「為了緊急支出而準備的②預備的動機」、或是「比起債券，持有貨幣比較安全的③投機的動機」等，因為對將來的不確定性所衍生出來的理由。所以，經濟越是不景氣，那麼不安就越是會增加，流動性偏好也會提高。

另外，一般也有因為「總之沒有什麼想要買的東西，手頭上留點現金吧」、「想要紙幣」等理由決定流動性偏好。就是這個流動性偏好在妨礙市場的均衡。

「薩伊法則」不成立！

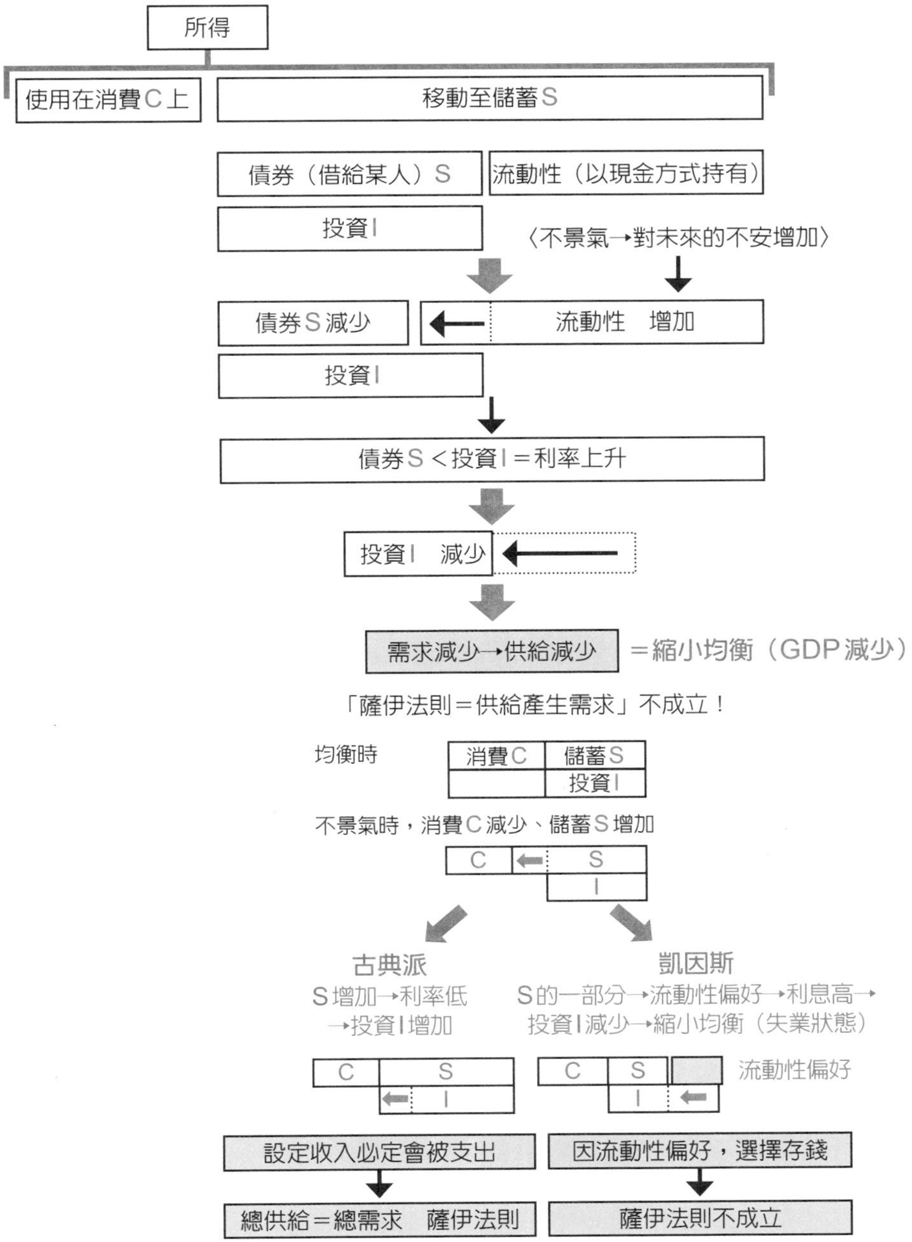

所得

使用在消費C上

移動至儲蓄S

債券（借給某人）S

流動性（以現金方式持有）

投資I

〈不景氣→對未來的不安增加〉

債券S減少

流動性 增加

投資I

債券S＜投資I＝利率上升

投資I 減少

需求減少→供給減少 ＝縮小均衡（GDP減少）

「薩伊法則＝供給產生需求」不成立！

均衡時

消費C | 儲蓄S | 投資I

不景氣時，消費C減少、儲蓄S增加

C S I

古典派

S增加→利率低→投資I增加

C S I

設定收入必定會被支出

總供給＝總需求 薩伊法則

凱因斯

S的一部分→流動性偏好→利息高→投資I減少→縮小均衡（失業狀態）

C S I 流動性偏好

因流動性偏好，選擇存錢

薩伊法則不成立

流動性偏好(3)

岩本康志（東京大學）:「利息變得非常低，導致貨幣供給無法在有刺激景氣效果的狀態下，成為『流動性的圈套』。」

薩伊法則，雖然被凱因斯以就是「供給會創造出本身的需求」簡單化（矮小化？）了，但是其本來的意思是**「對各種財的超額需求，其總和恆等於零」**。李嘉圖等古典派學者則傾向「假設收入全用於支出」這樣的思想。

另外，瓦爾拉斯定律（Walras' Law）則是「**各種商品的超額需求總和恆等於零**」。在瓦爾拉斯的理論中，涵蓋了各種的財、債券、勞動等商品。當各種財的均衡不在（薩伊法則不成立），那麼包含債券與勞動市場的均衡，是有可能成立的。因此，其認為即使財與勞動呈現供給過剩（需求不足）。另一方面，債券呈現超額需求時，利息會下降。馬歇爾等新古典派，將這定律稱為「薩伊的方程式」。

那麼關於貨幣市場，古典派又是如何想的呢？凱因斯認為，古典派所認為的貨幣，在交易動機下（第176頁），將完全使用在某些用途上。因此，貨幣的供需市場總是保持均衡的狀態。

這個供需公式，也就是貨幣數量論（**貨幣量×流通在市面上的次數＝物價×交易量**），表示供給的左邊與表示需求的右邊，必定呈現平衡。換句話說，貨幣市場的超額需求變成零，自一開始就將瓦爾拉斯定律排除在外了（即使列入考量，最終結局也是零）。更進一步說明，左邊的在市面上流通的次數與右邊的成交量，是指財、勞動、債券市場間已確定的部分，只有貨幣量與物價的變動。因此，「**物價與貨幣量成正比**（貨幣量2倍＝物價也2倍）」。

瓦爾拉斯定律與薩伊法則

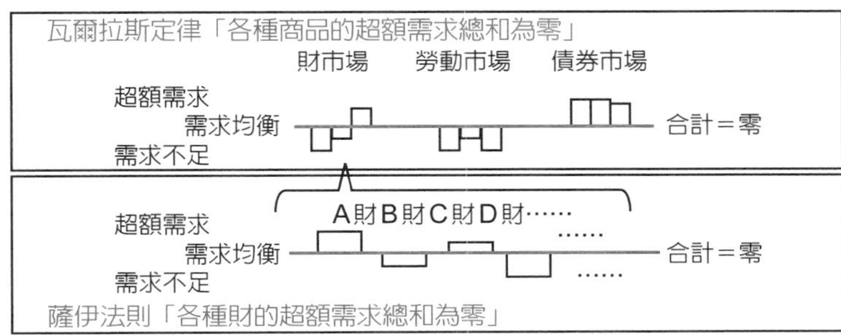

即使薩伊法則不成立，瓦爾拉斯定律也會成立。1950年，瓦爾拉斯定律的一般均衡已被證明了。

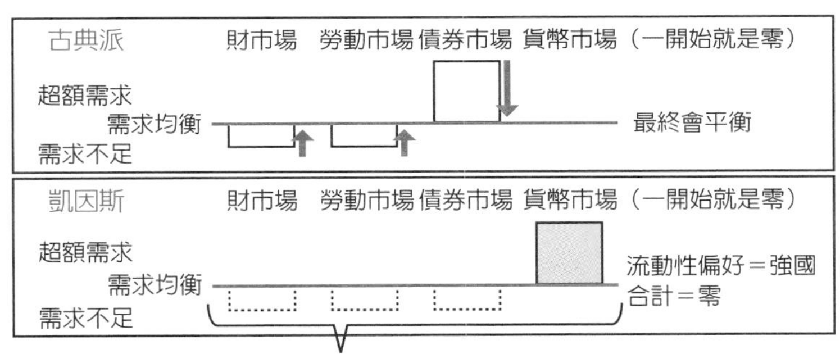

流動性偏好高時，雖然整體市場會達到均衡，但是必定有某個市場呈現需求不足（多餘庫存、失業、利率不降低）現象。

統整凱因斯的主張（《就業、利息與貨幣的一般理論》）

	古典派	凱因斯
就業	完全就業	可能發生失業
利息	根據S＝I而決定 為達到均衡而變動	放棄流動性而得到的報酬 有可能因均衡破壞，而無法變動的狀況
貨幣	與市場均衡無關 貨幣數量論	市場不均衡的最大要因 流動性偏好論
一般理論	特殊論（個別狀況下成立）	一般論（普遍）

凱因斯革命 4

總體經濟學的誕生

凱因斯的「金融政策＋財政政策」是脫離不景氣時，實行的短期政策（當然，效果也是短期的），並非長期的經濟成長論。

勞動需求量取決於投資所得到的利益率與流動性偏好（參考第174頁）。但這是建立在對未來的「不確定性」上，無法客觀地計算。市場機制的問題，就在於此。由於「勞動需求量的不確定性」，要與勞動供給量一致，是不可行的；如果「需求＜供給」，則會產生「勞動供給過剩＝失業」。

為了應對不確定性，採取理性行動的結果，是以儲藏價值為手段的持有貨幣的行為，這是主觀的（自利的）、理性的行為（對將來所作的不安的預想）。

所有人皆採取對個人而言是合理的行為，最終卻還是發生失業的狀況……這個就是合成的謬誤（fallacy of composition）。

明明應該是理性的市場機制，凱因斯認為自始就是含有問題的系統。因此，應該將全體的經濟系統以總體來分析，需要「**從全體的觀點＝總體（Macro）**」解決市場機制的問題。總體經濟學因此誕生。

擺脫不景氣的手段，不在供給面，而是在需求面。需求之所以擴大，是由於中央銀行操作利率的「金融政策」，與政府投資I擴大的「財政政策」兩點。增加流動性＋降低利率而擴大投資＝「總需求（有效需求）管理政策」，這種做法可以客觀衡量需求量大小。

凱因斯曾在給前美國總統富蘭克林・羅斯福的公開書信中提到，「必須要執行政府的財政政策與量化寬鬆」。

我對古典派經濟學的批判，並非因為其理論上的缺陷。（不景氣時）當我們所謂的以中央統制實現完全就業時，在那之後古典派理論將會再度發揮本領。

（出自《就業、利息與貨幣的一般理論》摘要・要約）

將紙幣埋起來，即使只是讓企業去挖（公共投資），也比什麼都不做來得好。

不景氣時　消費C減少　儲蓄S增加

C　S　I

C　S　I　流動性偏好

1. 金融政策（降低利率）

2. 財政政策（公共投資）

⑴脫離不景氣所需要的金融政策

確保流動性＝量化寬鬆＝降低利率→增加投資
（確保貨幣的流通、交易量）

〈風險〉

流動性的圈套→金融政策無效

流動性偏好極端變大

大家都不釋出貨幣，貨幣無法在市面流通

⑵脫離不景氣所需要的財政政策

政府增加投資＝執行公共投資→總需求量增加

〈乘數效果〉

政府增加投資→產生幾倍的需求（生產）
（算出乘數效果的公式）

1／（1-C）　C＝表示當收入增加時，其中的幾成會流向消費

假設有6成流向消費，即為1／（1－0.6）＝2.5倍（乘數）的需求（生產）增加

※但是投資的邊際效率會下降（參考第135頁）

新古典綜合學派 1

保羅．薩謬爾森

薩謬爾森（Paul Samuelson，美國，1915～2009）整合了凱因斯學派經濟學與新古典派經濟學，確立新古典綜合學派理論，其著作《經濟學》為史上最暢銷的經濟學教科書。

第二次世界大戰後，**薩謬爾森**的教科書簡單地以「經濟學」為名，快速普及到全球各地。這本教科書也收錄英國經濟學家——**約翰．希克斯爵士**（Sir John Richard Hicks）將凱因斯難懂的《就業、利息與貨幣的一般理論》解釋為**IS-LM模型**的內容。

薩謬爾森追隨著凱因斯的腳步，認為「管理總需求，並且盡可能實現完全僱用的狀態，一旦實現完全就業，剩下的就是仰賴市場機制的新古典派經濟學的重新登場」，是為新古典綜合學派（Neoclassical Synthesis）。

由於**薪資、物價的僵直性下，導致不完全就業的發生，符合凱因斯的「總體經濟學」；利用財政、金融政策實現完全就業時，薪資、物價將會順利更動，是為新古典派理論的「個體經濟學」的思想**。雖然欠缺理論的整合性，但是1960年代前期，為新古典綜合派的最盛期。實務上，也由這些**凱因斯學派**在支撐著美國甘迺迪總統政權的中樞。

完全交由市場機制的運作為最佳的個體經濟學（自由價格機制），與放任不管則會發生失業，因此需要政府政策介入調節的總體經濟學，在大學裡並行教授。

凱因斯的有效需求是指，

Y（生產、供給）＝C＋I＋G＋EX－IM（支出、需求）

等號右邊並不單指慾望需求，必須連實際的支出（以數字表示）也包含在內的需求。

何謂IS曲線？

IS曲線 → 表示商品市場（物品、服務）的曲線

I＝投資（Investment）　S＝儲蓄（Saving）

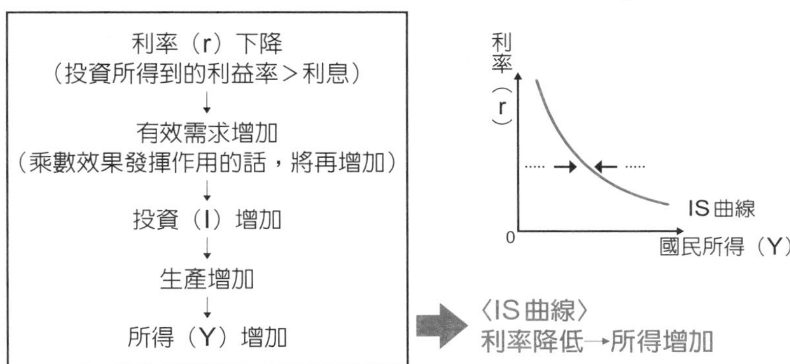

利率（r）下降
（投資所得到的利益率＞利息）
有效需求增加
（乘數效果發揮作用的話，將再增加）
投資（I）增加
生產增加
所得（Y）增加
利率（r）
IS曲線
0
國民所得（Y）
〈IS曲線〉
利率降低→所得增加

何謂LM曲線？

LM曲線→表示貨幣（金融）市場的曲線

L＝流動性偏好（Liquidity Preference）　M＝貨幣供給（Money Supply）

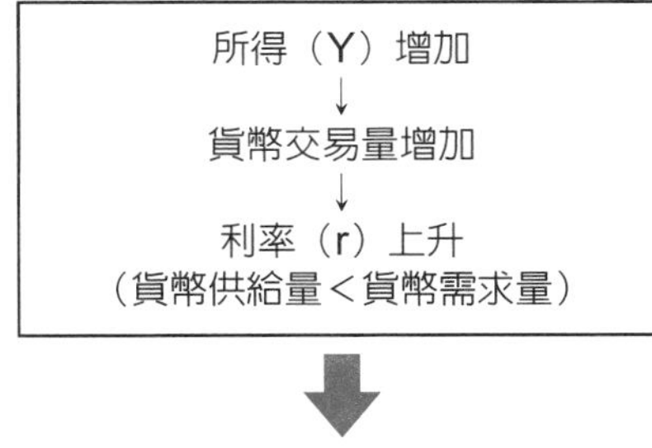

所得（Y）增加
貨幣交易量增加
利率（r）上升
（貨幣供給量＜貨幣需求量）

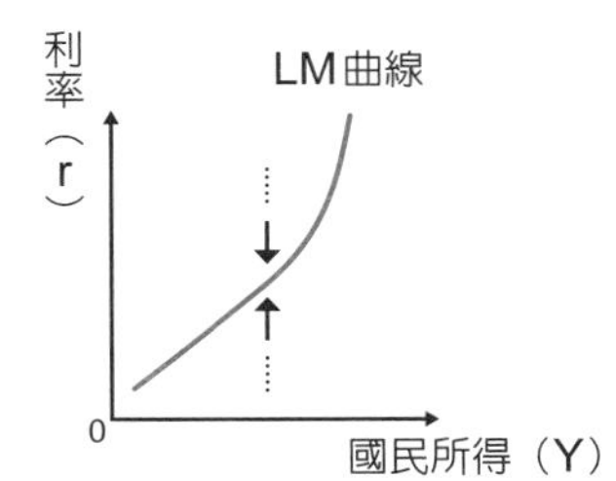

〈LM曲線〉所得增加→利率上升

何謂IS-LM曲線？

IS曲線與LM曲線的交點

↓

商品、貨幣市場的均衡狀態下可得知利率與國民所得的關係

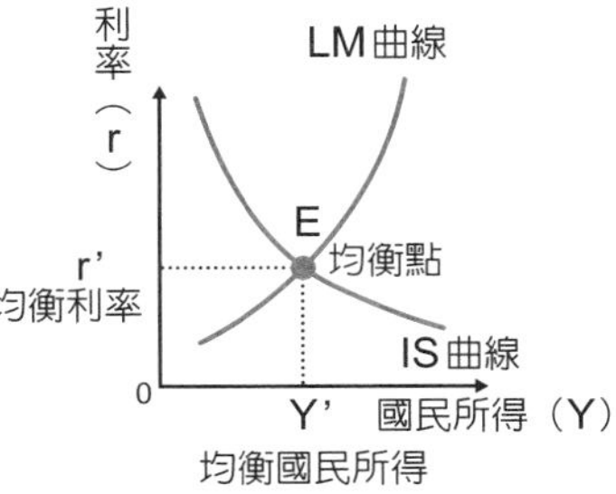

IS-LM模型(1)

約翰．希克斯（英國，1904～1989）將凱因斯經濟學用兩種曲線表現，他的IS-LM模型成為現代總體經濟學的基礎。

希克斯整合了新古典派經濟學與凱因斯經濟學。

①LM曲線

Ⓐ新古典派理論成立時的狀況

經濟景氣時（完全就業），Y所得（供給＝需求）是一定的。

在這個狀況下，LM曲線會呈無限垂直狀態。

Ⓑ凱因斯理論成立時

經濟不景氣時，流動性偏好高。一旦演變為嚴重的不景氣時，越是捨不得放開手中的貨幣，也就是流動性的圈套（第226頁）。利率（放開流動性時的報酬）將呈無限水平狀態。

②IS曲線

Ⓐ新古典派理論成立時的狀況

是預想未來也是經濟繁榮的狀況，企業將會積極投資，IS曲線會往右邊移動。LM曲線呈垂直時，決定IS曲線的移動是利率。依據「儲蓄＝投資」決定利率。(第176頁，薩伊法則)

Ⓑ凱因斯理論成立時

預想未來也是會不景氣，企業投資不積極，IS曲線往左邊移動。LM曲線呈水平狀態時，決定IS曲線的移動，是所得Y。依據「儲蓄＝投資」決定所得Y（供給＝需求）(第174～177頁，流動性偏好)。

如此，希克斯將Ⓐ**新古典派理論＝經濟繁榮時與**Ⓑ**凱因斯理論＝不景氣時，用IS-LM曲線呈現**。

新古典派經濟學與凱因斯經濟學的整合

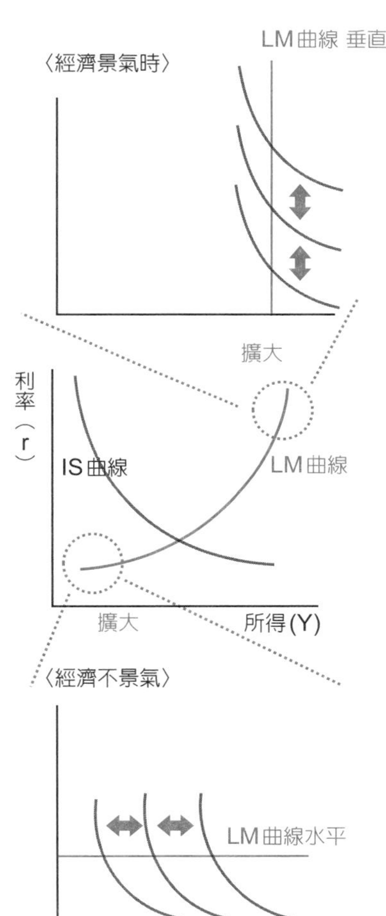

約翰．希克斯
（英國，1904～1989）
將凱因斯經濟學以兩個曲線呈現的IS-LM理論（1937），成為現代總體經濟學的基礎。

經濟景氣時

〈新古典派理論成立〉

LM曲線＝垂直
由IS曲線決定利率（r）

不景氣時

〈凱因斯理論成立〉

LM曲線＝水平
由IS曲線決定所得（Y）

薩繆爾森充分理解正確的個體經濟學政策的先決條件，是有正確的總體經濟政策。
能出其右的經濟學者，今後也不會出現吧！

保羅．克魯曼
（Paul Krugman）
（美國，1953～）

IS-LM模型(2)

IS-LM模型是現代的IS-MP模型、IS-MP-PC模型（參考第222頁）的基礎。在雷曼兄弟事件時，再度被採用（第210頁）。

利用IS-LM曲線驗證財政、金融政策的效果吧。

設定政府利用擴張的財政政策，增加公共投資。IS曲線往右邊移動（①→②），利率（r）上升。利率上升時，則民間投資I減少（排擠效應crowding out）。於是，IS曲線回到原本的位置（②→①），這時利用擴張性金融政策，增加貨幣供給，利率r下降。LM曲線往右邊移動（①→②）。

結合財政政策與金融政策，可以達成不會伴隨利率r上升，即可使所得Y增加（均衡點A→C），這就是結合財政政策與金融政策的總需求管理政策。

但是，在這個IS-LM分析中，並沒有將物價的上漲率（通貨膨脹率）列入考量。換句話說，IS-LM模型只能在物價不變動的狀態（短期）進行分析。

這裡必須要有將通貨膨脹率考量在內的工具。在薩謬爾森的教科書中，節錄了表示通貨膨脹率與失業率關係的菲利普斯曲線，是利用英國1862～1957年的長期數據。在這個數據中，可以看出通貨膨脹率高時，失業率則低；通貨膨脹率低時，失業率則變高。

凱因斯學派的經濟學者們，利用這個曲線操作總體經濟。而關於「抑制通貨膨脹、削減失業的平衡」的部分，只需要考慮要實現這個曲線上的哪一個部分即可。因為一旦試圖降低失業率，就會發生通貨膨脹。

擴張性財政政策——財政政策與金融政策的組合

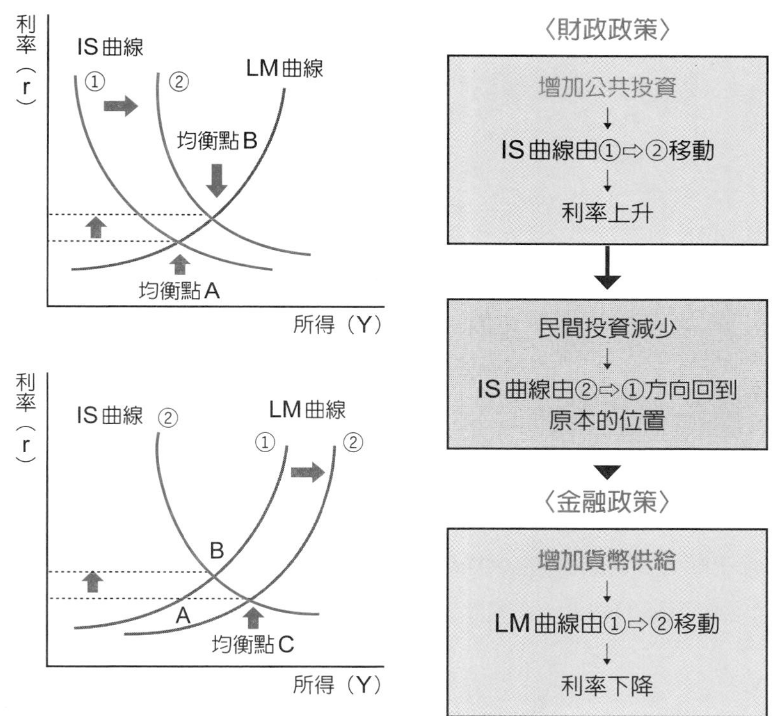

菲利普斯曲線

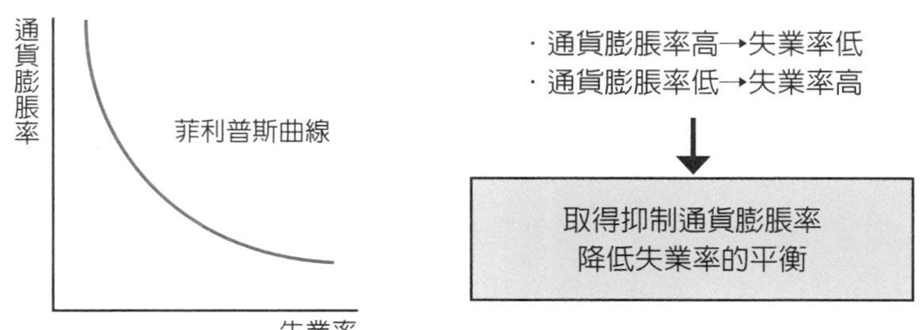

但這並不是理論，只不過是有過去經驗的實證而已。
薩繆爾森簡化原本的薪資上升率，變成通貨膨脹率而已。

布雷頓森林會議

IMF / GATT

過去，日本發起大東亞戰爭時的口號是「自存自衛（相反的概念是共存共榮）」。「反自由貿易政策」的省思，與IMF / GATT體制有關聯。

1944年（第二次世界大戰中），聯合國招開了布雷頓森林會議（Bretton Woods Conference）。當時的⑴通貨體制為「金本位制」，假設自日本對美國的出口呈現超出狀況，美元流入日本。而日本要求美元與「黃金」交換，那麼美國流出的就是黃金。因「金」量＝美元量，因此美國國內金融緊縮。

各國皆不願意讓本國持有的黃金流出，紛紛脫離金本位制。其後，不斷印刷本國貨幣（量化寬鬆），使得利於出口，而⑴**讓本國貨幣下跌**（以鄰為壑政策：Beggar-thy-neighbor）；另外一個是⑵**高關稅集團經濟化**（參考第166頁）。因此全球貿易縮小了65%。

※⑴為匯兌，⑵是關於貿易的對策

日本、德國（軸心國）由於沒有殖民地，因此向外發展。持有殖民地的國家（同盟國）與沒有殖民地的國家（軸心國）直接起衝突。布雷頓森林會議上分析「這是第二次世界大戰發生的主因」。

之後達成協議：⑴**為安定通貨價值設立IMF，與**⑵**為貿易自由化設立GATT**，也就是IMF / GATT體制。

為了穩定貨幣，使用美元作為交易貨幣。當時的美國，鑛工業占六成、黃金持有占七成，汽車生產量占七成，是全球唯一僅有的經濟大國。美元與「金」連結，各國貨幣與美金連結。通貨危機時，有IMF（國際貨幣基金組織）在採取應對。另外，為了不再讓各國回到保護自己貿易的狀況，締結了GATT（關稅暨貿易總協定）。貿易自由化，是基於第二次世界大戰的慘痛經歷演進而來的。

何謂金本位制？

- 以黃金為貨幣價值基礎的制度
- 中央銀行所發行的紙幣價值奠基於黃金的持有量，確保黃金與紙幣的兌換價值。

以英鎊為中心的金本位制

1844年　英國發行兌換紙幣（英格蘭銀行，發行能與黃金兌換英鎊的紙幣）

英國以英鎊為中心的金本位制＝持續至1914年
（1英鎊＝20.4馬克＝9.8日圓＝4.9美元＝25.2法郎）

1937年　各國皆脫離了金本位制

以美元為中心的金本位制

1944年　布雷頓森林會議⇨以美元為基準的金本位制度復活

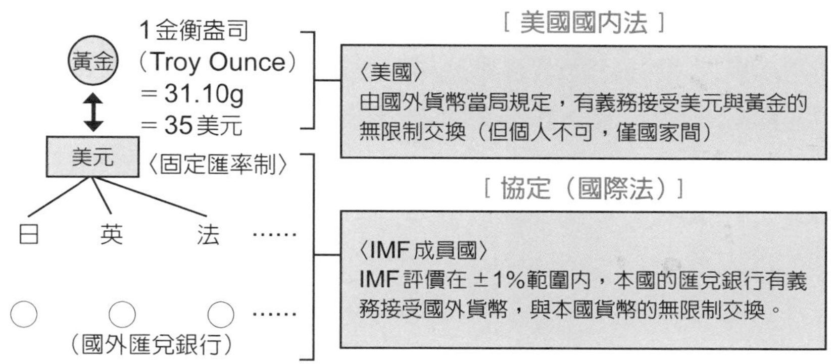

［消除貿易不均衡的機制］

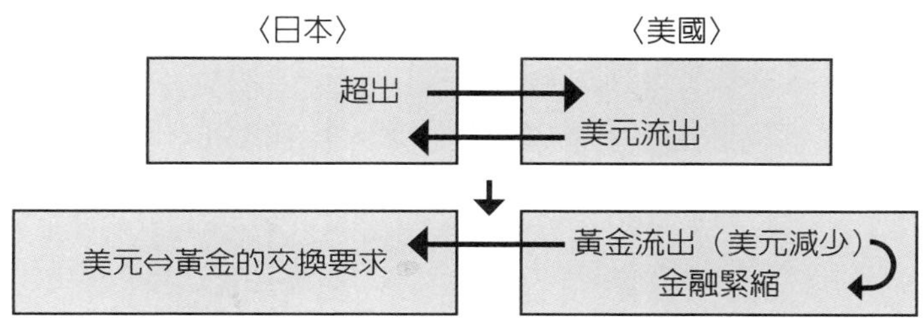

凱因斯學派的全盛時期

「美國的黃金年代」。約翰·高伯瑞（John Kenneth Galbraith）在他著作《富裕的社會》（1958）中，以新的角度探討「富裕」的增加與普及會帶來什麼。

1960年前半是新古典綜合學派的全盛期。實際上，甘迺迪政權的中樞就是由凱因斯學派（Keynesian）在其背後支持著的，這個政策被稱為「新經濟學」，也就是「利用積極的財政支出，達成經濟成長」。

在甘迺迪總統的領導下，美國採取積極擴張經濟（需求管理）的政策，**目的是「完全就業」。能夠實現這個目標的手段，就是積極的財政政策**。

現實上的經濟，勞動市場在實現完全就業之前就有可能已經達到了平衡。因此，這個政策是追求完全就業且同時進行擴大財政，主張財政支出可以擴大，與達到完全就業時可能產生的財政收入（潛在GDP）相同，以這個積極正向的思想為基礎，實施擴張性財政政策。

1960年，約翰·甘迺迪（John Kennedy）總統推行「新經濟學」政策；1963年，林登·詹森（Lyndon Johnson）總統宣示要實現「偉大的社會」。

在新經濟學的帶領下，美國的實質經濟成長率在1962年達到6.0%，之後在1966年仍然實現了超過4%的成長率；失業率也自1961年的5.6%，到1965年的3.9%，降至4%以下。之後，美國維持其國內失業率在3%上下，實現了驚人的完全就業狀態。(以美國來說，失業率5%以下幾乎是完全就業)。

另外，以消費者物價指數上的通貨膨脹率，也在1960年代前半期抑制在1%內，可以說是完全都在掌控之中。

甘迺迪總統的「新經濟」政策

以積極的財政支出，實現完全就業。

約翰・甘迺迪
美國第35任總統
（任期1961～1963）

潛在GDP（活用美國的勞力、錢、生產效率時的GDP）

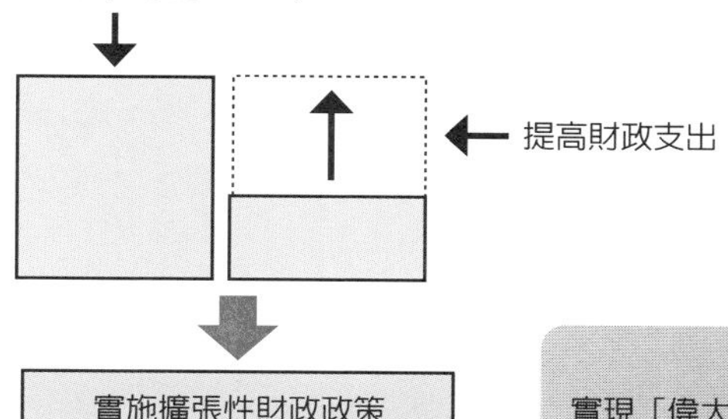

達成實質的完全就業狀態！

實現「偉大的社會」

林登・詹森
美國第36任總統
（任期1963～1969）

美國　黃金的1960年代

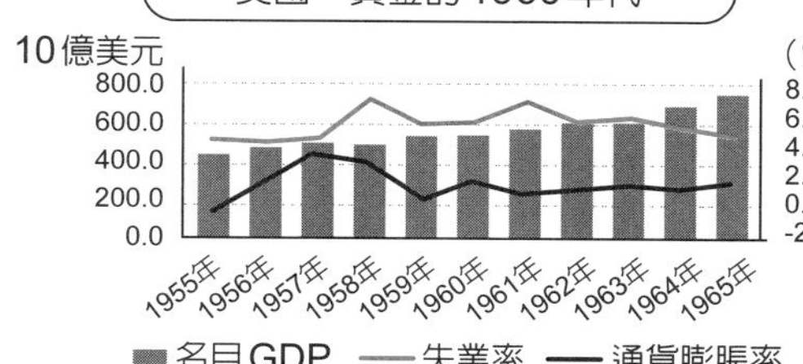

（出處：美國勞動局、U.S. Bureau of Economic Analysis）

美國1960年代　菲利普斯曲線

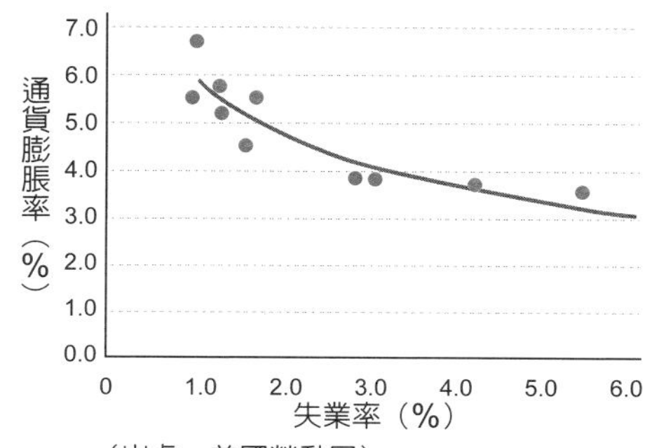

（出處：美國勞動局）

1962年的經濟諮詢委員報告書，是應用我們理論的經濟學宣言書。是我們開發並且反覆琢磨的凱因斯學派，與新古典派經濟學的統合。

詹姆士・托賓
（James Tobin）
（美國，1918～2002）

美元危機

在美元危機（dollar shock）發生後，主要國家關閉外匯市場。沒有任何對策的日本，為了維持360日圓的匯兌行情，開放市場、持續購買美元。

第二次世界大戰後，全球由IMF／GATT體制控管（參考第188頁）。在這樣的背景下，設定黃金1盎司＝35美元，實施1美元＝360日圓的固定匯兌制。

美國的發展，也是歐洲（一部分也是日本）的發展。「美利堅治世」（Pax Americana）[29]時代的到來——是全球都渴望美元、全球都使用美元，向美國購買商品的時代。

但仔細想想，全球貿易規模擴大＝美元使用量擴大。美元是基軸貨幣，因此交易決算以美元進行。隨著全球經濟的發展，美元量也必須增加。

另一方面，「黃金」從古至今累計約只有奧林匹克規模泳池大小的3.5倍份量（17萬噸，2013年），黃金的量是一定的。

那麼，對持續增加持有美元貨幣的各國，會有著「咦？這1美元紙幣到底是否真正能以1盎司＝35美元交換黃金呢」的疑問。

公定價格雖然是黃金1盎司＝35美元，但是依據倫敦市場中的需求與供給，黃金價格上漲。美國則與德、英、法、荷等協力集中黃金的國家對抗，但卻不持久，因為法國開始拒絕合作。美國的黃金持有率驟減，終於到了無法兌換黃金的地步。

1971年8月，理查·尼克森（Richard Nixon）總統突然發表停止美元紙幣與黃金的兌換，稱為美元危機（dollar shock），**戰後的IMF體制開始崩壞**。不久後，全球各國漸漸轉為管理貨幣制（變動匯兌制）。美元驟跌，由1美元兌換360日圓變成260日圓（1973年）。

全球出口增加

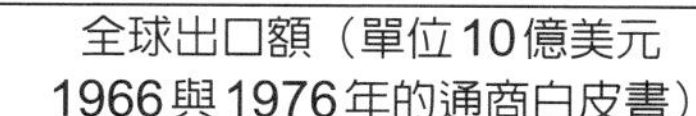

全球出口額（單位10億美元
1966與1976年的通商白皮書）

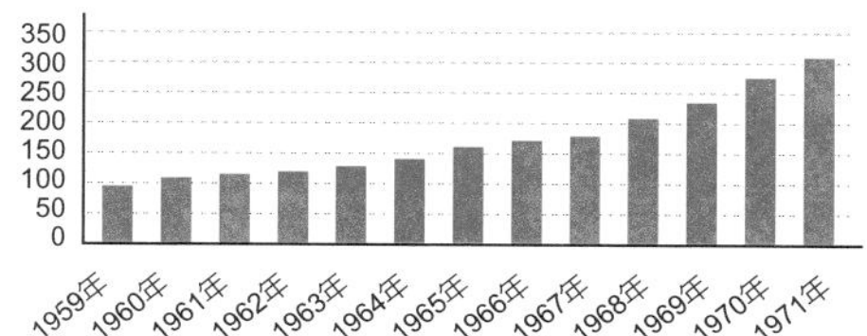

羅伯特・特里芬
（Robert Triffin）
活躍於美國的經濟學者
（比利時，
1911～1993）

「流動性的兩難」

美國國際收支赤字擴大⇨
向全球提供美元⇨
美元信用下跌

美國國際收支赤字減少⇨
美元供給不足⇨
全球經濟成長下滑

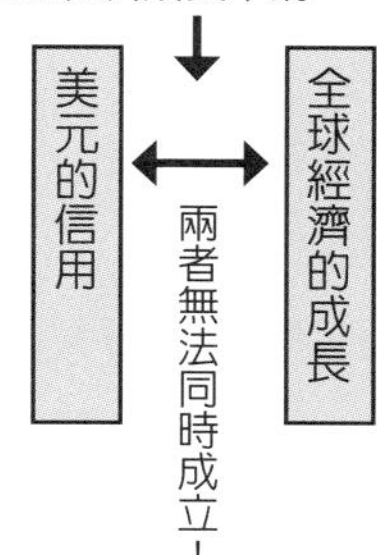

美國的苦惱
⇨黃金餘額減少，債務餘額增加

美國黃金餘額　短期美元債務餘額
（日銀、國際比較統計及其他）

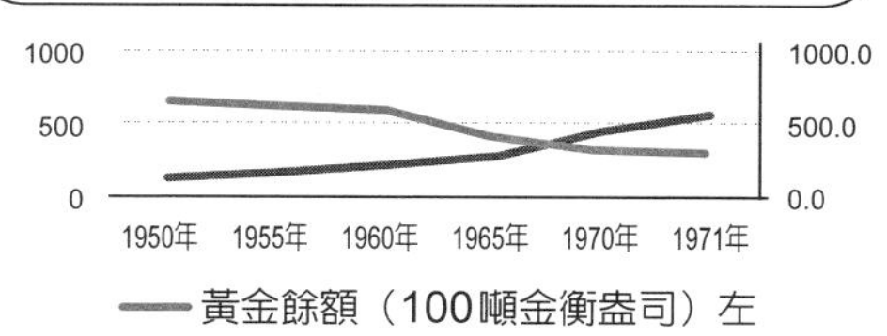

黃金餘額（100噸金衡盎司）左
短期美元債務餘額（億美元）右

戰後IMF體制的崩壞

1971年8月

美國將停止美鈔與黃金的兌換（交換）！

※黃金＝美元的保證，是受美國國內法的約束（參考第189頁）

理查・尼克森
（Richard Nixon）
美國第37任總統
（任期1969～1974）

IMF體制崩壞

↓

管理貨幣制（變動匯兌制）

需求管理政策 30

因高度成長，日本與西德的經濟規模漸趨擴大。而唯一的超大國──美國的經濟地位，漸漸下滑。

自1965年左右，美國的通貨膨脹已經開始浮現問題。發生通貨膨脹的原因之一，1964～1968年間，為了實現由詹森總統推行的福利制度「偉大的社會」的巨額財政支出。林登．詹森總統宣示「向貧窮開戰（war on poverty）」，讓老年人、殘障者與貧窮者，受保險保障的醫療補助（Medicare）政策。政府的醫療支出，從41億美元急升至139億美元。

原因之二，是自1963年介入越南戰爭。因最高投入多50萬人的陸軍部隊，導致國內沈重的財政負擔。

在凱因斯理論中，由於財政赤字導致物價穩定，是在有失業者的狀況下。但是1960年代中期的美國，卻是完全就業的狀況。**完全就業狀態下財政赤字來擴大政府支出，不得不造成通貨膨脹**。

政府需求擴大政策→利率上升→為了使利息下降而增加貨幣供給，當呈現接近完全就業時，就會導致通貨膨脹。

對於一發不可收拾的通貨膨脹，美國使用了禁忌的手段。首先，在尼克森總統任內，1971年8月發表美元危機的同時，他打出了「物價及薪資90天完全凍結的處置」與「課徵10%進口關稅」的政策。之後美國的物價及薪資管制，在1970年代持續進行，曾試圖解除管制，但通膨又再度發生，導致不得不持續執行下去。

美國通貨膨脹的構造

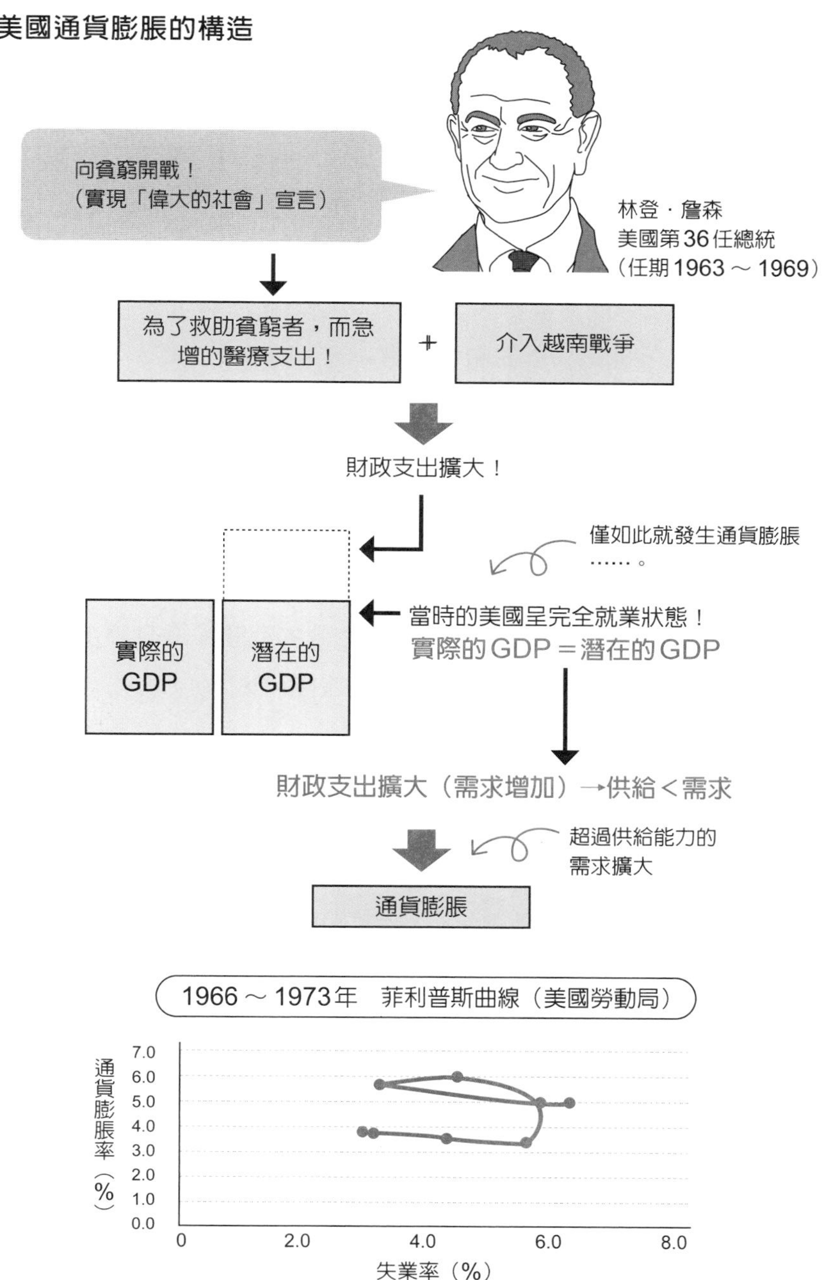
向貧窮開戰！
（實現「偉大的社會」宣言）
林登・詹森
美國第36任總統
（任期1963～1969）
為了救助貧窮者，而急增的醫療支出！
＋
介入越南戰爭
財政支出擴大！
僅如此就發生通貨膨脹……。
當時的美國呈完全就業狀態！
實際的GDP＝潛在的GDP
實際的GDP
潛在的GDP
財政支出擴大（需求增加）→供給＜需求
超過供給能力的需求擴大
通貨膨脹
1966～1973年　菲利普斯曲線（美國勞動局）
通貨膨脹率（%）
7.0
6.0
5.0
4.0
3.0
2.0
1.0
0.0
0
2.0
4.0
6.0
8.0
失業率（%）

停滯性通貨膨脹

停滯性通貨膨脹讓自1970年代開始，持續的設備投資低迷、進口商品價格上漲、生產效率提升的遲緩，以及成長的停滯等諸多問題浮上檯面。

對持續通貨膨脹補下最後一刀的是，1970年代發生的石油危機。1973年中東戰爭開始，石油價格爆增4倍。1974、1975年，美國經濟呈現負成長，1975年的失業率為7.5%，是自戰後以來最糟的情況。接著，1979年由於伊朗革命導致石油產量銳減等原因，導致第二次石油危機再次席捲各先進國家。1973～1986年間，歐盟諸國失業率由3%上升到了11%；能源完全依靠進口的西歐，連喘口氣的時間都沒有。

1970年代雖然不景氣（低成長），但物價的上漲卻沒有停止，被稱為「停滯性通貨膨脹(stagflation)」。【經濟停滯(stagnation)與通貨膨脹(inflation)的混成詞】

在凱因斯學派的需求管理政策中，對於停滯性通貨膨脹是沒有任何方法對策的。即使採取應對不景氣的擴大財政支出政策，或是為降低利息而大量增加貨幣供給，結果也只是造成通貨膨脹擴大。薩繆爾森等經濟學者都沒能提出有效的解決方法，不論是學會亦或是政界，皆被這個問題緊逼著。

停滯性通貨膨脹一直持續到1982年左右為止，美國物價以平均每年6.5%的速度持續上升（17年上升了2.92倍，以20萬美元＝2000萬日圓可以買到的房子換算下，因通貨膨脹卻上漲到58.4萬美元＝5840萬日圓）。連企業用以投資的累計折舊費用，卻只夠更新不到一半的設備。

當時的美國，是真的對「通貨膨脹」束手無策了！

凱因斯學派對石油危機束手無策！

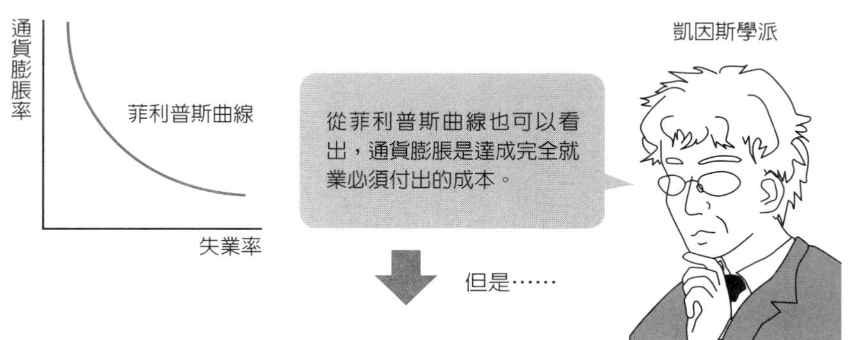

〈1970年代〉停滯性通貨膨脹

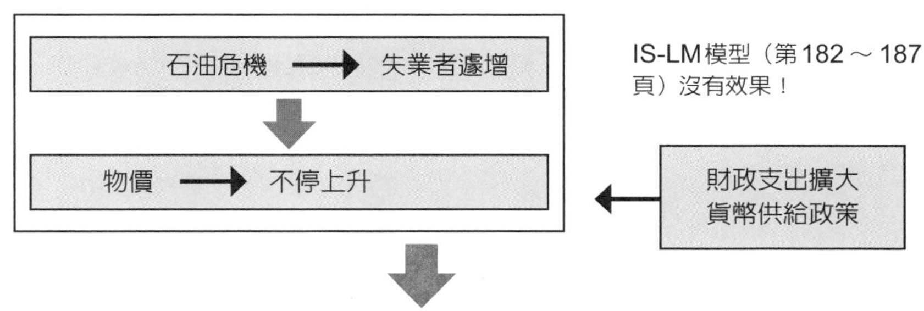

到了1982年左右為止，物價仍持續上漲

需求管理政策，無法應對供給的巨大變動

實質GDP成長率（左　%）　通貨膨脹率（左　%）　失業率（右　%）

（出處：甲南大學　稲田義久「現代美國經濟」網站 U.S. Bureau of Economic Analysis）

日本第一

日本對美國的貿易順差在1975年約為10.5億美元，於1981年成長到約163億美元，6年的時間膨漲了16倍。這與其後的貿易摩擦有關聯。

1970年代，歐美陷入停滯性通貨膨脹的狀態。日本也在1973年的石油危機中，結束了1960年代的高度經濟成長。隔年，開始了自第二次世界大戰後，第一次的經濟負成長。在1979年的第二次石油危機時，日本的經濟成長率也是下滑的。

雖然說是經濟成長率下滑，但是日本的成長率，比起美國仍然較高。假設實質GDP在1970年時為100，那麼1981年日本成長了1.67倍，美國則是1.39倍；這期間的平均成長率，日本是4.77%，美國則是3.07%。

而且在這期間內，日本的通貨膨脹率與失業率，也比美國低。當歐美深陷停滯性通貨膨脹中時，而日本的經濟表現，維持著令人驚訝的水準。

當時日本的經濟成長，稱為「日本的奇蹟」，由傅高義（Ezra Feivel Vogel）整理所著的《日本第一：給美國的啓示（Japan as Number One：Lessons for America）》，當時十分暢銷。

日本，**利用技術革新克服了石油危機**（能源消費較少的省能源技術、開發產業用的機器等）。結果，日本對美國的出口量增加，其中代表性的商品是汽車。美國的汽車產業被日本車占盡優勢，**貿易摩擦（Trade friction）變成非常嚴重的問題**。美國開始限制日本進口汽車的數量，結果日本對汽車的出口實行自主規範（1981～1983年）。美國因為自身成長率的下滑而打壓日本。

二戰後，日本的經濟表現

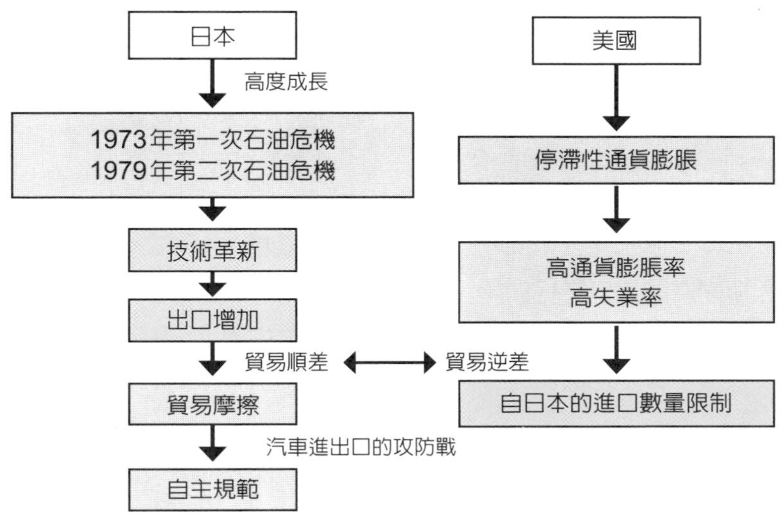

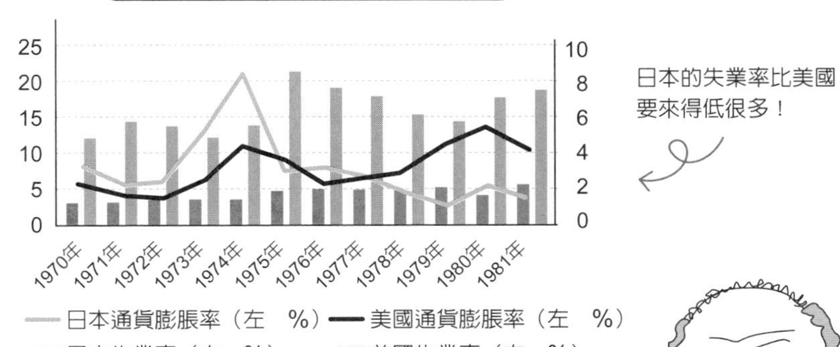

今日有許多制度皆追求效率，面臨脫工業化時代，對於迫在眉睫的問題，重新規劃對策，日本可以說是第一名。即使國土狹隘、資源貧乏、人口過剩的日本，在經濟、教育、保健、治安等各方面的成果是各國無法模仿得來的。

傅高義（Ezra Feivel Vogel）
（美國，1930～）
主要著作：《日本第一：給美國的啓示》

貨幣主義 1

米爾頓·傅利曼

主張應該徹底信賴市場機制，同時並基於規則制定政策的貨幣主義學派。

米爾頓·傅利曼（Miltom Friedman，美國，1912～2006）是自凱因斯學派的全盛時代開始，始終堅持批評需求管理政策的一名經濟學者。他的理論是以「貨幣」為中心的「貨幣主義」。金融政策是短期有效、長期無效，而財政政策不論長短期，都無法產生效果亦即變成無效的政策。不是說讓「政府、中央銀行無作為」，而是讓「**市場經濟機制圓滑地運作**」，冀望是有最小限度的干預，因此主張「小政府」（Limited Government）。

政府使用他人的錢（稅金）投資，即使失敗了也不會負責任；民間使用自己的錢投資時，責任則在投資人自己身上。因此民間的效率較高。另外，因為總投資額＝民間I＋政府G，政府的投資增加時，利息上升，民間投資減少（排擠效應crowding out），因此財政政策無效。

因眾人皆對未來有期待（預期），金融政策也就無效了。名目薪資上漲時，勞動供給也會增加，都是因為預期通貨膨脹而導致的薪資調漲，實質薪資會回歸到原本狀態。只有在這期間的金融政策是有效的，但是長時間下來也只剩下通貨膨脹。

當凱因斯學派失去任何政策手段時，出現了⑴**貨幣主義與**⑵**新古典派總體經濟學：理性預期假說（第204頁）**，皆否定凱因斯學派的理論。貨幣主義不只當時的學會，甚至連一般社會也受其思想之滲透，進而擁有政治的影響力。傅利曼在1977年，將其曾參與受眾為一般聽眾的電視節目所提到的內容，收錄整理成《選擇的自由》一書，其後成為全球暢銷書。

凱因斯學派與貨幣主義學派的不同主張

	凱因斯學派	貨幣主義（傅利曼等人）
財政政策	○	X　危機認知→政策確定→在有成效前就會發生排擠效應（crowding out）
金融政策	○	△　短期　貨幣錯覺的期間 X　長期　只會留下通貨膨脹
	裁量	K% 規則（參考第202頁）

傅利曼主張固定的失業率＝自然失業率

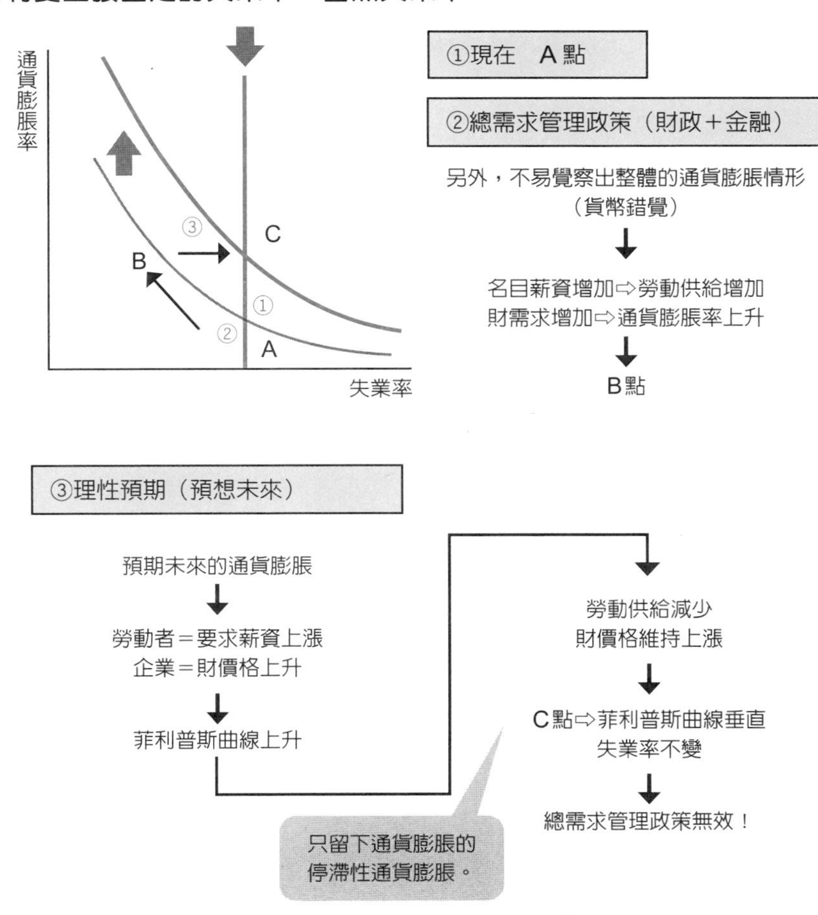

通貨膨脹率
失業率
A
B
C
①
②
③
①現在　A 點
②總需求管理政策（財政＋金融）
另外，不易覺察出整體的通貨膨脹情形（貨幣錯覺）
名目薪資增加⇨勞動供給增加
財需求增加⇨通貨膨脹率上升
B 點
③理性預期（預想未來）
預期未來的通貨膨脹
勞動者＝要求薪資上漲
企業＝財價格上升
菲利普斯曲線上升
勞動供給減少
財價格維持上漲
C 點⇨菲利普斯曲線垂直
失業率不變
總需求管理政策無效！
只留下通貨膨脹的
停滯性通貨膨脹。

通貨膨脹＝貨幣現象

傅利曼主張「量化寬鬆的貨幣政策與擴大財政支出，只有短期間的效果；時間一長，狀況還是會回復，只會讓通貨膨脹與財政赤字更加惡化」

傅利曼認為，已呈現自然失業率狀態的安定下，為了進一步減少失業者而採取總需求管理政策的凱因斯學派，越是採取這樣的政策，越容易造成通貨膨脹。是通貨膨脹的自我實現。

黃金1盎司＝35美元的固定匯兌制的崩壞（變動匯兌制最適合），也在預期之內。說服力充足，已被理論證實。

傅利曼「資本主義與自由」（村井章子　日經BP公司）

規定1盎司＝35美元兌換黃金。因此，人們有資格向銀行提出將手頭上的美元換成黃金，進而引發擠兌風潮。雖然不知道何時會發生，但是在未來發生的可能性很高。我認為變動匯兌市場制，才是最適合自由市場的機制。

另外，也批判完全沒有採取任何金融政策時的狀況。1930年代的經濟大恐慌，本來只是中央銀行應該要增加貨幣供給量，相反地，反而減少供給，傅利曼認為是造成經濟大恐慌的原因而導致的結果。換句話說，主張在不景氣時期應該要積極實施量化寬鬆的貨幣政策（對於1990年代的日本也應該如此）。

如此，實行金融政策，斟酌多寡非常困難，因此主張不論是在什麼狀況下，均將**貨幣供給增加率設定為一定的**「K%規則」。

傅利曼批判**政府不是過度（凱因斯學派政策），就是沒有作為（經濟大恐慌時量化寬鬆的貨幣政策）**。為遵守K%這個規則，必須要衡量金融政策。雖然主張將市場機制，進行最有效地利用，但卻不是「全權交給市場機制」。

貨幣供給量增加政策是什麼？

貨幣供給量的增加（裁量政策）[31]，雖然短期間可以增加生產量或就業量，但是長期間實施，就有可能發生通貨膨脹。

貨幣數量論
供給：貨幣量 × 在市面上流通的次數＝需求：物價 × 交易量

為了抑制通貨膨脹，應該要？

中央銀行以一定的比率，增加貨幣供給量（Monetary base＝中央銀行發行的貨幣；Money stock＝市面上流通的金錢總數量）

不是裁量，是規定！

若是供給量固定，因為景氣變動市場中央銀行放貸的增減，也可以有與金融政策相同的效果。

K％規則有效！

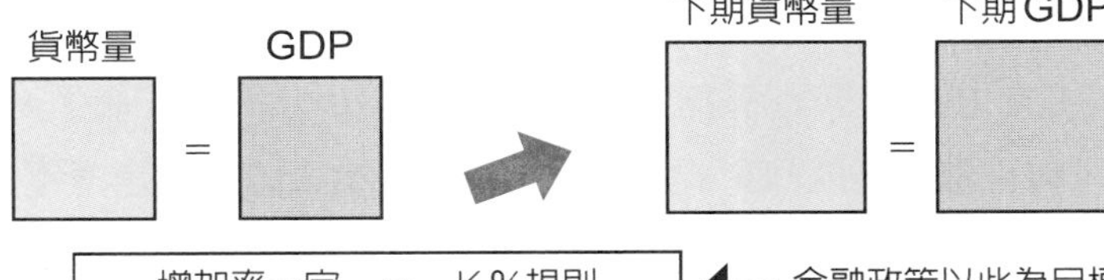

增加率一定　＝　K％規則　←　金融政策以此為目標

通貨膨脹，是不論何時發生都是指貨幣的現象。減少貨幣的供給量，通貨膨脹就會減緩。

米爾頓・傅利曼
（美國，1912～2006）
著作：《資本主義與自由》、《選擇的自由》

接近傅利曼90歲生日時（2002年）
認為經濟大恐慌的原因，是採取了錯誤的金融政策。（沒有實施貨幣供給）你們的主張是正確的，因為有此主張，FRB才沒有重蹈覆轍。

班・柏南奇
（Ben Shalom Bernake）
（美國，1953～）
雷曼兄弟事件時的FRB議長

新興古典派 1

盧卡斯批判

相對於過去的古典派、新古典派（Neo Classical），1970年代以後的盧卡斯等經濟學者，被稱為新興古典經濟學派（New Classical）。

盧卡斯為1970年代最具影響力的經濟學者之一，改變了凱因斯學派的總體經濟學理論的潮流，主張總體經濟學的模型應該立足於個體經濟學的基礎上。

他提倡理性預期假說，即是最大限度地利用（理性的）情報，預測未來（預期）。例如，人人預期當局的金融擴大政策（貨幣供給增加），那麼手中持有的錢，比起儲蓄更適合用來購買對抗通貨膨脹較強的股票或土地（理性的判斷）。因為儲蓄的利率，有可能會低於通貨膨脹率。

即使政府實行裁量的財政[32]、金融政策，因企業或個人皆是準確預測政策實行的結果，而採取現在的行動，導致其政策（未來的改變現在的）效果無效。凱因斯學派理論中，並未考慮到「預測未來」，以及以此為基礎時行動的變化，而盧卡斯（Robert Lucas）所批判的就是這一點（盧卡斯批判）。

將理性預期列入考量的狀況下，必須要記錄人與企業是如何採取行動，將個體經濟學（最適當化行動的分析框架）導入模式中，是不可欠缺的。**總體經濟學，是以個體經濟學為基礎的**。

總體經濟學的歷史，以盧卡斯的批判前後作為分水嶺劃分，迎來了總體經濟學的變革。其後，經濟學則以理性預期假說（右圖）為前提，並導出消費與投資的公式。凱因斯學派的學者們，若是不使用這個架構，在理論上也無法與之對抗。

理性預期（rational expectation）＝最大限度利用和合理地預期現有的情報

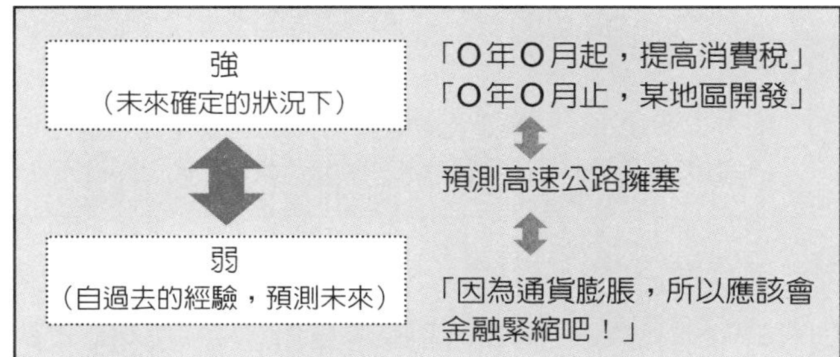

何謂理性預期假說？

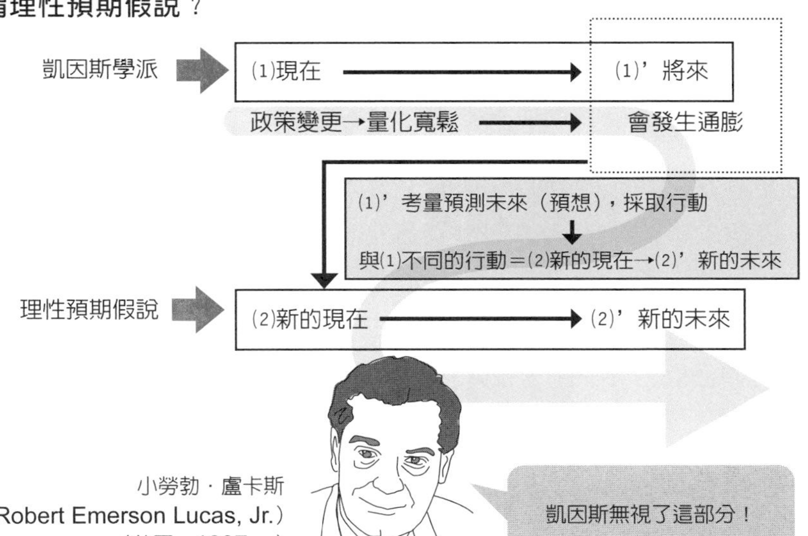

小勞勃・盧卡斯
（Robert Emerson Lucas, Jr.）
（美國，1937～）

凱因斯學派、貨幣主義、新興古典派的不同

	凱因斯學派	貨幣主義	新興古典派
金融政策	○（因流動性的陷阱X）	短期△　長期X	X
財政政策	○	X	X
菲利普斯曲線	○	長期（垂直）X	短期X 長期（垂直）X

新興古典派 2

理性預期假說

盧卡斯認為，失業是當國家將最大利益設定為目標，自發性選擇而造成的結果。凱因斯認為的「非自發性失業」會消失。

在凱因斯學派模式中，是以優秀的學者自外部觀察經濟世界，找出其中的法則（理論），並為了衆人而實施正確的金融、財政政策為前提（哈維路的前提）[33]。

然而，理性預期學派則認為，如果這是這麼有用的理論的話，在經濟世界中，企業或消費者也可以利用學習（經驗），來精通這些理論。而且政策立案者也並非無私之人，也是為追求自身的利益而存在（凱因斯就批判過那些追求眼前利益的政治家與官僚）。

在盧卡斯模式中，人的一生可分為退休前與退休後的兩個期間，並且是以貨幣數量論（第203頁）為依據。

假設，在現在的時間點發生通貨膨脹，可以想到的原因有兩個：因實物經濟而發生（供給＜需求下的物價上升），或是因貨幣經濟而造成（政府的貨幣供給：量化寬鬆）。

在這個狀況下，人們無法預測量化寬鬆的貨幣政策下增加生產時，政策才會有效。但是，**若所有人對於政府的量化寬鬆的貨幣政策皆認知正確，因不是實質上的通貨膨脹，所以生產不會增加，導致被預期的金融政策也就無效了**。

將人們基於預期而行動，納入考量分析，這就是動學模式（DSGE模型）。股票、利息、以至於商品的價格設定，幾乎所有的經濟行動，皆是以人們的預期為基礎而決定的。將**這個預期以過去和現在的數據（變數）表示，並設定將來變數與現在變數相同，就稱之為「理性預期」**。

存在於理論、實踐，與現實的經濟世界中的理性預期學派

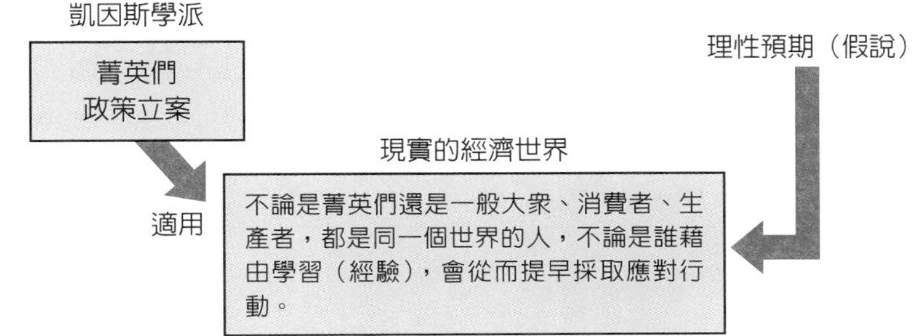

將未來納入考量的個體經濟學分析模式

預算線並非僅指現在的所得，而是將一生（青壯年期＋老年期）的所得加以分析。

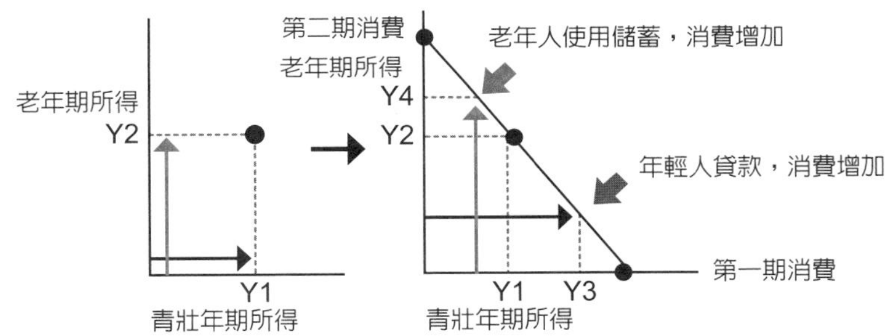

盧卡斯與凱因斯學派的對決

耶魯大學現在還有教授在使用非自發性失業等這種不明究理的詞語；而在芝加哥大學，使用這個愚蠢的詞語的學生，一個都沒有。

盧卡斯
（芝加哥大學）

托賓（耶魯大學，凱因斯學派）

原來如此，你的確是非常敏銳的理論家，但是有一點你是絕對贏不過我的。年輕的你沒有經歷過經濟大恐荒，但是我卻親身經歷過。大恐慌的悲慘情況，單憑你的理論是無法說明的。

在耶魯大學的研討會上發生的小插曲
（吉川洋著《凱因斯時代與經濟學》）

李嘉圖－巴羅等價定理與真實經濟周期理論

隨新政策的施行，人們的期待會改變，而各別的合理行動也會有所變化。根據新興古典派的理論，經濟系統會自一個均衡轉移到另一個均衡。

李嘉圖－巴羅等價定理

理論上來說，可以將理性預期假說以極端的方式推演，這就是李嘉圖－巴羅等價定理。

依據巴羅（Robert Joseph Barro，美國，1944年～）的論點，即使政府發行國債借錢，人們會預期國債將由未來的增稅來償還。於是人們就會預測那個金額作儲蓄，為未來作準備。因此，**政府支出的增加，因民間消費的減少而互相抵消，沒有造成總需求的變化，財政政策的效果就無法發揮**。不管這個理論實際上是否成立，李嘉圖－巴羅等價定理對經濟學的理論上，帶來了很大的影響力。

真實經濟周期理論（Real Business Cycle Theory）

由芬恩·基德蘭德（Finn Kydland）與愛德華·普雷斯科特（Edward Prescott）於1980年代提倡的真實經濟周期理論（Real Business Cycle Theory），指的並非貨幣或金融（名目），而是鐵或汽車等「實際」物品、服務的「真實（Real）」，是極力排除貨幣影響的純粹理論。雖然景氣的變動是由於供給面的因素而引起（無法預期的衝擊等），即使為了應對發生的衝擊而採取行動，**因預期各個時間點所有市場中的供需會一致（均衡），因此沒有政府政策介入的餘地**。

舉例而言，這就像是F1賽車般，僅擁有2小時的終極引擎（理論）。雖然不適合開在一般車子行使的道路上（實踐），但是以追求理論的極限，作為學問來說，是理所當然的。

李嘉圖－巴羅等價定理

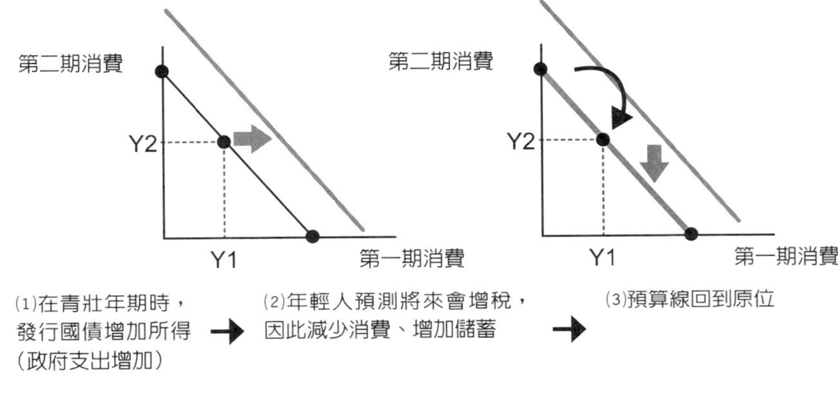

預算線不變＝三角形不變 ← 財政政策無效

何謂真實經濟周期理論？

將現實經濟極度抽象化

↓

(1)商品與服務市場、生產要素市場（資本、勞動）的完全競爭
(2)調整成本等不發生摩擦
(3)1財1部門1主體模式
(4)錢與一般物價等的名目變數不登場
(5)資訊完備且對稱（消費者也完全瞭解商品、服務）

↓

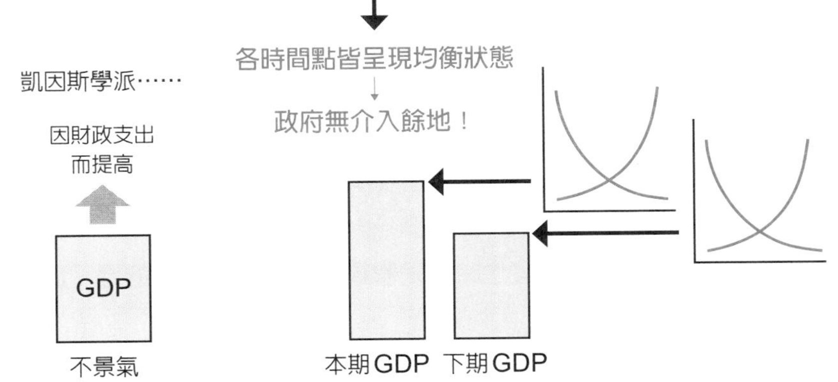

新興古典派4

總體經濟學的進展

盧卡斯批判「凱因斯學派的政策，與其他經濟學者或一般人比仍舊是『沒有科學的根據』，在這層意義上是不健全的。」

新興古典經濟學派（立足於個體經濟學的基礎）的登場，導致總體經濟學發生了變化。一直以來主張政府應採取裁量的財政、金融政策的凱因斯學派，沒有將因為政策變更，而造成的行動變化列入考量。

在這之後，新興古典派正試圖向真實經濟周期理論（第208頁），這個市場均衡理論極致精緻化的研究邁進。

另一方面，凱因斯學派則立足於個體經濟學的基礎，理性預期假說這個來自新興古典派的理論，試圖證明在價格不變動的狀況下，理論上仍然行得通。這些凱因斯學派學者，稱為**新興凱因斯學派**。

到2000年時，建立在個體經濟學上的新興凱因斯學派，與真實經濟周期理論的總體經濟學開始融合，融合後的學派被稱為**動態隨機一般均衡模型**（Dynamic Stochastic General Equilibrium，簡稱DSGE模型）。

隨著逐漸從融合新興凱因斯學派的理論中裁量的財政、金融政策，特別是縮小財政政策的角色。

確實，自1990年代到雷曼兄弟事件為止時，主要是依賴金融政策，剛好可以滿足總體經濟的運作。

然而，DSGE模型是建立在古典派的一般均衡的架構上，因此無法分析因為這個架構崩塌而導致的「不景氣」。凱因斯試圖以一般理論解釋的「不景氣」，不否認在前提就已經被DSGE模型排除在外了。

結果，**在雷曼兄弟事件發生時，總體經濟政策發揮作用的是「舊」凱因斯學派的IS-LM模型**。

從凱因斯到DSGE模型的流程

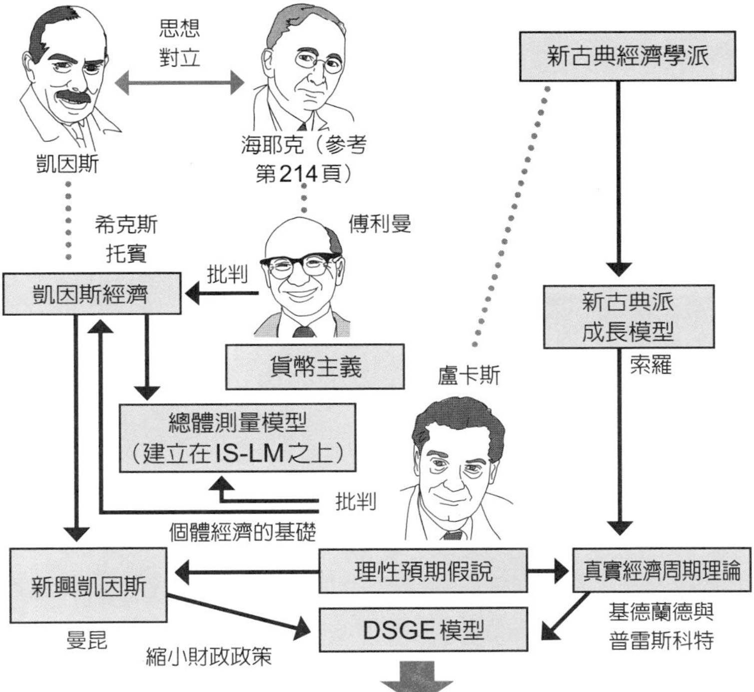

凱因斯
思想對立
海耶克（參考第214頁）
新古典經濟學派
希克斯
托賓
傅利曼
批判
凱因斯經濟
貨幣主義
新古典派成長模型
索羅
盧卡斯
總體測量模型（建立在IS-LM之上）
批判
個體經濟的基礎
新興凱因斯
理性預期假說
真實經濟周期理論
曼昆
DSGE模型
基德蘭德與普雷斯科特
縮小財政政策

雷曼兄弟事件時沒有起作用！
發揮作用的是舊凱因斯學派的IS-LM模型！

盧卡斯批判後的總體經濟學

淡水學派（五大湖周邊大學）	鹹水學派（東岸、西岸沿岸大學）
新古典派與新興古典派	凱因斯學派
傅利曼 盧卡斯	薩繆爾森 托賓
市場經濟	重視裁量政策
價格會變動	價格會僵直不下滑

· 必須要有個體作為基礎
· 避免高通貨膨脹
· 總體政策的中心是金融政策

雷根經濟學

供給面學派（Supply-side economics）的費爾德斯坦（Martin Feldstein），反對擴張軍備（財政）而辭任，之後FRB開始施行量化寬鬆政策，不過並沒有徹底執行。

為了對付高通貨膨脹，美國的政策從「**凱因斯學派需求管理政策，改變為貨幣主義金融論**、**供給面經濟政策**」。

在金融政策方面，則實行傅利曼所提議的「為了抑制停滯性通貨膨脹，要先控制通貨膨脹。為了阻止通貨膨脹，雖然會發生暫時的高失業率，但必須要減少貨幣供給。」

1979年FRB（美聯儲，相當於中央銀行）導入新的金融政策。由當時的FRB議長保羅・沃爾克（Paul Volker）實施的**沃爾克金融政策**，將金融政策的目標由利率轉換為貨幣量。換句話說，**即對利率視而不見，減少貨幣供給量**。而減少市面上流通的貨幣供給量後，利率爆漲。

在財政政策方面，則是雷根總統時代的「**雷根經濟學**」，以**削減年度支出、減稅、制度鬆綁為主軸的供給面經濟政策的導入**。

1981年的經濟再建稅法，實行大規模的減稅，最高所得稅率由1981年的70%，隔年降至50%，最低所得稅級距也自14%降低至11%。另一方面，軍事支出則由1981年的1580億美元，增加到1985年的2530億美元（占政府預算的25%）。

英國的柴契爾（Thatcher）政權，也施行稱為「柴契爾主義」的經濟政策，目標是縮小貨幣供給量、阻斷工會的政策干涉的、將政府介入勞動市場的勢力減到最小。**日本的中曾根內閣也採取「小政府」政策**，將電電公社（現在的日本電信電話株式會社NTT）、專賣公司（現在的日本菸草產業JT）、國鐵（現在的JR）民營化。

美國的金融政策

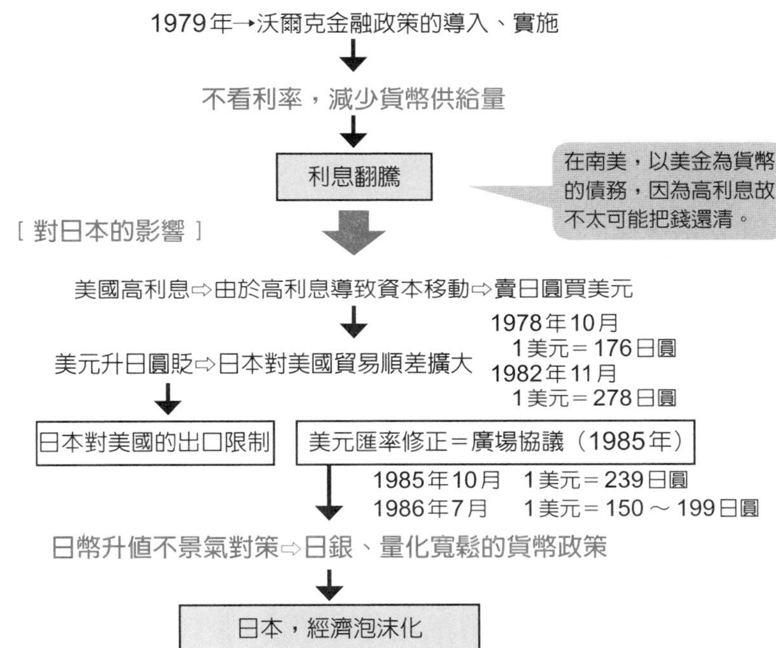
1979年→沃爾克金融政策的導入、實施
不看利率，減少貨幣供給量
利息翻騰
在南美，以美金為貨幣的債務，因為高利息故不太可能把錢還清。
［對日本的影響］
美國高利息⇨由於高利息導致資本移動⇨賣日圓買美元
1978年10月
1美元＝176日圓
1982年11月
1美元＝278日圓
美元升日圓貶⇨日本對美國貿易順差擴大
日本對美國的出口限制
美元匯率修正＝廣場協議（1985年）
1985年10月　1美元＝239日圓
1986年7月　1美元＝150～199日圓
日幣升值不景氣對策⇨日銀、量化寬鬆的貨幣政策
日本，經濟泡沫化

美國的財政政策

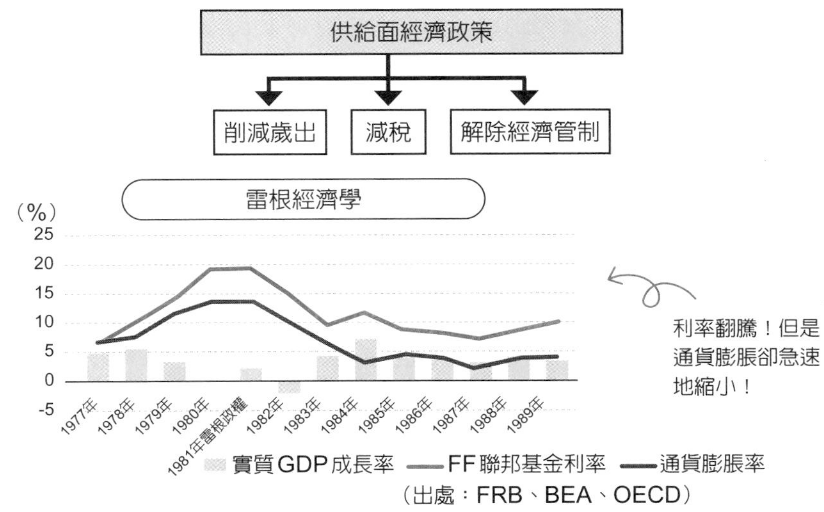
供給面經濟政策
削減歲出
減稅
解除經濟管制
雷根經濟學
（%）
25
20
15
10
5
0
-5
1977年
1978年
1979年
1980年
1981年雷根政權
1982年
1983年
1984年
1985年
1986年
1987年
1988年
1989年
利率翻騰！但是通貨膨脹卻急速地縮小！
實質GDP成長率
FF聯邦基金利率
通貨膨脹率
（出處：FRB、BEA、OECD）

自由主義者——弗里德里希·海耶克

海耶克1944年出版的暢銷書《通往奴役之路》，將集體主義的納粹、蘇聯式的系統徹底批評了一番，其一生都在提倡個人的自由主義。

提倡徹底的自由主義的海耶克（Friedrich August von Hayek），將積極介入主義的凱因斯視為思想上的敵人。

當時在蘇聯，需求與供給量是由中央政府所計畫，要蒐集一個個龐大的情報，其實是不可能的。在現場累積的「Know-How」、在業界中更細微的情報（人際關係）等各別的事情，僅依靠中央政府是蒐集不完的。但若是無視這些，就會被遠離現場的「計畫」，又帶回到現場去執行的事態。因此，海耶克認為**經濟活動不應是中央統治經濟，而行動的選擇，應讓當事者承擔其風險，故民間的市場經濟比較合理**，不論誰都只能掌握一部分的情報。

政府的角色，應該是私有財產制度的保障、民法等規則制定、基礎建設的鋪設、教育支援、公共衛生、勞動環境整理，以及防止環境破壞的系統。並沒有「完全交由市場才合理」或「政府機關要站在民間角度」的想法。

另外，政府應該**不是依據「裁量」介入市場，而是依據「規則」介入**。市場的參加者，因為是在明確規則下預測未來，並且採取「各自的經濟活動計畫」、「將風險降至最小」。

若是政府沒有完全掌握所有情報，就訂定裁量的規則（個人事前無法預測規則），就會變成「**國家越是計畫（未來），個人的計畫（未來）就越困難**」這樣的悖論。

弗里德里希·海耶克
（Friedrich August von Hayek）
（奧地利，1899 ～ 1992）

行使強制權力的行政組織，所被許可的自由裁量，要儘可能抑制在最小的限度……

若不是形式上的規則（法律），而是實質上的規則（裁量），那麼國家會被強加上道德。納粹或共產主義國家是道德的，自由主義國家則不同。

否定理性　人只有片段的知識！

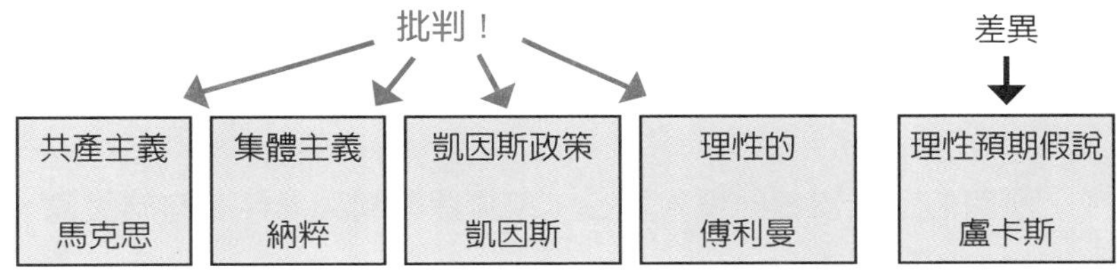

〈於經濟活動中〉

中央政府的經濟統治⇨無法將各別的情報蒐集完全⇨現場混亂

民間的市場經濟⇨選擇行動，並承擔風險⇨合理的

否定裁量

政府的裁量，否定當時各別時點下的任意判斷

應該依據規則（形式）介入

· 計畫各別的經濟活動
· 能將風險降到最小限度

認可裁量的話……

翁百合「在比賽中改變規則的行政，會阻礙革新」
日清製藥申請特定保健用食品的「葡萄糖苷分解膠囊」，被消費者委員會以「膠囊容易被誤認為醫藥品」拒絕認可，但粉末狀的同類商品卻已經拿到許可。2001年膠囊型商品也被厚生勞動省通知是可以認可的，應該沒有形狀限制才對。
（節錄自日經新聞2014.7.15）

社會（共產）主義

蘇聯的解體與國際化

1928年成立的蘇聯共產主義制度，將企業國有化，並由國家中央政權下達指令（OO年計畫），來進行生產的經濟結構。

蘇聯解體的理由之一為長期的經濟匱乏。因為是計畫經濟（建立5年或7年的計畫），即使在1973年發生石油危機時，**對於低迷的景氣也沒有減少投資**。另外，為了使計畫（俄文：Normal）能按照預定時間達成，**所有的企業皆參與投入資金，來確保原料與零件等材料設備，更是使得生產手段匱乏**。

消費財的價格被統一控管（有時也有免費的狀況），常常呈現需求>供給，各地皆有大排長龍的狀況。比起買方來說，賣方更占優勢，因此沒有追求品質或是提升生產效率的誘因。

在西方國家，這種供給者很快就會倒閉，但是在共產主義社會不會倒閉。因為沒有背負責任的主體，所以無法阻止資源不足或投資過剩問題。

蘇聯在太空或軍需產業皆有分配資源、人力、資本，但是因資本永遠不足，最後出來的成品就如紙糊般的導彈那般脆弱。

1989年，同為社會（共產）主義的東歐各國，皆發起打倒共產黨獨裁的革命，1991年連蘇聯也解體了。全球各地進行計畫經濟的經濟營運的發展中國家，也開始導入了市場經濟。在此之前，是由西方（資本主義）v.s.東方（共產主義）兩個經濟集團，進而**統合成為一個市場，也就是「全球化」的時代**。市場經濟人口自27億人，一口氣增加至55億人。

蘇聯計畫經濟體制的特徵與問題

政府	共產黨的指導優先	→	對於天災或經濟危機，計畫修正遲緩
	國營企業、協同組合中心	→	官僚體制
企業	分配生產計畫（Normal）	→	詐騙猖獗（報告不實、資材非法出售）
市場	薪資相同	→	勞動者沒有工作意願、沒有創意巧思
	管制價格及數量	→	資源、生產物的適當分配困難（資材不足、小店排隊）
	禁止自由交易	→	無法採取個人的衡量，沒有創意巧思

「長期經濟匱乏」
資本、生產手段、資源的匱乏……

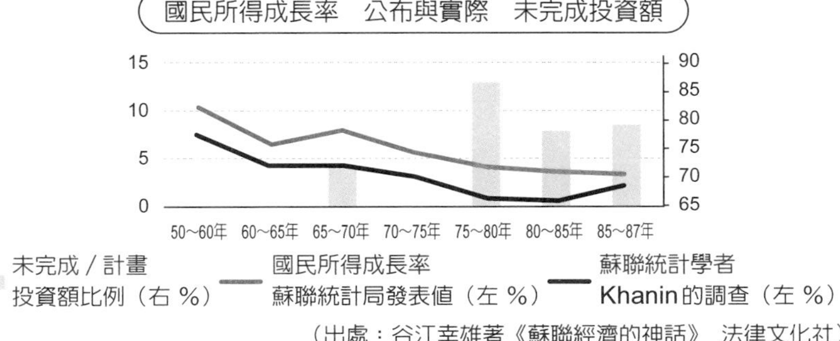

（出處：谷江幸雄著《蘇聯經濟的神話》 法律文化社）

蘇聯解體（1991年），進入全球化時代！

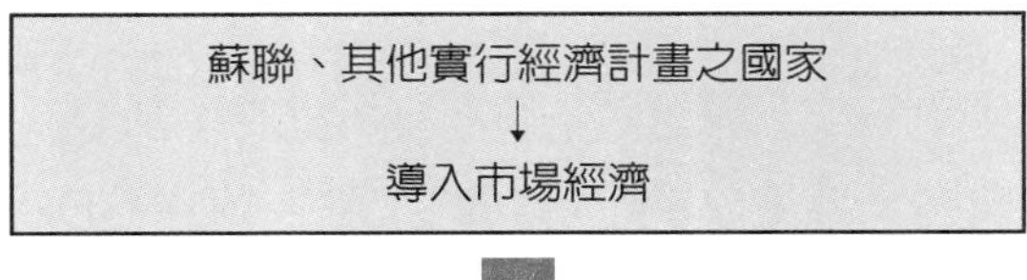

蘇聯、其他實行經濟計畫之國家
↓
導入市場經濟

全球化時代來臨！

通貨膨脹目標制

通貨膨脹目標機制首次出現於紐西蘭。2012年，含已開發國家共超過20個國家導入。

1980年代，英國、加拿大、紐西蘭、瑞典等國，與美國一樣於1986～1990年的長期利率（10年率）達到10%以上的高通膨的衝擊。

1990年前後，各國通貨膨脹的預期將會漸趨安定，為了成功降低通貨膨脹率，導入了通貨膨脹目標制（Inflation Targeting）。最初，仍舊發生財政赤字，不為市場所信賴，但是在1990年後半，通貨膨脹的預期（預想）與長期利率皆穩定在低位水平，通貨膨脹目標制終於獲得信任。右頁列出四點主因。

1990年代，史丹佛大學的泰勒（John Taylor）教授提出「比起裁量，規則更重要」這樣的想法，「以物價與景氣（GDP差）為基礎，決定央行貼放利率」（泰勒規則）。

名目利率＝實質利率＋通貨膨脹率
＋ α ×（通貨膨脹率－通貨膨脹目標率） 考慮通貨膨脹
＋ β ×（實質GDP －潛在GDP） 考慮失業

α與β為大於零的定數，是表示中央銀行對通貨膨脹，以及失業的政策重視程度的平衡數值。假設為0.5的話，則代表對兩者的重視程度相同。

假設通貨膨脹率為零，與通貨膨脹目標相同時，則

名目利率＝實質利率＋0.5×（實質GDP －潛在GDP）

至今，成為中央銀行採用的分析模型之一。

各國導入通貨膨脹目標制

	導入時期	目標率	
英國	1992年10月	2%	超過1～3%範圍時，有義務向財務大臣報告
加拿大	1991年2月	中間值2%	1～3%的波動
紐西蘭	1988年4月	1～3%	無法達成時，可能會罷免總裁
瑞典	1993年1月	2%±1%	

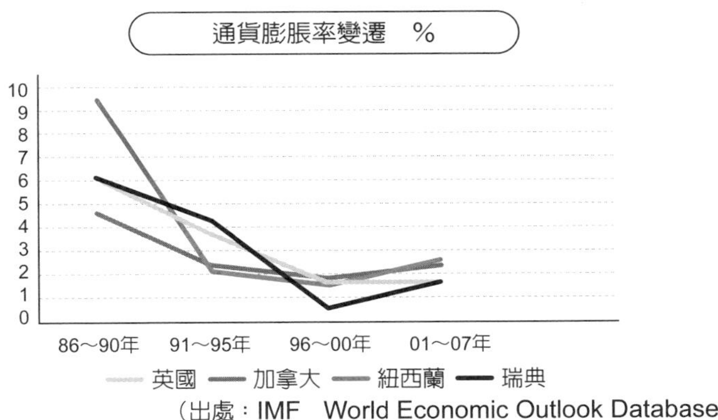

（出處：IMF　World Economic Outlook Databases）

通貨膨脹目標制受到信任的原因

(1)金融政策的透明化（Commitment）	中央銀行的政策廣為人知，因而國民的預期也會隨之改變。
(2)政府財政的重建與改善	1996年，除了英國以外三國皆黑字，英國也比實施通貨膨目標制的前10年間，GDP改善了2%。
(3)政府給予中央銀行的獨立性	1997年，英國的政策利率決定權，由財務大臣→中央銀行。在那之前曾發生不顧中央銀行總裁的諫言，財務大臣仍然採取遭到反對的行動（1995年5月的利率調升，1996年6月的利率調降）。
(4)沒有引發通貨膨脹的外在因素	全球化的發展後，經濟、產業構造更加提升了。

NK（IS-MP）模型

IS-LM模型是不考慮價格的短期模式，而現在進化成考慮價格（通貨膨脹率）的IS-MP模型。

在盧卡斯的批判後，總體經濟學學者皆同意不得不將總體經濟學理論建立在個體經濟學的基礎上（淡水學派、鹹水學派）。並且具有總體政策的中心是金融政策與務必迴避高通貨膨脹的共通論點。

金融政策是參考**費雪方程式**與**泰勒規則**。中央銀行遵從通貨膨脹目標或是泰勒規則，繼而使GDP成長以及追求通貨膨脹的安定為目標。結果是營運順利進行，2000年代時的大規模總體變動，已成往事般不復存在。

中央銀行的名目利率操作，對實質利率也帶來影響。普遍來說，實質GDP比潛在GDP還要來得低，因此如同在IS曲線（第182～187頁）上看到的，實際上會降低實質利息，並以此為應對（低GDP＝低實質利率）。如此，依據泰勒規則，**實質GDP提高時，實質利率也會上升**。

這個關係，可以用MP曲線（Monetary Policy）表示，曲線向右上延伸。

同時表示IS曲線與MP曲線的，則稱為**IS-MP模型**。1990年代以後，中央銀行所執行的金融政策不是操作**貨幣供給量，而是基於名目利息的操作為基礎**，IS-MP模型成為世界各國中央銀行使用的模型基礎。

降低實質利率，使所得水準Y成為完全就業Y的模型，稱為**NK（新凱因斯）模型**，是凱因斯學派的總體經濟學，以個體經濟學為基礎再次發展。

現在的金融政策模型

［費雪方程式］

物價指的是預期上升率

實質利率＝名目利率－預期（預想）通貨膨脹率

不參考物價上升率的利率

［泰勒規則］　⇨目標是通貨膨脹的安定、GDP的成長

名目利率＝實質利率＋通貨膨脹率
＋ α ×（通貨膨脹率－通貨膨脹目標率）　⇨考慮通貨膨脹
＋ β ×（實質 GDP －潛在 GDP）　⇨考慮失業

實質 GDP 比潛在 GDP 低時＝降低實質利率，刺激景氣

實質 GDP 上升 ⇨實質利率也上升

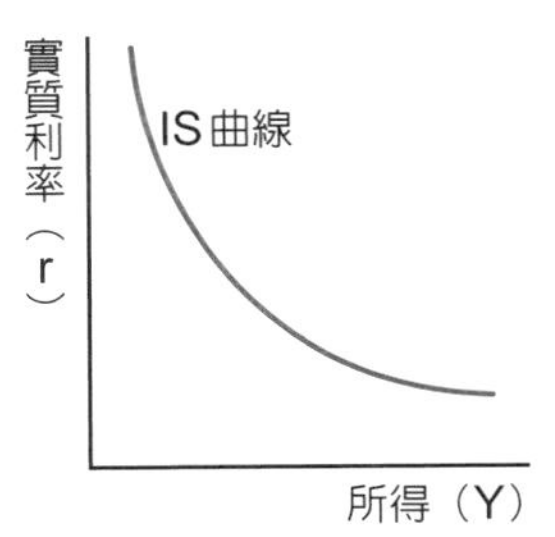

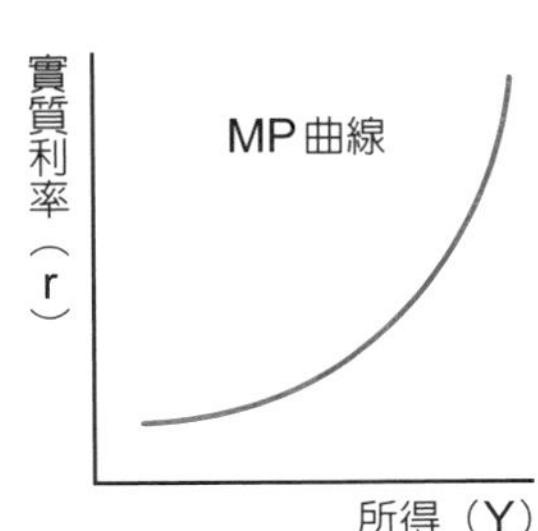

何謂NK（新凱因斯）模型？

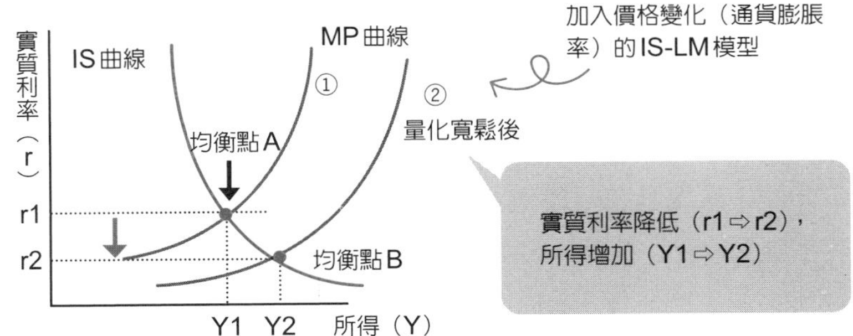

分析金融政策如何影響整體的所得水準Y（GDP）以及失業率。

新興凱因斯學派 2

NK（IS-MP-PC）模型

在理想的通貨膨脹目標，與完全就業水準的組合中設定目標。為達成其目標，能否讓IS-MP曲線移動，是現代的金融政策。

動態隨機一般均衡模型（簡稱DSGE模型），即是指動態下（dynamic），隨機的（stochastic），一般均衡（general equilibrium）。「動態」也表示「包括未來預期（預想）」。新凱因斯學派（NK）模型也就是「動態的」理論。

曼昆證明了即使將⑴**價格的黏著性**⑵**在不完全競爭狀況下，納入對未來預期（預想）的考量，短期向右下延伸的菲利普斯曲線是成立的**。此證明了理論的根據。

通貨膨脹率上升時，企業會重新制定價格。但是，一旦重新制定價格，接著就會有更正菜單上的價格等各種成本發生（menu cost：菜單成本，又稱為價格調整成本）。企業會比較更正菜單價格與不重新制定價格來決定是否要重新制定商品價格。其成本在各個企業、業界皆不同，因此產生⑴價格的黏著性（不易變動）。

另外，實際的市場不是完全市場，而是⑵壟斷、寡頭市場。在這種狀況下，各企業可以自行設定價格（price maker）。

以利潤最大化為目的設定最適價格，納入了通貨膨脹率與邊際成本的考量（第160頁）。邊際成本的增加，包含勞動實質薪資的增加。實質薪資的增加狀態，也就是企業的勞動需求增加（失業率下降）狀態。邊際成本與失業率呈逆相關，因此可得到NK-PC（菲利普斯曲線）曲線。

將上述NK-PC曲線與IS-MP模型整合，可用以分析金融政策對通貨膨脹與失業率的影響。NK（IS-MP-PC）模型，是現在各國中央銀行所使用的基本模型。

菲利普斯曲線成立的根據是什麼？

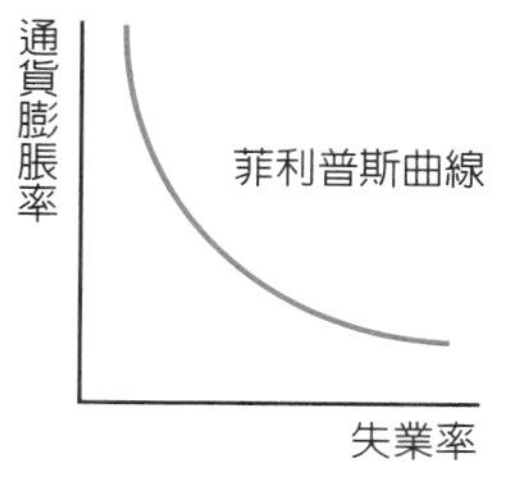

若將預期列入考量，短期向右下延伸的菲利普斯曲線是成立的！

N．格里高利．曼昆
（N. Gregory Mankiw）
（美國，1958～）

當增加一單位生產量時，總費用的增加份額

[設定最適價格的例子]

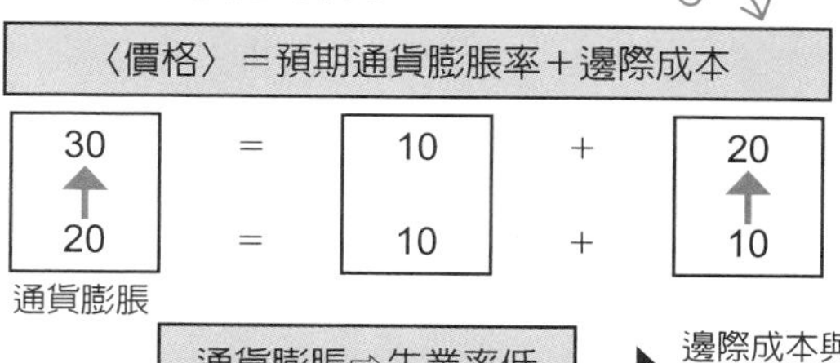

邊際成本的增加⇨勞動需求增加（失業率下降）的狀態下，包括實質薪資金額的增加。

通貨膨脹⇨失業率低 → 邊際成本與失業率呈逆相關

NK-PC曲線與IS-MP曲線的整合

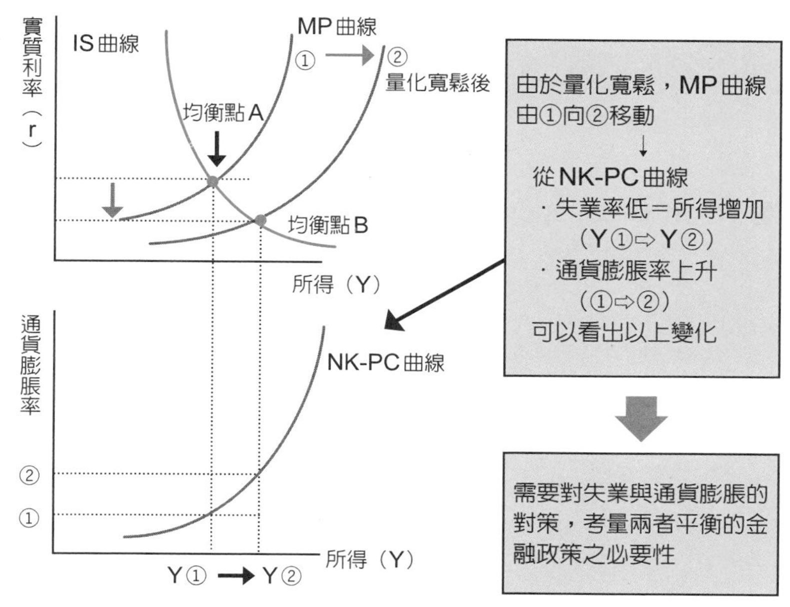

新經濟的時代

冷戰結束，美國的軍事支出削減。在新興國家[34]通貨危機的背景下，全球對美國經濟的信賴又更加提升。

1990年代的美國，特別是柯林頓總統（任期1993～2001）政權下，面臨**戰後最長的景氣擴張期**。比起甘迺迪與詹森（Lyndon Baines Johnson，1961～1963年在甘迺迪政權下任美國副總統）政權「黃金60年代」的106個月的景氣擴張期，柯林頓總統的景氣擴張期持續了119個月。失業率從2000年4月的3.9%與1969年的3.5%以來，創30年來的新低。1990年開始10年間，就業人數成長了12.4%。特別是1990年代後半，由IT產業以及股票主導的好景氣，與菲利普斯完全不相干，是稱作「**新經濟**」的時代。傅利曼的自然失業假說（參考第201頁）在當時也只是杞人憂天。

美國政府的財政在1998年，睽違了29年，達到692億美元的黑字；在1999年達到1224億美元、而2000年達到2360億美元。在冷戰結束後，更是減少了軍事支出。

在這期間，美國聯邦儲備委員會（FRB＝美國的中央銀行）的**葛林斯潘（Alan Greenspon）**議長，自1987～2006年史無前例地任了五期，當時實施的失業率＋低利率的政策，讓葛林斯潘議長被稱為「巨匠（Maestro）」。

另一方面，回歸為市場經濟機制的此時，當成政治口號的為「**市場原教旨主義**」、「**新自由主義**」等，因而遭到批判（二者都不是嚴密的經濟學用語）。

除了2000年代IT泡沫經濟崩壞期（3個月）外，經濟持續擴大。2003年盧卡斯以經濟學會會長的身分發表演講，事實上是勝利宣言。

1990年代的美國，達成戰後最長的景氣擴張！

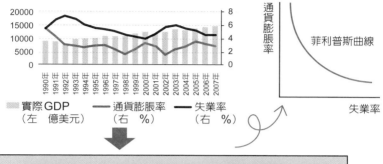

美國的GDP、通貨膨脹率、失業率的演變（「全球經濟的備忘錄」）

20000 15000 10000 5000 0
8 6 4 2 0
1990年 1991年 1992年 1993年 1994年 1995年 1996年 1997年 1998年 1999年 2000年 2001年 2002年 2003年 2004年 2005年 2006年 2007年

實際GDP（左　億美元）　通貨膨脹率（右　%）　失業率（右　%）

通貨膨脹率
菲利普斯曲線
失業率

沒有看到「通貨膨脹率下降⇨失業率上升」的相關關係！
↓
「新經濟」的時代

美國的財政收支的演變（單位10億美元　「全球經濟的備忘錄」）

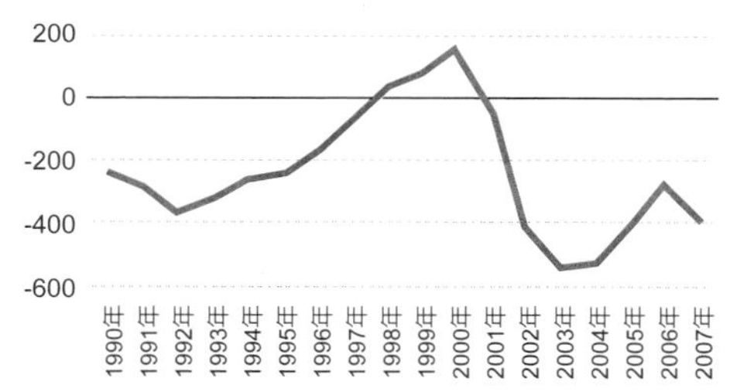

1998年開始轉換為黑字！

盧卡斯的勝利宣言

小勞勃．盧卡斯

1940年代，對於在經濟大恐慌時採取具有智慧的應對，其中一部分發展成為獨自領域的總體經濟學，指的是期待能防止像大恐慌般的經濟慘事，所匯集的知識及技態……。在這個最初的意義上，總體經濟學成功了！

（節錄2003年美國經濟學會會長演說）

流動性陷阱(1)

岩本康志:「全球經濟危機中可看出，流動性陷阱（Liguidity Trap）並非日本才有的問題，不論哪個國家皆有可能面臨到。」

1997年，日本的名目GDP達到最高值的523兆日圓。而在**1992～2012年為止，完全無法再成長**，這就是被稱為「失落的20年」的日本經濟停滯期。

在「市場會自行達成均衡」這樣的思想下，若是價格或薪資降低，之後應該也會基於「薩伊法則」再度回升，但是現實面卻是完全相反。當薪資降低時（1997年467萬日圓→2011年409萬日圓，含非正式僱用的民間薪資給付統計調查　國稅廳），不但無法賣出商品，失業率也沒有改善。

凱因斯認為即使降低勞動薪資，但失業率仍高居不下，那麼就沒有解決辦法了。因為會呈現「失業→貨幣薪資下降→需求下降／價格下降→失業惡化……」連鎖的變動效應。當時，日本實際上呈現低位均衡[35]，失業率並沒有改善。確認了前述凱因斯所指的真正涵意。日本也就是呈現「通貨緊縮」、「流動性偏好的絕對性（流動性陷阱）」的狀況，日本經歷了戰後第一次的通貨緊縮。

日本的家計，確實代表著在「家」中所持有的現金，由18兆日圓（1989年）成長至54兆日圓（2013年3月）。其值對GDP比例則由4.1%（1990年）成長至11.3%（2013年3月）（日銀資金循環統計）。另一方面，比起投資，企業也優先選擇償還借款以及儲蓄（參考第78頁）。東證一部企業中，實質上無借款（儲蓄金＞借款金）的企業自占三成（1996年）提升至五成（2014年3月）。**不論是家計或是企業，皆無法放棄「流動性」**。

日本失落的20年

市場沒有均衡！
即使勞動薪資降低，若是失業率仍高居不下，就沒有解決的辦法了！
凱因斯

‧薪資下降 ‧商品滯銷 ‧失業率沒有改善

通貨緊縮、流動性偏好、流動性陷阱

失業率與名目GDP的變遷（內閣府、厚勞省）

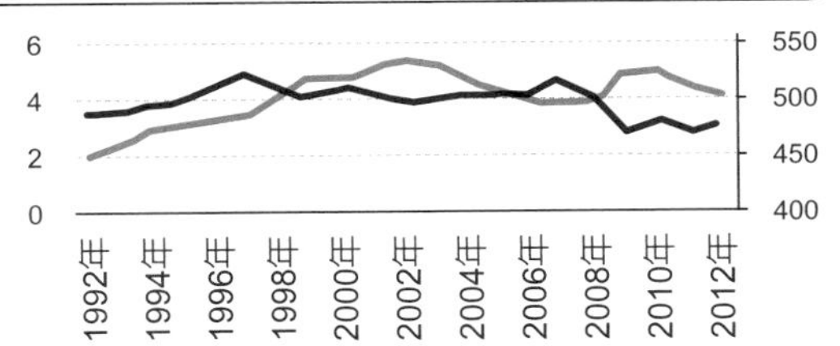

消費者物價指數（與前年比% 總務省）、政策利率（% 日銀）

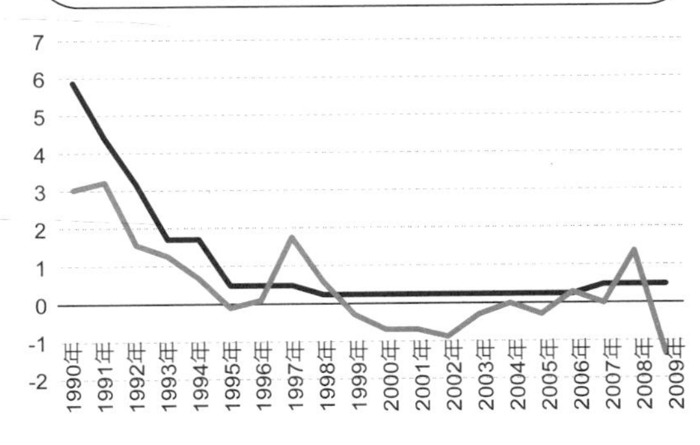

[消費者物價指數]

(1)綜合物價（CPI）(2)不含生鮮食品（CORE CPI）(3)不含生鮮食品與能源（CORE CORE CPI）。想要看出物價水準則要使用(2)與(3)。

[日銀的貼放利率]

在泡沫經濟後極速下降，實際上在1995年以後，呈現零利率。此外，雖然現在使用無擔保隔夜拆借利率（參考第89頁），但是在1996年以前是以「公定利率」的操作方式為主，是日銀代表性的金融調節手段。

流動性陷阱(2)

即使日銀實行量化寬鬆的貨幣政策，這些資金也會被儲蓄起來，而不是流通到市場上。日本的通貨緊縮受「市場會自行均衡」這個理論影響極大。

即使日銀增加貨幣供給，金融機關也會將資金儲蓄起來，這個現象即是「拒絕融資、強制回收帳款」，為1990年代日本普遍盛行的情況。

企業或家計、甚至金融機關，都指錢儲存起來，不做投資……這即是凱因斯所指的「流動性偏好的絕對性（**流動性陷阱**）」的狀況，也就是「貨幣偏愛」。

在通貨緊縮的背景下，與**理性預期假說**關係密切。依據對未來的預期，人們會改變現在的行動，於是預期會因此自我實現（參考第204頁）。不論是預期通貨緊縮或膨脹，人們都會採取「理性、自利」的行動。於是，預計會發生通貨緊縮下，當真的發生時，反而導致通貨緊縮持續發生（通貨緊縮的自我實現）。人們對於不安的未來，更是無法對現金（流動性）放手，利率則將無限接近零的狀態。

關於日本的通貨緊縮，曾經出現「良性通貨緊說論」。是由於「全球化下，已開發國家的薪資優於發展中國家」、「進口低薪資國所製作的商品」、「新製品、新技術、生產效率的提升、解除管制」這些理由而造成的通貨緊縮。

對於日本的經濟也有極端的看法，認為日本的經濟長期停滯是由於供給的問題，因此徹底執行解除管制，必須淘汰生產效率低的公司。

日本的通貨緊縮是由於「市場會自動均衡」這個理論，給予日本經濟極大的影響。在流動性陷阱下，IS-LM分析的LM曲線會呈現無限接近水平的狀況，導致金融政策無效。

預期通貨緊縮與通貨膨脹

> 幾乎所有人都認為，與其持有只能生產低利率的債券，不如選擇現金。在這層意義上，事實上流動性偏好有絕對的可能性……但是我直到目前為止還沒有看過這種例子。

	預期會發生通貨緊縮	預期會發生通貨膨脹
有利	現金＞物品	現金＜物品
行動	儲蓄＞購買商品	儲蓄＜購買商品
投資	償還借款＞投資	償還借款＜投資
實證	失落的20年	停滯性通貨膨脹（第196頁） 泡沫經濟時期（資產通貨膨脹） 安倍經濟學（第242頁）

流動性陷阱

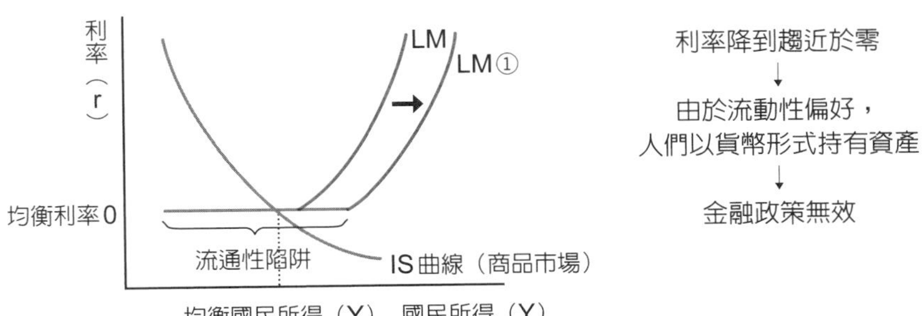

不景氣時，流動性偏好較強。利率無限接近水平，即使啓動金融政策，也無法影響所得Y。LM曲線的正常部分，雖向右邊移動，而水平橫線部分，保持原狀向右挪移的形況，導致金融政策無效。

GATT→WTO

在GATT烏拉圭回合中，隨著貿易規則的大幅擴增，建立運行這些規則的組織的必要性越顯高漲，於是各國同意設立WTO

GATT（關稅暨貿易總協定）是為了擴展自由貿易，並且是藉由各國間的互相交涉，防止貿易流通障礙協定，其原則如下：

(1)自由	廢除關稅與非關稅的障礙
(2)多元	多國間的交涉
(3)無差別	對某特定國降低關稅的話，則對其他加盟國也一體適用

GATT的交涉分為回合制，已大幅調降了關稅。已開發國家，在過去50年間接收GATT的交涉，各國的工業製品進口關稅，自40%下降到現在約平均4%的水準。基於1930年代差別貿易政策的反省，GATT多元的交涉，帶來貿易範圍的擴大。

WTO（世界貿易組織）也就是**GATT解散之後的國際組織**。自商品實物的貿易，到服務、知識財產權（商標、設計創意與構想等）涵蓋的範圍更加廣泛，探索制定全球共通的規則。

而且，WTO隨著其加盟國的增加（1964年甘迺迪回合時的47國→現在160國、區域），各國利害關係也相對擴大。杜哈回合貿易談判（Doha Development Round）[36]時，即以涵蓋連接農業、非農產品市場（NAMA）的開放、智慧財產權等9個領域的關稅調降以及放寬規定為目標。特別是不論哪個國家皆生產過剩的農業領域，因此產生瓶頸，事實上已經超過10年沒有進展了。

另一方面，WTO被評價為迅速且擁有公平公正解決紛爭手續的組織。

GATT與WTO會員國數（經濟省）

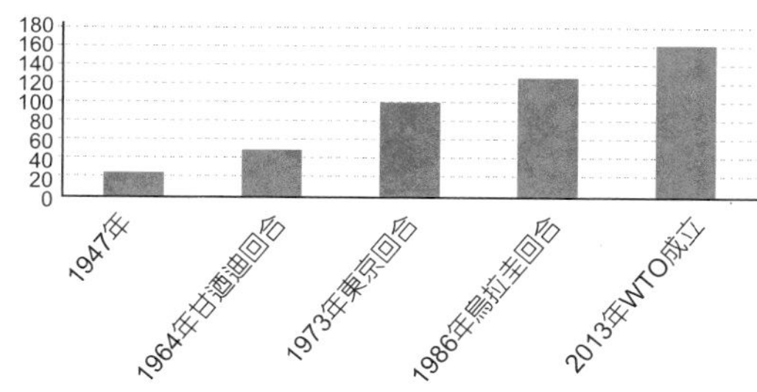

1947年　第一次
關稅調降交涉
⇨23國
↓
1973年～　東京回合
⇨100國
↓
1995年～　WTO設立
⇨149國（設立時）
⇨160國（2014年）

全球出口量的擴大（單位兆美元　JETRO）

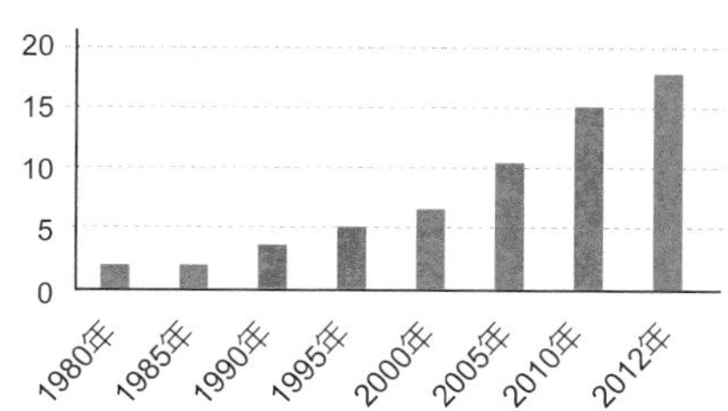

2012年的出口額為17兆8821億美元，是1949年後開始統計至今的最高額。達成世界貿易安定的WTO的角色極為重要。

WTO的課題

(1)日本與歐盟，反對調降農產品關稅
(2)美國抵抗削減國內農業輔助金
(3)開發中國家抵抗調降礦業製品的關稅
(4)要求緊急限制進口的中國、印度，與反對的美國
(5)非洲向美國要求削減棉花補助金

WTO審查委員會需解決的紛爭增加

GATT時代＝6.7件／每年平均
↓
WTO＝26件／每年平均（422件／16年內）

貿易的多元化 2

FTA、EPA、TPP

FTA的實證分析已經證實「加盟國的GDP會增加」、「隨著加盟國的擴大，加分效果會更顯著」、「對非加盟國會有負面影響」。

由於WTO的貿易自由化沒有進展，因此各國在2個或以上的國家間，締結了FTA / EPA等協定，以加速發展貿易自由化。

FTA，是GATT第24條款之外承認的自由貿易協定。

EPA，則是金融、保險服務、投資擴大協定，以及勞動市場的開放、保護知識財產權、行政手續的簡化，和農水產品的原產地標示化等等，以**FTA為主並包含更廣的協定**。

到2012年為止，FTA的發行認可件數即超過220件，特別是進入2000年代時，申請發行件數激增。**締結後的通商利益效果顯著，若是太晚締結FTA反而不利貿易活動**。區域內貿易規模占全球出口額，已經達到71.8%（2011年）。本來想仰賴WTO，但現狀卻是「FTA接連著下一個FTA」的狀態。

日本，比起經濟封閉集團的區域性協定更優先重視WTO，故稍微晚了一點才締結FTA。由於無法坐視全球各國皆締結FTA，而加速貿易的趨勢，日本也在2014年7月確定14件的FTA / EPA。

現在，日本正在交涉中的TPP（跨太平洋戰略經濟夥伴關係協定）的組織主體，就是由4國締結的EPA，再加上日本、美國、澳大利亞、加拿大等12國，正在進行條約的交涉。

日本努力想保護農業5項目的產品關稅（米、麥、牛與豬肉、牛奶與乳製品、製糖資源作物）。TPP[37]未來擴大為APEC的可能性極高，其他如RCEP[38]、日中韓、日與歐盟協定等，日本還在交涉中，現狀是**不能「只反對TPP」**。

FTA的生效件數（JETRO）

250
200
150
100
50
0

～1984年　1985～89年　1990～94年　1995～99年　2000～04年　2005～09年　2010～12年

若是太晚締結FTA，最直接的結果是不利貿易！

進入2000年時，急速增加！

主要的FTA

EU（歐洲聯盟）	28國（2013年）
EFTA（歐洲自由貿易聯盟）	挪威、列支敦斯登、瑞士、冰島
AFTA（東協自由貿易區）	東南亞10國
APEC（亞洲太平洋經濟合作會議）	日本、美國、中國等21個國家與地區
NAFTA（北美自由貿易協議）	美國、加拿大、墨西哥
Mercosur（南方共同市場）	巴西、阿根廷等5國

亞洲太平洋地區的主要經濟合作

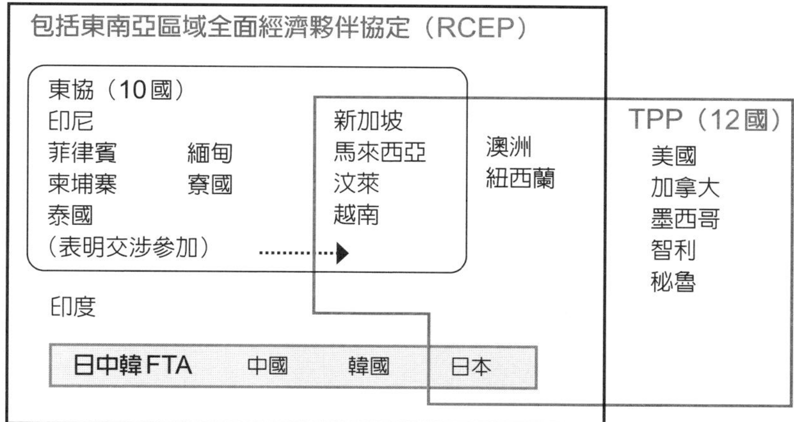

TPP今後的發展？

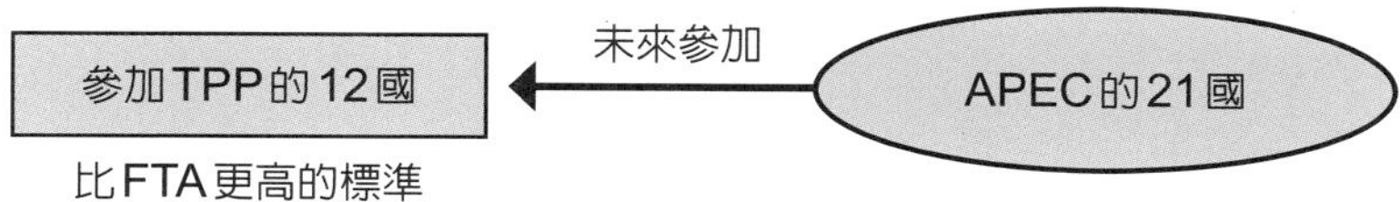

金融自由化

金融資產的成長率，已經超過了GDP的成長率，但是因為「金融資產＝金融負債」，所以與「金融資產增加＝金融負債增加」同義。

在1970年代，美國的高通膨改變了資金的流向。由於當時的高通膨，利率也跟著翻漲。資金借出期間，物價若是上漲了10%，會要求利率必須比10%還高。1970年代末，連美國的短期利率都上升至2位數字。

一方面，銀行儲蓄金的上限利率、銀行規制，卻是維持1930年代時的規定。全球的利率水準正在不斷地往上漲，只有銀行的存款利率卻是有上限的，因此資金自銀行流出，證券公司的投資信託或國債公司債等的獲利[39]上升，誰都不會將資金存在銀行。銀行無法聚集資金，也就無法進行信用創造（資金提供，參考第118頁），經濟活動整體縮小。**只能實施存款利率的自由化來應對**。

1980年，通稱「1980年金融制度改革法」成立，直至1986年為止，所有存款利率規定全部廢除，商業銀行的地理限制規定也在1990年代中期廢除。

其後，開始了許多金融商品的開發競爭。利率固定時，銀行間很難有差異化，但是當自由化後，擁有「具魅力的金融商品」的銀行，可以募集到資金。銀行間，以及銀行與證券公司間的競爭開始。

由於全球第一經濟力的信用、美金運用資產的菜單豐富、規避風險的機制等等，因各國對美國金融力的信賴度，造成資金流向美國。衍生性金融商品（derivetives）也大量登場，金融資本主義時代到來。**這個金融發展與隨後發生的次級貸款危機與雷曼兄弟事件有關**。

美國──金融自由化時代的發展

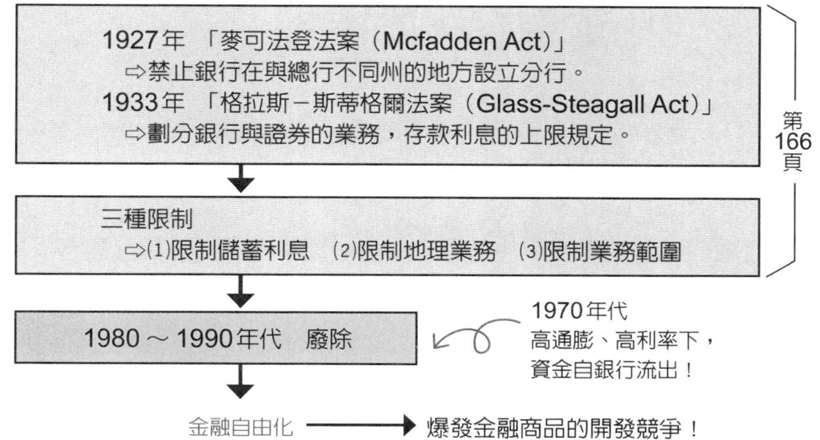

1927年　「麥可法登法案（Mcfadden Act）」
⇨禁止銀行在與總行不同州的地方設立分行。
1933年　「格拉斯－斯蒂格爾法案（Glass-Steagall Act）」
⇨劃分銀行與證券的業務，存款利息的上限規定。
第166頁
三種限制
⇨(1)限制儲蓄利息　(2)限制地理業務　(3)限制業務範圍
1980～1990年代　廢除
1970年代
高通膨、高利率下，
資金自銀行流出！
金融自由化
爆發金融商品的開發競爭！

邁向金融資本主義時代

〈金融自由化後登場的商品〉

期貨	為匯率變動準備，預先設定好未來的○○月後或○○年後的某個一定的時間點，1美元＝○○日圓價格。
選擇權	○○月後、○○年後的某個一定的時間點，以1美元＝○○日圓價格交易的權利，或用○○價格購入小麥等商品的權利（使不使用皆可）
互惠信貸	固定利率與變動利率的交換買賣等等

一開始是為了規避風險的商品

↓

將這些商品使用在獲取利益上
（例：小麥價格上漲時，使用選擇權買賣）

↓

運用巨額資金儲存基金（信託）
對沖基金（投資信託）的登場

↓

金融資本主義時代的到來！

金融衍生商品也登場

↓

· 11年間（～2006年）金融資產成長率9.1%＞全球的實體經濟成長率5.7%
· 全球金融資產超過了實體經濟的3.5倍以上！

雷曼兄弟事件 1

次級貸款問題

雷曼兄弟事件成為了日後全球性金融危機的導火線，也意味著包含了實體經濟的不景氣。

由於金融自由化，零售業、信用卡公司，以及金融、保險、證券、不動產業等，利用建立子公司來開拓市場。只要在一個窗口，即可以購買各式各樣金融商品的時代已經到來。其中登場的是「債權證券化」商品。

次級貸款（Subprime Lending），主要是美國在附帶條件的融資當中，比信用評級優良的借款者(Prime)，評等次一級的客層為對象的融資商品。

將該客層的變動利率些微下降，即可以借錢還貸。由於當時的經濟景氣好，不動產擔保價格持續上升，因此可以貸款更多的金額。但是到了2007年2月左右開始，次級貸款的違約率（無法償還率）開始逐漸上升。銀行為了保護自己，**停止提供給證券子公司的資金**。**銀行間的融資也開始滯怠**。

2008年9月，投資銀行雷曼兄弟公司宣布破產，負債總額高達6000億美元（約60兆日圓），是至今最慘烈的破產事件。其影響包含持有公司債與投信的交易客戶都受到牽連，**從金融業波及到其他產業**，例如：汽車貸款的審查變嚴格，導致美國的汽車銷售大幅降低。

美國的需求急速減少，不僅美國的國內產業，日本的外銷產業也大受打擊。2009年1月，日本對美國的出口額，比前一年同月的出口額減少了52.9%，日本企業開始實施「停止派遣」。日經平均股價由2008年9月的12,214日圓，10月暴跌至6,000日圓，這被稱為「百年一次」的全球經濟大風暴，就是雷曼兄弟公司破產導致的金融海嘯。

次級貸款問題／雷曼兄弟事件

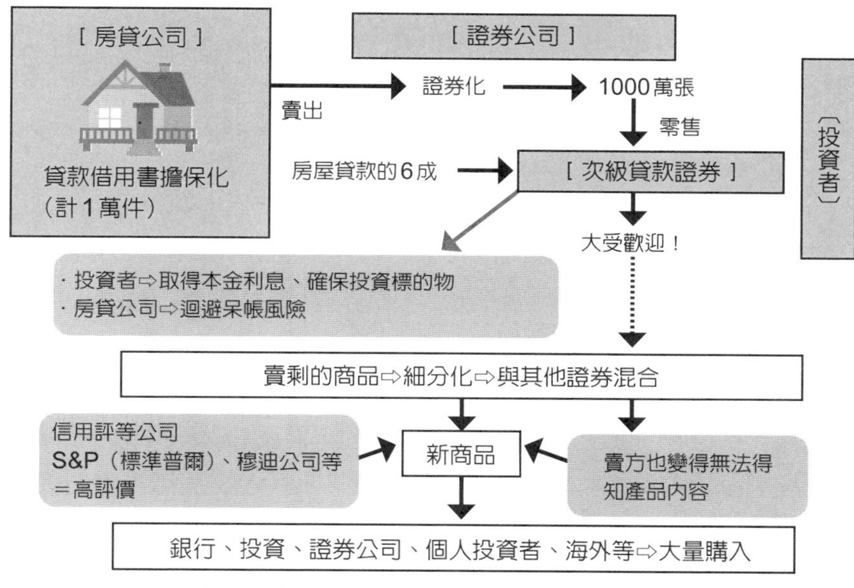

對許多企業打擊甚大！

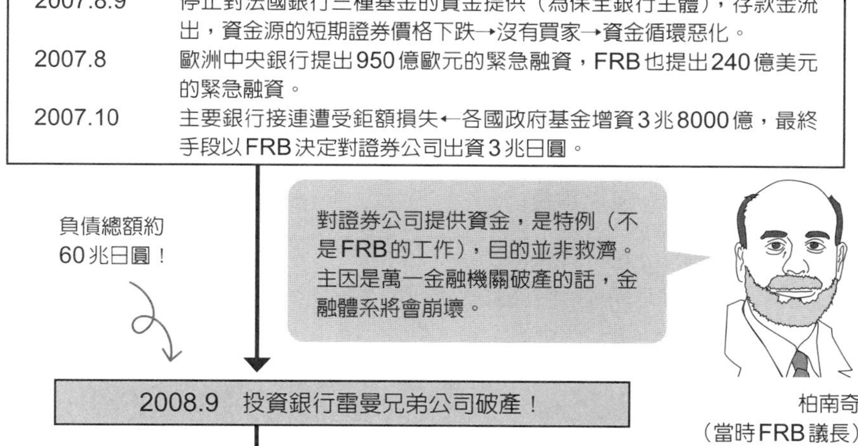

2007.8.9　停止對法國銀行三種基金的資金提供（為保全銀行主體），存款金流出，資金源的短期證券價格下跌→沒有買家→資金循環惡化。
2007.8　歐洲中央銀行提出950億歐元的緊急融資，FRB也提出240億美元的緊急融資。
2007.10　主要銀行接連遭受鉅額損失←各國政府基金增資3兆8000億，最終手段以FRB決定對證券公司出資3兆日圓。
負債總額約
60兆日圓！
對證券公司提供資金，是特例（不是FRB的工作），目的並非救濟。主因是萬一金融機關破產的話，金融體系將會崩壞。
2008.9　投資銀行雷曼兄弟公司破產！
全球經濟風暴⇨「百年一次」

柏南奇
（當時FRB議長）

雷曼兄弟事件2

凱因斯政策復活

美國FRB、英國BOE、歐洲ECB等6間歐美的中央銀行，史無前例迅速將政策利率降低到史上最低的水準。

各國的成長率，持續寫下負成長的紀錄。美國的失業率從2007年的4.6%，到2009年則上升至9.3%；日本的失業率也由2007年的3.8%上升到2009年的5.1%。

特別是**提倡DSGE模型的淡水學派，面對當前的危機時卻是完全無能為力**。他們在一般均衡分析下，針對日本實質GDP下降6.28%事態，只能以「人民的科學知識水準，突然下降了6%」，或是針對失業率則以「全球勞動者們，5%程度的怠工」，或是「所有的個人所得減少了5%」等方式說明。實際上是5%的人，因失業失去全部所得。

淡水學派，如同字面上的意思決定保持「緘默」，但卻是異常的「沈默」。不論是DSGE模型或是舊式模型，皆無法預測到2008年的金融危機，更何況是針對危機提供適當的解決策略。

而實際被追究責任的政府執行機關，與各國中央銀行、國際機關，立即**採取凱因斯政策應對**，調降利率並且持續執行量化寬鬆的金融政策後，繼之以實施財政政策。FRB議長柏南奇實行了全部所握有的金融政策（降低利率、量化寬鬆）。

被稱為「巨匠（Maestro）」的葛林斯潘，在聯邦會議中證實「知識體系的整體已崩壞」。盧卡斯則說：「不論是誰皆變成躲在避難所的凱因斯主義者了。」

即使花了70年，基本上知識完全沒有進步。

[百年一次]的金融大風暴的因應對策是什麼？

DSGE模型＝完全無能為力！

各國政府、中央銀行、國際機關
⇨用凱因斯政策應對

DSGE模型在危機的因應對策上，完全沒有派上用場。而白宮只使用考量流動性陷阱的IS-LM模型，就如同哥白尼之後的50年間，托勒密仍舊比較優秀。[40]
而IS-LM模型與DSGE模型也是一樣的。

勞倫斯・H・撒默斯
（Lawrence H Summers）
（美國，1954～）
歐巴馬政權的
國家經濟會議主席
（任期2009～2010）

[2009.4.2 金融高峰會的領袖宣言]

(1)為了成長復甦，必須繼續努力執行必要規模的財政。
(2)中央銀行活用各式各樣的金融政策，持續維持執行量化寬鬆。

凱因斯政策（金融＋財政）

(1)金融政策

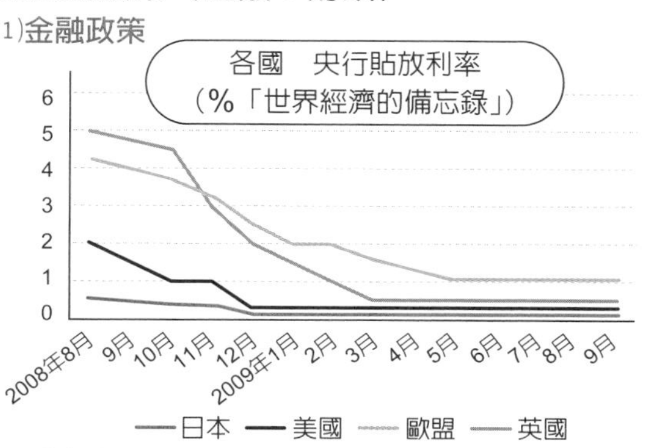

英國的中央銀行（BOE）
默文・金總裁（當時）

「（來自雷曼兄弟事件的經驗）10年前就應該發覺，『未來的事情是（不確定）未知的』，凱因斯經濟學就是在說這個。」

(2)財政政策

日本	美國	歐盟主要5國
13兆9256億日圓	7827億美元	3246億歐元

各國經濟皆呈現V字型復甦

5個主要國家，皆在2009年跌到谷底，實質GDP成長率呈V字型復甦！

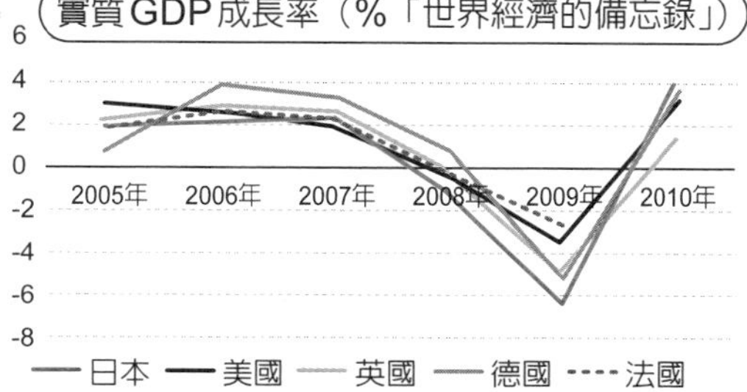

零利率、量（質）化寬鬆

非傳統政策是針對中央銀行的量與質的寬鬆金融政策的發展動向，事先提示施政方針的手法，稱為「前瞻指引（Forward Guidance）」之類。

在雷曼兄弟事件發生後的金融政策，各國的央行貼放利率已成為零利率。操作利率的傳統金融政策已經失去作用，於是採用了**非傳統的金融政策**。為了調整金融，將自市場購買的資產範圍與規模擴展到比以往都來得大的政策，即**量化寬鬆**與種類的**質化寬鬆**。

現在，考慮到「流動性陷阱（第226頁）」的狀態。不論是傳統的金融政策，或是貨幣數量論（第173頁）皆無效。**理性預期假說（第204頁）的運作下，事先約定未來金融量化寬鬆的執行，進而改變現在的行動**。

泰勒規則（第218頁）、費雪方程式（第221頁）也總動員了。特別是因為「確定」量化寬鬆，因此會在預期（預想）中成為最強的預想值。當未來確定時，我們的行動將會改變。

從泰勒規則的觀點來看，零利率的政策是適當的。此外，已經約定了未來時間點的金融量化寬鬆下，預測通貨膨脹率為正值時，**費雪方程式則認為名目利率即成為零利率，而實質利率卻是負值時，將會有促成投資的效果**。

在美國執行QE1～QE3（參考右表）時，事先確定承諾量化寬鬆的實行，並且特別明訂「失業率至6.5%時為止」為目標。FRB議長重視「承諾（Commitment）」，增加會議的次數，操作市場的預期。股票市場則在每次FRB的政策發表之後，立即反應並更新了最高值。失業率也自9.3%（2009年）下降至6.1%（2014年8月）。量化寬鬆的政策成功。

依據凱因斯理論＋理性預期假說的政策

確定長期目標
安倍經濟學
量化寬鬆（QE）、質化寬鬆

［理性預期假說］

現在　(1)流動性陷阱　→　(1)' 未來　約定金融量化寬鬆

將(1)'的因素納入考量，改變現在的行動

(2)新的現在　→　(2)' 新的未來

實質利率下降

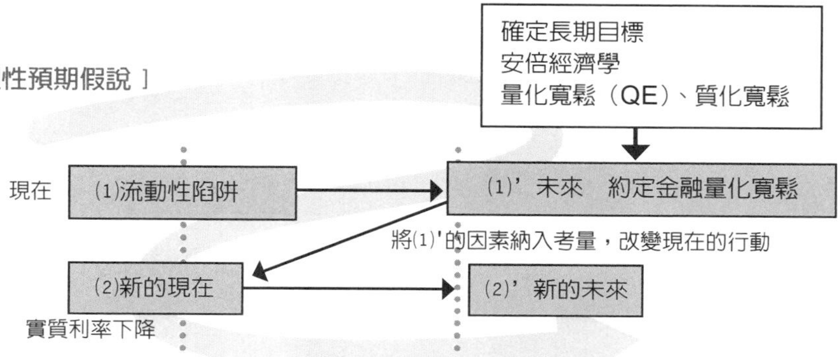

［泰勒規則］

名目利率＝實質利率＋通貨膨脹率
＋α×（通貨膨脹率－通貨膨脹目標率）⇨考慮通貨膨脹
＋β×（實質GDP －潛在GDP）⇨考慮失業

↓

零利率適當

［費雪方程式］

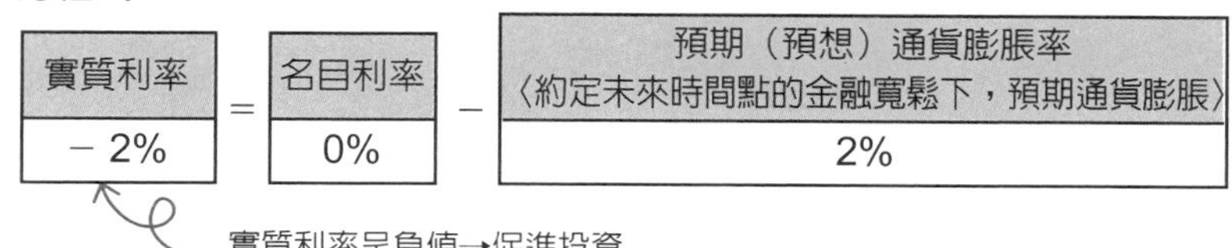

實質利率
－2%
＝
名目利率
0%
－
預期（預想）通貨膨脹率
〈約定未來時間點的金融寬鬆下，預期通貨膨脹〉
2%

實質利率呈負值→促進投資

美國的量化寬鬆（QE）與質化寬鬆

「承諾（Commitment）」下，操作長期利率

	量化金融寬鬆	質化金融寬鬆
2008年11月～ QE1	1兆7250億美元	房貸債券的購入 （1兆2500億美元）
2011年6月～ QE2	6,000億美元	
2012年9月～ QE3	國債每月每次購買450億美元（當初） ↓ 不設定期間，直至失業率下降至6.5%為止	房貸債券，每月每次購入400億美元 ↓ 同

控制通貨膨脹理論

安倍經濟學

關於控制通貨膨脹，克魯曼在1998年的論文提到：「讓預期通貨膨脹率上升，利用實質利率的下降，達成景氣復甦」。

2012年底，時隔了3年再次取回執政權的安倍自民黨內閣，打出稱為安倍經濟學的大膽經濟政策。此政策也可以說是動員了既有經濟學的全部內容。

其**金融政策，**是建立在控制通貨膨脹理論上的**非傳統的金融政策**（第240頁），確定「2年後達成貨幣基數2倍，通貨膨脹率2%」，並宣布通貨膨脹目標值。在流動性陷阱下，無法使用降低利率的傳統金融政策，因此**擴大金融量，操作預測的政策**。降低實質利率，促進企業投資。與日銀在2000年代實行的量化寬鬆（約30兆日圓）相較，不論是規模或是目標皆與以往不同，被稱為「黑田巴祖卡火箭筒」[41]。

而**財政政策，則是凱因斯理論**。在流動性陷阱下，金融政策會變得無效，因此實行財政政策。2012年度追加預算至2兆4000億日圓＋2013年度預算，編列總額106兆日圓的預算。

對於安倍經濟學，市場的反應是立即的。東證平均股價自9000日圓左右上升到1萬5000日圓左右，上升了60%，而日圓比美元則在2013這一年間，自86日圓貶值至105日圓，下跌了18%。在雷曼兄弟事件之後的5年內，美國的貨幣基數提升到3.5倍，而日本則只提高了1.5倍，導致日幣升值，因而回到了適當的水準。

利用IS-LM分析來看，金融政策是讓LM曲線移動並使利率降低。財政政策則是讓IS曲線移動、讓Y（所得）增加。2013年的GDP，名目值成長了1%，實質值則成長1.6%（速報值）。安倍經濟學第一次登場卻是大成功。

安倍經濟學的三支箭

第一支箭	金融政策	2年後，達成貨幣基數增加2倍、通貨膨脹率2%的目標	凱因斯理論＋理性預期假說
第二支箭	財政政策	2013年度公共投資額預算5兆7000億日圓（2012年度預算的1.7倍）	凱因斯理論
第三支箭	成長戰略	大膽的放寬限制	供給面學派

分析其金融政策

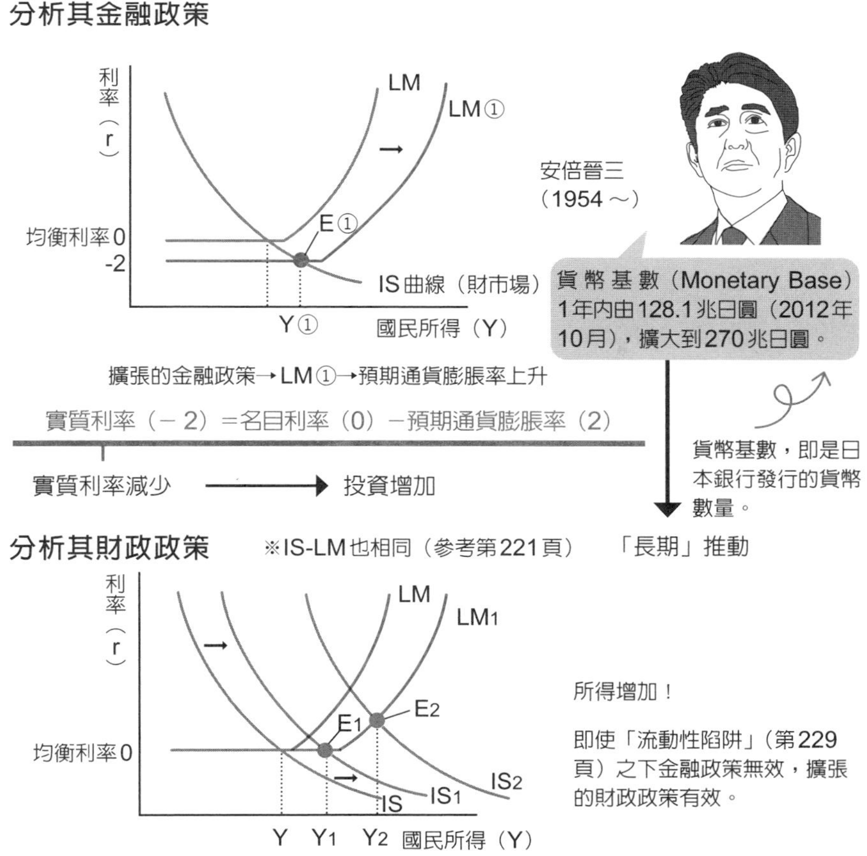

2013年GDP⇨名目成長1%，實質（速報值）成長1.6%！

新的均衡

賽局理論

賽局理論（Game Theory）可應用於網路搜尋引擎的關鍵字招標、研修醫生的醫院分配、行動電話的頻率競標（Frequency auction）等實際生活之中。

沿襲古典經濟學的經濟學，有個體經濟學的基礎，也就是個人選擇「理性的」、「自利的」選項，會達成「最佳（剩餘最大化）」的結果。

但是，「理性的」、「自利的」行動結果，雖然會達成均衡，但卻不是「最佳」的狀況＝「新的均衡」產生，也就是「與利益相反」；另外，探討人本來是否「理性」的經濟學開始發展。前者的代表為「**賽局理論**」，後者為「**行為經濟學**」。

在這裡先來看賽局理論吧！

新的均衡，發想人為**約翰．奈許**（John Forbes Nash Jr.，美國，1928～2015），因而稱為「納許均衡」，代表的例子如「囚徒困境（Prisoner's Dilemma）」、「公有地悲劇（The Tragedy of the Commons）」。

兩個例子中**雙方皆選擇「理性的」、「自利的」的選項，結果卻並非兩者皆是「最佳」的狀況＝變成「新的均衡」**。

在這個狀況下，對兩者皆最佳的**並非是「自利」的行動，而是「合作」的行動**。採取「合作」的行動時，會達成最理想的結果。

實際上，同樣的兩難狀況也在經濟現象中發生。如廢止軍隊以及環境資源的保護。軍隊的狀況是雙方合作廢止時，可以達成最不花任何費用而維持和平。

地球的環境資源與海洋資源等，若是各國皆採取「自利」的行動，將會導致最壞的結果。

個體經濟學的「最佳」條件是什麼？

[個體經濟學的需求與供給曲線]

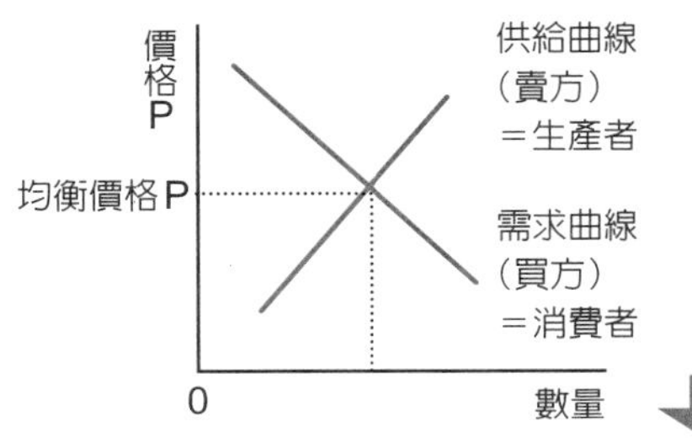

[最佳狀況成立的條件（前提）]

無數的消費者、生產者「擁有完整的知識」。消費者、生產者總是理性的」。

↓

這個狀態下，「市場」將做最佳的資源分配

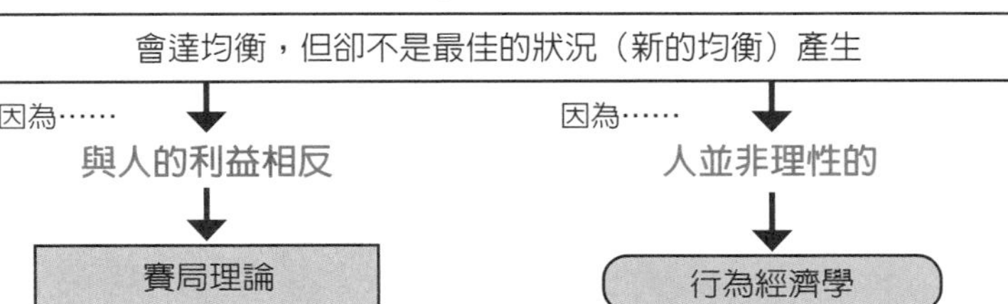

產生並非最佳狀況的兩個例子

「囚徒困境（Prisoner's Dilemma）」

強盜共犯A與B分別接受審查。

- 一起認罪，兩人皆判20年有期徒刑。
- 一起行使緘默權，兩人皆以竊盜罪判1年有期徒刑。
- 一人認罪一人行使緘默權時，認罪者釋放、緘默者判無期徒刑。

判刑年數		B的行動	
		行使緘默權	認罪
A的行動	行使緘默權	AB各1年有期徒刑	B釋放 A無期徒刑
	認罪	A釋放 B無期徒刑	AB各20年有期徒刑

- A在B行使緘默權時，自己認罪較有利。
- B認罪時，A也認罪較有利。（非無期，而為20年有期徒刑）。

↓

兩人皆選擇「自利」、「理性」的選項，則判有期徒刑20年（互相合作時，只判1年）。

「公有地悲劇（The Tragedy of the Commons）」

放羊的公有地。其中一人增加羊的數目時，另一人也會採取「理性」、「自利」的行為，增加自己的羊的數量。結果，公有地的牧草被吃完，羊也變瘦了。

選擇最「理性」、「自利」的選項，對雙方皆無法達成最理想的結果。

行為經濟學

行為經濟學（Behavioral Economics），比起理論的整合性，是追求實踐最有效果的方法，並且有助於正確判斷的方法論等，重視實用性的學問。

個體經濟學的供需曲線分析中，是以「人是理性的」為前提，但卻有許多例子指出並非「人是理性的」。而研究這領域的就是行為經濟學。在雷曼兄弟事件發生以前，認為人與市場的合乎理性、自利性的行動才是最好的，對於這樣的觀念，行為經濟學響起了警鐘。

例如，傳統的經濟學認為「選項越多、情報越多，就可以達到最大效用」，但真的是如此嗎？在果醬的實驗[42]中可以知道，一旦可以選擇的品項過多，人會「越來越無所適從」。或是，當所有的員工皆清楚知道，他人薪水的多寡時，一定會爆發不滿而產生悲劇。世上也是有不知道比較好的情報。

企業的人才錄用機制的實證研究。不面試，僅以書面審查履歷表、推薦函，以及展現理想抱負的作文來錄取的人才，比面試後錄取的人才，結果來得更優秀。負責面試者的預測（預想）能力幾乎接近零（讀到這裡，你可能會想說只有你不同吧）。

這種現象稱為「**選擇的悖論**（Paradox of choice）」。人的理性是有限的。

另外，行為經濟學的研究中認為「女性傾向規避風險，男性自信過度傾向競爭」，有性別差異。這個過度自信面對不確定的未來，容易在「血氣方剛衝動」下促成投資（凱因斯所謂的動物本能「animal spirit」）。經濟成長，也有依存在人的不理性面上。

對於「人是理性的」對立意見

人是絕對理性的

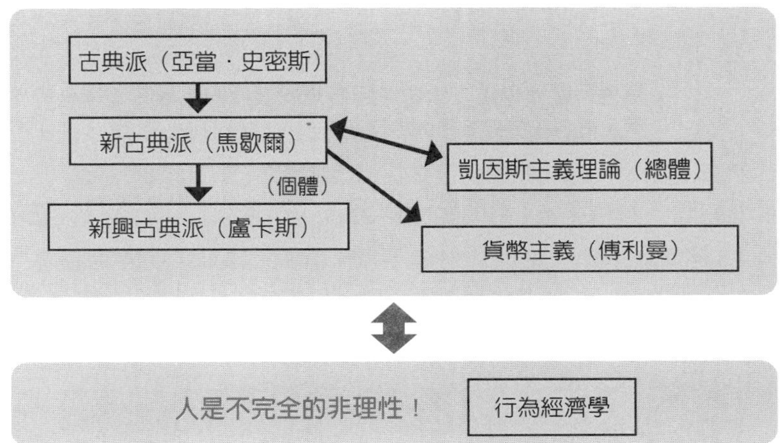

選擇的悖論

［超市的果醬販售］

	陳列6種	陳列24種
來客數%	40%	60%
來客數中，購買人數%	30%	3%

［錯覺］

特性1　A　A'　B　特性2

特性1　A　B　特性2

上圖中，提供較差的A'，造成A的穩定性增加的錯覺。
結果，最多人選擇A。

〈定食午餐〉（單位：日圓）

A餐　2200 ← 以又貴又較差的為誘餌
B餐　2000
C餐　1500

最想要賣的是B餐（供給）
賣得最好的也是B餐（需求）

總體經濟學的未來動向 1

價值觀

那麼，經濟學接下來會往哪個方向發展呢？依每個學者的見解不同，但現在的經濟學處於混沌時代，卻是不爭的事實。

價值觀有「真善美」，也就是⑴何謂真（科學）、⑵何謂善（道德）、⑶何謂美（藝術）三種。⑴是存在（德文Sein），換句話說也是「在～」的事實，⑵為義務本分（德文Sollen）也就是表示「應該要～」的意思。

驅使數學的經濟學，在⑴科學上努力至今，卻怎麼樣也無法逃離「應該論」的世界。

C（消費）是「對自己來說，何謂善？」、G（政府）是「何謂政策的善？」、I（投資）是「對公司的未來而言，何謂善？」，這三種選擇的三面等價圖。

我們選擇的是財、服務，但是英文中的財是「goods（善，好的東西）」，一開始就是以選擇「好的東西」為前提而組成。

如此，經濟學的對象GDP，同時也包含了「（對自己來說）好壞、喜惡、美醜」等價值觀（意見）的偏好在內。

這些差別是會在一瞬間變化的（流行的變化等）。反覆無常又衝動的人類，分析這種不確實的對象時，就已經遠離了科學的世界了。

更進一步，GDP本身也是自無數的成功與失敗累積出來的。**GDP是每個人（每間公司）的附加價值（利益）的總合**。如何能得到利益，是沒有所謂「有因必有果」如魔法般的理論。

經濟學，在原理上無法脫離價值觀，所以無法成為純粹的科學。

1970年以後，所有的主流總體經濟學理論的發展，結果只是浪費時間而已。

威廉．布特
（Willem Buiter）

以現狀來說，在可以同時分析所得與利率的工具中，沒有勝過IS-LM模型的。

若田部昌澄

現在應該要放棄假裝瞭解經濟學，且承認自己的預測能力是有限的，同時對特定的事件作說明，並應該將精神集中到周邊的研究。

里卡多．卡巴雷諾
（Ricardo Caballero）

在這四個半世紀，雖然模型漸趨複雜，對於實際經濟上的說明力，卻完全沒有成長。

保羅．克魯曼（Paul Krugman）

總體經濟學以壓制個體經濟學的活動為基本，然而這個方法卻是錯的。撇開個體與總體不說，最早以前的二刀流經濟學才是對的…………。

吉川洋

總體經濟學再度陷入混亂狀態。研究充滿了知識上的啓發，是非常有趣的時期。

池尾和人

總體經濟學的未來動向2

資訊的不對稱性

資訊的多寡會產生附加價值（錢）。向律師諮詢、為了學習而購買書籍……生產者與消費者間的資訊不對稱，即是經濟活動的本質。

在市場上有許多各式各樣的商品（goods）、服務的交易，這些交易皆面對著根本的課題，也就是**資訊的不對稱性**。

生產者（供給方）知道並瞭解商品（goods）、服務的內容，但是消費者（需求方）卻不甚清楚。現在網路發達，店家的料理菜色、書本、電影的內容，都可以經由網路加以評價。消費者可獲得的資訊與以前相比，可以說是天壤之別，但是消費者仍然無法100%瞭解生產者所持有的資訊。從食品的偽裝開始、代寫音樂詞曲、求職活動、醫生與病人、權勢者與政治家有很多機會會有資訊的不對稱性，是絕對無法彌補的。

即使各位成為供給方也一樣。當你參加企業招募考試的時候，公司方面是無法完全掌握你所有資訊。本來，供給方其實連自己的情報都無法完全掌握。你知道現在身體裡面是否有癌細胞存在嗎？即使去醫院檢查，若是癌細胞太小也是檢查不到的。

拉麵店、美容院的技術、電影……與朋友的相遇、戀愛、結婚、離婚、工作……竊取對方國家情報的諜報活動……。電影或小說或歌曲的主題。資訊的不對稱性也是人生的本質。

經濟學所使用的「需求曲線與供給曲線（參考第160頁）」中，**市場參與者都是假設為擁有完整的資訊。然而現實上，這樣的市場本身是不存在的**。

經濟學的研究對象，一開始就是「不完整」的。

總體經濟學還未打出致勝一擊

小林慶一郎

設計出適合無法單純化的「人類」分析模型，就必須調整與數學的洞察力結合，而這還是個待解的問題。

羅柏・J・席勒

最近的經濟學者，對於人們的理性預期，反而更著重於現實的假設下的相關研究上，已經達到了超越理性預期假說的階段。

川越敏司

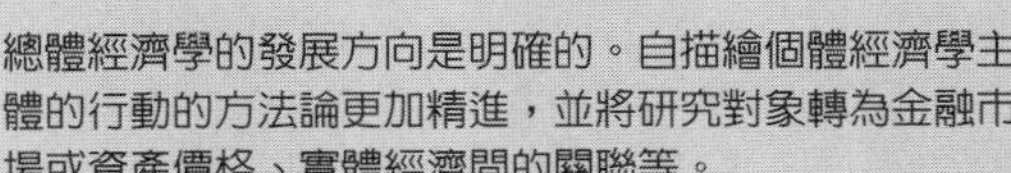

總體經濟學的發展方向是明確的。自描繪個體經濟學主體的行動的方法論更加精進，並將研究對象轉為金融市場或資產價格、實體經濟間的關聯等。

加藤涼

這個世界最困難的不是接受新的想法，而是忘記那些已經滲入我們精神深處的古老思想。

凱因斯

註釋 ＊註釋資料參考維基百科、MBA智庫百科學等。

1 零和賽局（Zero-sum Game）：又稱零和博弈，表示所有博弈方的利益之和爲零或一個常數，即一方有所得，其他方必有所失。 p.10

2 失落的20年：意指日本經濟安定成長期結束的1991年2月開始後約經過20年以上的景氣低迷期間。 p.14

3 GDP平減指數：又稱爲平均物價指數。 p.15

4 貿易只不過是狗尾巴：比喻用法，尾巴只占狗全身的一部分而已，所以代表（現貨）貿易只占一小部分。 p.32

5 有效匯率（Effective Exchange Rate）：於外匯市場中，計算貨幣的相對實力的指標，又分爲名目和實質有效匯率兩種。 p.40

6 一價定律（Law of one price）：意指在自由的市場經濟中，同一市場及時間點下的相同商品，其價格是相同的。 p.40

7 自由貿易協定（Free Trade Agreement，FTA），是兩國或多國、以及與區域貿易實體間所簽訂的具有法律約束力的契約，目的在於促進經濟一體化，消除貿易壁壘（例如關稅、貿易配額和優先順序別），允許貨品與服務在國家間自由流動。 p.44

8 經濟夥伴協定（Economic Partnership Agreement，EPA） p.44

9 北美自由貿易協定（North American Free Trade Agreement，NAFTA）：是指美國、加拿大及墨西哥在1992年8月12日所簽署的三國間全面貿易之協議。 p.44

10 歐洲聯盟（European Union，EU）：簡稱歐盟，是根據1993年生效的《馬斯垂克條約》（也稱《歐洲聯盟條約》）所建立的政治經濟聯盟，現擁有28個成員國，正式官方語言有24種。 p.44

11 東協自由貿易區（ASEAN Free Trade Area，AFTA）：成員國包含印尼、馬來西亞、菲律賓、新加坡、泰國、汶萊、越南、寮國、緬甸、柬埔寨，共10個國家。 p.44

12 國際清算銀行（Bank for International Settlements）：是致力於國際貨幣政策和財政政策合作的國際組織，由57個國家的中央銀行組成。 p.46

13 關稅暨貿易總協定（General Agreement on Tariffs and Trade，GATT），簡稱關貿總協定。 p.48

14 國際收支的天井：特別用來形容60年代日本的經濟現象。日文中的天井是天花板的意思，引申爲最高點，形容當時經濟上升到某個程度後，就會開始走下坡。 p.50

15 金融大爆炸(Big Bang)：意指1986年，英國實施的證券市場制度的大改革政策。 p.53

16 2014年會計年度：意指2013年4月1日到2014年3月31日爲止的損益計算期間。 p.54

17 美國聯邦儲備委員(Federal Reserve Board，簡稱美聯儲)：是美國的中央銀行體系，依據美國國會通過的1913年《聯邦準備法案》而創設，以避免再度發生類似1907年的金融危機。 p.76

18 無擔保隔夜拆借利率：指銀行之間借出的無擔保(即以銀行的信用、評等之方式)貸款。 p.88

19 基礎財政收支：意指除了國債相關費用以外的基礎的財政收支。換言之，即是國債的利息支付和償還費用以外的歲出，以及國債發行收入以外的歲入之財政收支。 p.100

20 多馬定律(Domar's theorem)：1940年代由美國的E.D Domarn所提出，意指名目GDP成長率高於長期利息的話，才可能維持財政赤字。 p.100

21 Bohn條件：由Henning Bohn所提出，意指前期財政惡化時，下期採取改善基礎的財政收支政策，債務才有維持的可能性。 p.100

22 財政破產：當國債發行時，初級市場交易商(Primary dealer)的投標額，沒有達到國債競標額的情況。若是未達國債目標額，會造成國債的信用喪失、必要的財政資金無法籌措等，使國家面臨破產的危機。 p.110

23 國民負擔率(National Burden Rate)：意指租稅及社會保障的負擔占國民所得的比率，亦表示國民對公共的負擔程度的指標。 p.112

24 未收金：指政府因主要營業活動以外的交易而產生的應收代金，例如處分機器設備、有價證券等未收回的金額。 p.125

25 貸款金：指政府對民間、地方公共團體或政策金融機關等的放款。 p.125

26 運用寄存金：政府作爲將來年金給付的財源所持有的資產，與之相應的金額以負債列入「公共年金預存金」項目中。 p.125

27 普通法婚姻(Common-law marriage)：未經過法律合法的婚姻登記，實際上行夫妻之實而生活在一起，其間自然形成的法律關係。 p.132

28 全要素生產性(Total Factor Productivity，TFP)：包括資本和勞動全部的投入要素，其一單位能產生多少價值的指標。也用於表示經濟成長的要因中，技術的進步或生產的效率化等，無法以資本或勞動量的投入變化說明部分之影響程度。 p.136

29 美利堅治世(Pax Americana)：又稱美國霸權和平，意指超級大國美利堅合眾國(簡稱美國)霸權形成下的和平。 p.192

30 需求管理政策：對因景氣變動伴隨的失業或通貨膨脹，政府實施財政金融政策，負起調整總需求過與不足，亦稱爲經濟安定化政策。 p.194

31 裁量政策：視各時點之情況，選擇在該時點下最適當的政策，並加以施行。 p.203

32 裁量的財政政策(Discretionary Fiscal Policy)：政府用財政政策以調整景氣爲目的，依每個時間點和其情況之不同判斷，實施租稅或支出的變更等政策。也稱爲自由裁量或任意決定的財政政策。 p.204

33 哈維路的前提(Harvey Road Presumption)：凱因斯經濟學中，政府與民間各經濟主體相較，具有更優秀的經濟政策立案能力及執行力的假設前提。 p.206

34 新興國家：在此主要是指二次世界大戰後到1990年代爲止，自歐美各國的殖民統治獨立出來的亞洲與非洲諸國。 p.224

35 低位均衡(Low-Level equilibrium)：是由美國經濟學家納爾遜(R.R. Nelson)所提出。簡言之，發展中國家因人口過度增加，導致與經濟成長的成果互相抵消，此狀態稱爲低位均衡，或稱低水平均衡陷阱。 p.226

36 杜哈回合貿易談判(Doha Development Round)：世界貿易組織於2001年11月在卡達首都杜哈舉行的貿易談判，內容包含農業、非農業市場、服務、智慧財產權、規則、爭端解決、貿易與環境，以及貿易與發展等領域。 p.230

37 跨太平洋戰略經濟夥伴關係協議(Trans-Pacific Strategic Economic Partnership Agreement，TPP)：由亞太經濟合作會議(APEC)成員發起，主要在於促進亞太區的貿易自由化發展。 p.232

38 區域全面經濟夥伴協定(Regional Comprehensive Economic Partnership，RCEP)：主要是以東協10國爲主，再加上日本、中國、韓國、印度、澳洲、紐西蘭共16國所籌劃的高級自由貿易協定，目前仍在談判中。 p.232

39 這裡的獲利是指投資期間內，包括利息和收益，與投資金額的比值。 p.234

40 克勞迪烏斯・托勒密(Claudius Ptolemaeus)提出了以地球爲宇宙中心的「地心體系」思維，當時在歐洲普遍爲眾人所接受。而尼古拉・哥白尼(Nicolas Copernicus)提出地球不是宇宙中心，而是以太陽爲中心運行的「日心體系」。因此影響了近一個世紀的托勒密地心體系的古天文思維觀點，開啓了近代天文學的科學探究之門。 p.239

41 日本銀行所實行的量化寬鬆，稱爲「黑田巴組卡(Bazooka)火箭筒」。2013年4月開始，將日銀總裁黑田東彥的名字，以及其量化寬鬆的規模之大所合併的稱呼。 p.242

42 果醬的實驗：由希娜・艾恩嘉(Sheena Iyengar)所做的實驗中提出了「果醬的法則」。簡言之，提供選擇的項目越多，比提供較少的選擇選相，更難讓人作出決定和判斷。 p.246

Note

後記

法國經濟學者**湯瑪斯・皮凱提**（Thomas Piketty）的著作《21世紀資本論》一書中探討到貧富差別的原因。從金融資本主義（第234頁），我們知道了世界所有的金融資產，實際上是實體經濟的3.2倍（2012年），而且成長率是9.1%，大大超越了GDP成長率的5.7%（雷曼兄弟事件發生前直至2006年，11年間的平均值）。換句話說，**實體經濟成長率＜資產收益率**（stock：金融資產＋土地建築等實物資產）。GDP，是來自勞動行為的附加價值總額，因此這樣的數據代表著，比起勞動所得，資產營運較能有效獲得利益。

書中分析，由於資產家持有較多的一般股票、債券、土地等資產，因此資產家（包含繼承而得到的繼承者）將會越來越富裕，與出賣勞動力換取利益的勞動者間的差距，將會越來越大。

雖然說差距會擴大（與高所得者的貧富不均），但也是有貧富差距顯著的盎格魯-撒克遜模型，到所得再分配的歐盟型、高成長且差距極小的北歐型等各種不大相同的程度，甚至也有法國的貧富懸殊正在縮小的報告。實際上包含美國在內，以已開發國家為中心的五成國家的貧富懸殊正在擴大，但是有四成的國家正逐年縮小（聯合國2013年報告，1990～2012年以130國為對象的調查）。在這四成的國家中，也包含已開發國家。

另外，貧富懸殊擴大並不代表貧困層變得更貧窮。以1990年比率為基準，聯合國千年發展目標（MDGs）為減少一半的一日生活費不到1.25美元的最貧窮層，在2015年的期限前就已經達成這個目標了。最貧困層的人數確實在減少。

巴里・艾肯格林（Barry Eichengreen，柏克來大學）分析：「貧富懸殊是因為政策」。湯瑪斯・皮凱提認為對美國最富裕層課以最高稅率

70%的累進稅，及導入資產累進稅，約瑟夫・史迪格里茲（Joseph Stiglitz，哥倫比亞大學）也提出提高累進稅率、恢復繼承稅、所得再分配的實行。

稅有分比例稅、逆進稅、累進稅等，哪一項才是公平的，曼昆指出「無法明確回答……與美感一樣……完全取決於看的人自身的感覺」（節錄《曼昆經濟學I個體篇（マンキュー経済学I ミクロ編）》）。

而價值觀（何謂真、何謂善、何謂美）則人人皆有不同看法（第248頁）。這也是個人（個性）的本質，重視這個部分的就是個人（個性尊重）主義。

這些擁有不同價值觀的人們，可以自由參加的系統，以經濟來說有「市場」，而政治有「民主」。不論是在「市場」還是在「民主」上，人人皆可以自由遵從自己的價值觀來選擇，這也意為著對個人（個性）最大限度的尊重。

與之相反地，也就是「共產主義」、「集體主義」，由國家或政府將特定的價值觀強加在人民身上。

提倡自由主義的海耶克（第214頁）對「共產主義」、「集體主義」猛烈攻擊，是由於他重視個人主義與終極目的的「自由」。

海耶克《通往奴役之路》 西山千明譯　春秋社

價值尺度只存在個人的心中……因此這個個人主義……被允許可以自由遵從自身的價值觀喜好……個人主義者的立場本質……是……人人皆有著每個人即是自己目的的最終審判者這層認識，每個人應該要盡可能地憑自己的考量決定自身的行動。

「市場」經濟與「民主」政治是從相同的原理（個人與尊重個人自由）而來，缺一無法並行。但不論哪一個，皆只是當時這個特定時間點的最大值價值觀，並非表示其絕對值。

2014年9月吉日　菅原晃

参考文獻

※初學者也容易理解的經濟學書籍

アカロフ、シラー著 山形浩生訳『アニマルスピリット』東洋経済新報社 2009

イツァーク・ギルボア著 松井彰彦訳『合理的選択』みすず書房 2013

クルーグマン著 山本章子訳『クルーグマンの国際経済学 理論と政策（上）貿易編』ピアソン 2010

クルーグマン著 大山道広訳『クルーグマン マクロ経済学』東洋経済新報社 2009

ケインズ著 山形浩生訳『雇用、利子、お金の一般理論』
全訳版・要約版 Web（http://genpaku.org/generaltheory/）

ジョン・クイギン著 山形浩生訳『ゾンビ経済学―死に損ないの 5 つの経済思想』筑摩書房 2012

ダン・アリエリー著 熊谷淳子訳
『予想どおりに不合理―行動経済学が明かす「あなたがそれを選ぶわけ」』早川書房 2008

ティモシー・ティラー著 池上彰監訳
『スタンフォード大学で一番人気の経済学入門 マクロ編』かんき出版 2013

ニコラス・ワプショット著 久保恵美子訳『ケインズかハイエクか―資本主義を動かした世紀の対決』新潮社 2012

フリードマン著『選択の自由』日本経済新聞出版社 2012

フリードマン著 村井章子訳『資本主義と自由』日経 BP 社 2008

マンキュー著 足立英之ほか訳『マンキュー経済学 II マクロ編（第 3 版）』
東洋経済新報社 2014

リカードゥ著 羽鳥卓也、吉沢芳樹訳『経済学および課税の原理（上）』岩波文庫 1987

稲田義久「現代アメリカ経済」Web（http://kccn.konan-u.ac.jp/keizai/america/）

奥田宏司著『経常収支，財政収支の基本的な把握』論文

加藤涼著『現代マクロ経済学講義』東洋経済新報社 2006

金子貞吉著『現代不況の実像とマネー経済』新日本出版社 2013

根井雅弘著『サムエルソン経済学の時代』中公選書 2012

根井雅弘編著『現代経済思想 サムエルソンからクルーグマンまで』ミネルヴァ書房 2011

小早川浩著『経済学のおさらい』自由国民社 2011

小田中直樹著『ライブ・経済学の歴史―“経済学の見取り図”をつくろう』勁草書房 2003

松尾匡著『痛快明快経済学史』日経 BP 社 2009

松尾匡著『標準マクロ経済学―ミクロ的基礎・伸縮価格・市場均衡論で学ぶ』
中央経済社 1999

川越敏司著『現代経済学のエッセンス―初歩から最新理論まで』河出書房新社 2013

丹野忠晋「ミクロ経済学入門」講義レジュメ

竹森俊平著『資本主義は嫌いですか―それでもマネーは世界を動かす』
日本経済新聞出版社 2008

中谷巌著『入門マクロ経済学 第 5 版』日本評論社 2007

藤田康範著『世界一わかりやすい経済学の授業』KADOKAWA 中経出版 2013

藤田康範著『経済理論集中講義』日本実業出版社 2012

櫨浩一著『日本経済の呪縛』東洋経済新報社 2014

野口旭著『経済対立は誰が起こすのか』ちくま新書 1998

岡地勝二訳『マクロ経済学はどこまで進んだか―トップエコノミスト 12 人へのインタビュー』
東洋経済新報社 2001

内閣府『平成 22 年度 年次経済財政報告』

（特に本文中で引用したもの）

アダム・スミス著　山岡洋一訳『国富論』日本経済新聞出版社 2007

アダム・スミス著　水田洋訳『道徳感情論』岩波文庫 2003

ハイエク著　西山千明訳『隷属への道 ハイエク全集 I- 別巻』春秋社 2008

マンキュー著　足立英之ほか訳『マンキュー経済学 I ミクロ編（第 3 版）』
東洋経済新報社 2013

中谷巌『痛快 経済学』集英社 1998

野口旭『グローバル経済を学ぶ』ちくま新書 2007

齋藤誠ほか著『マクロ経済学』有斐閣 2010

「世界経済のネタ帳」Web（http://jp.ecodb.net/）

菅原 晃・Akira Sugawara

慶應義塾大學經濟學部畢業、玉川大學文學研究所教育學碩士
現任教於日本北海道，經濟學暢銷書作者，以解說、傳授簡單明瞭的經濟學本質架構讓一般讀者輕鬆瞭解著稱。其著作：《從高中生開始瞭解總體、個體經濟學》（河出書房新社），是獲得「來自現役高中教師的最佳經濟學教科書」之評價的暢銷書。

國家圖書館出版品預行編目(CIP)資料

圖解 總體經濟學 ：政策制定的脈絡
菅原 晃 著；傅莞云 譯. 修訂二版.
台北市：十力文化， 2022.07
ISBN 978-626-96110-1-0（平裝）
1. 總體經濟學

550　　111010063

圖解 總體經濟學 政策制定的脈絡(全新修訂版)

図解 使えるマクロ経済学

作　　者 菅原 晃

責任編輯 吳玉雯
翻　　譯 傅莞云
特約審稿 孫曉君
封面設計 劉映辰
美術編輯 陳瑜安

出 版 者 十力文化出版有限公司

發 行 人 劉叔宙
公司地址 116 台北市文山區萬隆街 45-2 號
通訊地址 11699 台北郵政 93-357 信箱
電　　話 02-2935-2758
電子郵件 omnibooks.co@gmail.com
統一編號 28164046
劃撥帳號 50073947

I S B N 978-626-96110-1-0
出版日期 2022 年 7 月
版　　次 修訂二版第一刷
書　　號 D2205
定　　價 420 元

地址：

姓名：

正　貼

郵　票

十力文化出版有限公司　企劃部收

地址：台北郵政 93-357 號信箱

傳真：(02) 2935-2758

E-mail：omnibooks.co@gmail.com

讀 者 回 函

無論你是誰，都感謝你購買本公司的書籍，如果你能再提供一點點資料和建議，我們不但可以做得更好，而且也不會忘記你的寶貴想法喲！

姓名／ **性別／**□女□男 **生日／** 年 月 日

聯絡地址／ **連絡電話／**

電子郵件／

職業／□學生 □教師 □內勤職員 □家庭主婦 □家庭主夫
□在家上班族 □企業主管 □負責人 □服務業 □製造業
□醫療護理 □軍警 □資訊業 □業務銷售 □以上皆是
□以上皆非 □請你猜猜看
□其他：

你為何知道這本書以及它是如何到你手上的？

請先填書名：
□逛書店看到 □廣播有介紹 □聽到別人說 □書店海報推薦
□出版社推銷 □網路書店有打折 □專程去買的 □朋友送的 □撿到的

你為什麼買這本書？

□超便宜 □贈品很不錯 □我是有為青年 □我熱愛知識 □內容好感人
□作者我認識 □我家就是圖書館 □以上皆是 □以上皆非
其他好理由：

哪類書籍你買的機率最高？

□哲學 □心理學 □語言學 □分類學 □行為學
□宗教 □法律 □人際關係 □自我成長 □靈修
□型態學 □大眾文學 □小眾文學 □財務管理 □求職
□計量分析 □資訊 □流行雜誌 □運動 □原住民
□散文 □政府公報 □名人傳記 □奇聞逸事 □把哥把妹
□醫療保健 □標本製作 □小動物飼養 □和賺錢有關 □和花錢有關
□自然生態 □地理天文 □有圖有文 □真人真事
請你自己寫：

根據個人資訊保護法，本公司不會外洩您的個人資料，你可以放心填寫。溝通，是為了讓互動更美好，在出版不景氣的時代，本公司相信唯有將書做得更好，並且真正對讀者有幫助，才是唯一的道路。好書、不僅能增加知識還必需能提高學習效率，讓想法與觀念深植人心。能有耐心看到這一行的您，恭喜，只要您填妥此表並傳真至02-29352758或郵寄至台北郵政93-357號信箱，您將會得到本公司的精美筆記本一冊，請注意！僅限傳真或紙本郵寄方屬有效（因本公司須保留正本資料）但請千萬注意，姓名、電話、地址務必正確，才不會發生郵寄上的問題。還有，郵寄範圍僅限台澎金馬區域，不寄到國外，除非自己付郵資。

順頌　健康美麗又平安

十力
文化

十力
文化